中文社会科学引文索引（CSSCI）来源集刊

《中国学术辑刊全文数据库》（CCJD）收录辑刊、万方数据库全文收录期刊

# 传统中国研究集刊

上海社会科学院《传统中国研究集刊》编辑委员会 编

第二十七、二十八合辑

上海社会科学院出版社
SHANGHAI ACADEMY OF SOCIAL SCIENCES PRESS

# 《传统中国研究集刊》编委会

**主　编**：郭长刚

**副主编**：叶　斌

**编委会成员**（以姓氏笔画为序）：

　　马　军　王　健　张秀莉　周　武　徐　涛

**执 行 编 辑**（以姓氏笔画为序）：

　　叶　舟　池　桢　张晓东　陈　磊　秦　蓁　徐佳贵

# 目 录

**专题：考古文献所见早期中国史**

环太湖流域史前考古的早期尝试 ·········································· 郭　骥/001

猗猗嘉禾：西周早期政治天命观的形成及其影响 ·················· 周晓冀/013

寿县蔡侯墓三长铭史事年代新考与吴楚争霸视阈下的蔡国史事
　　重建 ········································································ 王少林/026

不戴胜的西王母：海昏侯墓"孔子衣镜"的图像表达、意义指向及
　　相关问题 ·································································· 王　刚/043


**古代经济史**

唐开元天宝时期屯田分布研究 ············································ 陈文婷/064

嘉靖初期政局与"叶淇变法说"的兴起 ································· 胡剑波/079


**古代文化史**

《汉书·艺文志》总序意涵疏理：以刘歆《移书让太常博士》为证明 ······ 孙振田/095

略述北齐"搜扬好人"之出现 ············································· 严耀中/107

陈寿祺、梁章钜之往来与失和
　　——兼考道光《福建通志》删毁、《文选旁证》撰者两公案 ········ 宋一明/113

## 古代海交史

"外府"与"区略":中国史籍中的满剌加官厂 ……………… 时　平/144

郑和远航非洲对海上丝绸之路发展的贡献及其历史意义 ………… 郑一钧/159

## 传统与近代

民国徽州社会的婚姻冲突:以妻子出逃现象为中心 ………… 李　甜　王　靖/174

## 理论探索

论中国封建社会的社会结构和阶级关系 ……………… 张　箭/188

## 史料辑存

松荫轩藏曾荣光先生金石题跋 ……………… 秦　蓁/205

常州族谱所见张惠言佚文三篇考释 ……………… 张宏波/210

南朝典籍校点商兑 ……………… 朱光立/217

专题:考古文献所见早期中国史

# 环太湖流域史前考古的早期尝试

□ 郭 骥

**摘要**:20世纪30年代,考古学者在环太湖流域开展考古活动,先后发现了良渚、钱山漾、戚家墩等遗址,并以上海为中心,围绕考古学研究出版论著、翻译译著、开设课程、撰述讲义、组建学会、培养人才,通过理论和实践结合的方法,推动了中国近代考古学的发展。考古成果第一次准确无误地向学术界展示了长江下游的史前文化,将中国东南沿海长江三角洲地区的历史上推至新石器时代。本文从学术史的视角对环太湖流域的早期考古工作及相关活动加以较为完整的考察,以求客观地呈现这些活动发生的历史背景、典型特征和影响意义。

**关键词**:环太湖流域;史前考古;近代考古学

**作者简介**:郭骥,上海大学博物馆研究馆员

20世纪30年代,中国的考古学者陆续在长江下游环太湖流域的常州淹城、金山戚家墩、湖州钱山漾、杭州古荡、杭县良渚等地,发现了一批具有代表性的史前文化遗存,将中国东南沿海长江三角洲地区的历史上推至新石器时代。尤其是良渚遗址(1959年命名为"良渚文化")的发现,成为中国文明起源的"满天星斗说"[1]的重要证据之一。

这一系列的考古发现,建立在中国早期考古学发展的基础之上。一方面是近代考古学在中国最早的实践运用之一,另一方面也为中国早期考古学理论和方法的树立增加了诸多案例和经验。除了考古活动本身,以上海为中心围绕考古学研究出版的论著、翻译的译著、开设的课程、撰述的讲义、组建的学会、培养的人才,形成了环太湖流域与当时中国其他地区考古学科发展相比所具有的独特性和鲜明特点,而这些学术活动的出现,正是在中国近代学术和文化转型的背景下发生的。鉴于以往考古学研究论著对此关涉不多,本文拟从学术史的视角对环太湖流域的早期考古工作及相关活动进行较为完整的考察,以求客观地呈现这些活动发生的历史背景、典型特征和影响意义。

---

[1] "满天星斗说"是中国考古学家苏秉琦先生关于中国文明起源的重要理论,建立在他关于考古学文化区、系、类型的理论基础上。

# 一、研究现状回顾

学术界有关20世纪30年代环太湖流域的考古活动和发掘成果的回顾与研究，主要散见于以下的一些论著。

浙江湖州钱山漾、杭州古荡、杭县良渚三处遗址的早期考古活动，是学术成果最为丰富的，发表和出版有《杭州古荡新石器时代遗址之试探报告》《良渚——杭县第二区黑陶文化遗址初步报告》等考古报告。关于考古活动的过程，还见于王心喜[1]、严文明[2]、林华东[3]等学者的文章。张童心对古荡遗址的《试探报告》作了比较详细的分析，认为这是长江三角洲地区第一次具有近代意义的考古发掘工作[4]。

关于上海戚家墩遗址（1958年前属江苏省）考古活动过程的记录是较为翔实的，这有赖于上海文物管理委员会陶喻之的《上海首次田野考古的前前后后》一文对考古活动的整个过程加以详细梳理和考证，该文同时也包括了有关参与考古活动的相关学者的介绍[5]。在此基础上，陈杰[6]和高蒙河[7]再次肯定了考古工作的学术价值，总结其为"上海有史以来第一次初步具备现代科学水准的考古活动，发现了上海地区第一个古文化遗址"，并且"出版了上海第一本考古调查报告"即《金山卫访古记纲要》[8]。

相比之下，关于江苏淹城遗址早期史前考古活动的资料相对较少，这与淹城遗址以东周时期的遗存为主，且后期当地未出现较多史前遗存有关。

有关上述遗址发现和发掘的过程，还散见于考古活动的组织者和参与者卫聚贤、张凤、施昕更、何天行、慎微之等人的传记文章[9]。吴越史地研究会是环太湖流域早期考古

---

[1] 王心喜：《杭州史前文化研究》，人民出版社2007年版。
[2] 严文明：《良渚随笔》，《长江文明的曙光》，湖北教育出版社2004年版。
[3] 林华东主编：《也谈良渚文化的发现人》，《良渚文化探秘》，人民出版社2006年版。
[4] 张童心：《对长江三角洲地区早期考古报告的初步分析——以〈杭州古荡新石器时代遗址之试探报告〉为例》，《上海文化起源与早期文化生态——近年上海及周边考古研究》，上海大学出版社2013年版。
[5] 陶喻之：《上海首次田野考古的前前后后》，《东南文化》1996年第3期。
[6] 陈杰：《实证上海史：考古学视野下的古代上海》，上海古籍出版社2010年版，第147—150页。
[7] 高蒙河：《上海考古八十年》，《科学画报》2015年第8期。
[8] 高蒙河：《上海考古八十年》。
[9] 关于卫聚贤的传记有董大中所著《卫聚贤传》（三晋出版社2017年版）。相关论文包括散文：《话说考古学家和历史学家卫聚贤》、《一位传奇的史学家卫聚贤》；刘斌、张婷：《卫聚贤与中国考古学》；杨永康：《卫聚贤与良渚文化的发现》；赵换：《卫聚贤学术研究》；龚义龙：《卫聚贤的学术考古成就与馆藏年画》；张童心：《卫聚贤对长江三角洲考古的贡献》。关于张凤的介绍，参见杨越岷著《张天方文史补遗》《纪念张天方先生诞辰130周年》，上海三联书店2018年版）。关于施昕更、何天行的介绍，参见赵大川、施时英编著：《良渚文化发现人施昕更》，杭州出版社2012年版；吴汝祚的《施昕更与何天行》《东南文化》1997年第1期）等。关于慎微之的介绍，参见林拯民的《慎微之与钱山漾考古》（《历史教学问题》1998年第4期）。关于金祖同的介绍，参见郭成美的《回族学者金祖同》（《回族研究》2008年第2期）。

活动的重要学术支持组织,荣亮的《吴越史地研究会与长江三角洲考古》,梳理了吴越史地研究会与长江三角洲早期考古活动之间的关系,同时也是迄今为止最为全面系统地梳理环太湖流域早期考古活动的论文①。

此外,在张忠培②、陈星灿③、阎文儒④、陈洪波⑤、徐坚⑥等学者分别从学术史的角度回顾了20世纪上半叶中国考古学的发展状况,但就环太湖流域的早期考古活动而言,这些论著限于篇幅,只是顺带提及。而在20世纪50年代以后的部分考古发掘报告、考古学研究论著中,对于上述考古活动的贡献和意义也仅偶有论及。

就20世纪30年代中国考古学的总体状况而言,与当时作为考古学研究中心和学术主流的中央研究院历史语言研究所(简称"中研院史语所")相比,环太湖流域的史前考古活动可谓是"非主流"或"暗流"⑦,但同样属于中国考古学在草创阶段的重要构成部分。这除了体现在发现并发掘了极为重要的史前文化遗址良渚遗址外,还包括这是一系列纳入国家考古体系,在专业考古学者和博物馆的参与和指导下进行的科学考古工作,形成和发表了一批完整的和有一定专业水准的考古学调查、试探和试掘报告。更重要的是,在此期间以上海为中心的考古学专业教育,民间学术组织的创建,以及讲义、著作和译著的出版,共同促使长江三角洲地区成为南方考古学研究的重要据点。围绕考古工作展开的这一系列研究工作,在当时中国整个考古学界都是具有一定的开创性意义和学术高度。

本文拟从学术史的视角,以环太湖流域为中心,将上述考古活动以及围绕考古活动开展的学术活动进行整体考察,并置于20世纪上半叶中国考古学等学科与文化思潮的背景下,试图对这一系列考古工作的特点以及在学术史上的意义加以分析和研究。

## 二、考古活动的发生背景

一般认为,中国历史文献中的"考古学"即为"金石学"⑧。金石学是中国近代考古学

---

① 荣亮:《吴越史地研究会与长江三角洲考古》,上海大学硕士论文,2010年。
② 张忠培:《中国考古学史的几点认识》,《史学史研究》1995年第3期。
③ 陈星灿:《中国史前考古学史研究 1895—1949》,生活·读书·新知三联书店1997年版。
④ 阎文儒:《中国考古学史》,广西师范大学出版社2004年版。
⑤ 陈洪波:《20世纪中国考古学史研究述评》,《中原文物》2010年第6期。
⑥ 徐坚:《暗流:1949年前安阳以外的中国考古学传统》,科学出版社2012年版。
⑦ 参见徐坚先生"暗流传统"(alternative tradition)的观点,《暗流:1949年前安阳以外的中国考古学传统》,第20页。
⑧ 至迟在中国北宋时期就有曾巩的《金石录》和吕大临的《考古图》问世。

的前身,但中国真正具有近代意义的考古学,是在维新思潮、西方科学技术的输入,以及外国学者运用考古学方法进行实践的多重影响下诞生的。

近代考古学从最初为国人所知,到被掌握和运用,历经20余年。已有学者在对中国早期考古学进行分期时,注意到1921年发现仰韶文化前后,以及1928年中央研究院历史语言研究所成立和安阳殷墟发掘前后为分期的关键点,较为普遍地将1937年以前中国的考古学发展进程分为三个时期[1]。值得注意的是,陈星灿认为第二期为考古学诞生期,考古工作"开始由中国政府聘请的外国人执行,其后由外国资助、中国人主持,最后中国建立了专门的研究机关",第二期一直延续到1931年,这一年同时也是梁思永发现"后冈三叠层"的时间。

如果将中国近代考古学的形成过程置于19世纪末至20世纪上半叶的近代中国思想文化转型的宏观背景下,可以发现其发展与中国接受西方近代文化和科学的三个时期有着紧密的联系,即(一)晚清维新运动影响下的以开启民智为目的的文化改良;(二)全面接受西方民主和科学思想的新文化运动;(三)在马克思主义历史观影响下对西方历史观的反思,以及建立在中国传统学术基础上的科学重构。

与以上三期相对应的第一期是近代考古学的萌发时期。戊戌维新运动以前,中国传统意义上的"考古"是金石学的范畴,包括西方对于中国"考古学者"(Chinese archaeologists)的认识最初也基于此。随着维新运动前后西方著作的翻译和输入,尤其是留学和流亡日本的知识分子,除了间接获得相对较新的近代学科体系和知识信息,这一时期转译了大量日本翻译的西方著作并输入中国。研究者已注意到中国近代考古学在发端时的两个主要来源,一是源于西方的以汤姆森"三期说"为代表的考古学方法论;二是源于日本的以坪井九马三、浮田和民等为代表的利用考古学重建历史学的理论。而后者由于中、日两国在地域、语言、历史文化、思维方式等方面的接近性,成为主要的渠道。章太炎"文字语言留其痕迹,此与地中僵石为无形之二种大史",梁启超"上自穹古之石史"的"新史学"思想,一直到王国维提出"二重证据法",都是对考古学与传统历史学、史料学的回应[2]。

第二期近代考古学的初创时期,这一时期的先声是西方探险家对中国西北等地的调查,而以中国地质调查所为中心开展的旧石器时代考古为成熟的标志,即1921年瑞典地质学家、考古学家安特生(J. G. Andersson)在河南渑池发掘的仰韶村遗址[3]。通常认为源于新文化运动和五四运动的思潮,科学精神和疑古思潮刺激了历史学的发展,特点是中外合作和引进具有西方留学背景的专业人员。如果将旧石器时代考古也纳入本文考

---

[1] 例如,尹达先生、张森水先生、徐苹芳先生、王世民先生、陈星灿先生等学者的观点。
[2] 参见俞旦初:《二十世纪初年西方近代考古学思想在中国的介绍和影响》,《考古与文物》1983年第4期。
[3] 安特生(J. G. Andersson)著,乐森璕译:《甘肃考古记》,北京农商部地质调查所,1925年6月。

察视野的话,可以发现更早开始的中国地质调查所与北京大学地质系的互动模式①,与中央研究院历史语言研究所(以下简称"史语所")、清华学校国学研究院在发展初期有着相近的模式。随着留学归来的地质学家李四光,考古学家李济、梁思永的加入,促进了这两种学科的本土化发展。1926年山西夏县西阴村和1928年安阳殷墟发掘,以及1929年北京周口店的发掘,是在这两个学术机构独立开展的成果。

  第三期是考古学的起步时期。除了史语所在安阳的继续发掘以外,还有史语所在山东城子崖的考古活动,南京古物保存所、西湖博物院等在江浙地区开展的考古工作,以及东北、西南、华南等地包括中外考古学家参与的考古活动。这一时期继续延续了新文化运动的科学精神,但是在对西方文化进行反思和特殊的历史背景下,学界出现了传统国学的回潮,重新关注中国古代历史和民族传统的价值,同时在学科方法上也注意到在本国的实际应用,包括结合古代文献和民族特征的史学重构。这一阶段的中国考古学者开始掌握和运用地层学、器物类型学的近代考古学的科学方法,同时随着著作、译著的问世,在结合考古发现的同时,开始构建中国考古学的理论体系。

  环太湖流域的早期考古即出现在上述的第三期,大致时间范围在1930年至1937年。在当时的中国范围内,长江三角洲地区是为数不多的起步很早的地区,算得上是中国考古学的起源地之一。舍弃对这些部分的考察,将"抹杀中国考古学的多样性特质"②。

## 三、考古活动的相关成果

  环太湖流域早期考古活动的时间范围,大致以1930年栖霞山考古工作为起点(稍早有1929年明故宫的发掘,本文不涉及),而以1938年《良渚——杭县第二区黑陶文化遗址初步报告》的出版为结束,实际的考古工作是在1937年已经基本停止。这些考古活动的具体过程,在前列各篇论著中已有分别介绍,本文不再赘述。以下拟以划分阶段的形式,归纳各个阶段的主要成果和贡献。

  1930年至1934年为第一阶段,以南京古物保存所所长卫聚贤在南京栖霞山西北甘家巷附近主持六朝墓发掘期间,发现疑似新石器时代古文化遗物为发端。在邀请考古学者张凤、李济,以及地质学家李四光的鉴定和讨论后,卫聚贤又试掘了三处遗址③,最初的

---

① 参见王仰之:《中国地质调查所史》"1920年后入地质调查所工作人员名单",北京石油工业出版社1996年版,第48—58页。
② 徐坚:《暗流:1949年前安阳以外的中国考古学传统》,第5页。
③ 卫聚贤:《浙江石器年代的讨论》,吴越史地研究会编:《吴越文化论丛》,江苏研究社1937年版,第307、308页。

发现有未磨石器六件、半磨石器四件、磨光石器三件,还有陶鼎残腿、陶器残片等①。卫聚贤敏锐地发现这可能是新石器时代遗址,支持他观点的仅有李济等少数学者。由于令人信服的证据较少,并且历史文献对于环太湖流域史前文化的记载极少,因此很少有人相信这些遗址遗存的年代能够早至新石器时代。根据发现的石器和陶片,卫聚贤撰写了《吴越民族》一文,但受到相当大的质疑②,以致他暂时离开了南京古物保存所的考古工作。相比这一阶段环太湖流域的考古成果而言,更具代表性的是以上海为中心出现的各种考古学课程、教材,以及学术著作、译著,包括时间稍早的闻宥的《中国考古学》(约20世纪20年代末)和张凤的《考古学》(1930年)两部教材,以及翻译的日本考古学家滨田耕作的《考古学通论》和《东亚文化之黎明》③,前两部教材也大量参考了滨田耕作的著作④。作为考古活动主要主持和参与者的卫聚贤,完成了中国最早的考古学专著《中国考古小史》⑤,这也是中国学者的原创性贡献。

1934年至1935年为第二阶段,一大批史前文化遗存得以揭示,分别位于湖州钱山漾、常州淹城、金山戚家墩、苏州石湖、平湖乍浦、海盐澉浦、南京尧化门外、昆山陆家浜、嘉兴新塍,以及分布在溧阳、常熟等地⑥,由此带动了考古学的热潮。一系列的考古活动包括1934年慎微之发现了钱山漾遗址,1935年江上梧、陈松茂发现了常州淹城遗址,以及同年黄伯惠、黄仲长发现的金山戚家墩遗址,卫聚贤、张凤、蒋大沂、郭维屏、刘德明、陈志良、金祖同、黄中英等考察了后两处遗址,陈志良和金祖同分别执笔撰写了《奄城访古记》和《金山卫访古记纲要》⑦。此外以《访古记》为名的考古调查文章还有《双桥访古记》⑧《鸳湖古物出土地访问记》⑨。

1936年至1937年为第三阶段,除了对第二阶段的成果汇编出版外,以杭州古荡遗址、杭县良渚遗址的发掘最为关键。1936年5月底由西湖博物院组织的杭州古荡遗址发

---

① 卫聚贤:《吴越民族》,吴越史地研究会编:《吴越文化论丛》,第349页。
② 卫聚贤的《吴越民族》一文,因时人"不信江南有石器","在上海无从发表",最初刊登在北平《进展月刊》第一卷第二、三期合刊,后收录于《吴越文化论丛》。
③ 例如,滨田耕作(亦作滨田青陵)所著《考古学通论》,有俞剑华译本(商务印书馆1931年版);所著《东亚文化之黎明》(又译作《东亚文明的曙光》、《东亚文明之黎明》)有汪馥泉译本(黎明书局1932年版)、孟世杰译本(文化学社1932年版)、徐翔穆译本(神州国光社1934年版)和杨炼译本(商务印书馆1935年版)等。
④ 何文竞:《民国"黄金十年"的考古学教材》,江苏省考古学会编:《江苏省考古学会文集2015—2016》,上海古籍出版社2018年版,第356—358页。
⑤ 卫聚贤:《中国考古小史》,商务印书馆1933年版。该书最初为持志学院的考古学讲义。
⑥ 《吴越史地研究会成立的经过》,吴越史地研究会编:《吴越文化论丛》,第385页。
⑦ 陈志良:《奄城访古记》,金祖同:《金山卫访古记纲要》,上海秀洲学会影印,1935年。
⑧ 《双桥访古记》,《晨报》副刊,1935年7月27日。
⑨ 《鸳湖古物出土地访问记》,《时报》1935年8月13日。

掘,直接促使施昕更和何天行考察良渚遗址,而施昕更本人即参与了古荡遗址的发掘工作。与此同时,1936年8月在上海成立的"吴越史地研究会",以及次年以研究会名义举办的文物展览和出版的学术著作,为这一阶段也是20世纪30年代环太湖流域考古活动的学术高峰。研究会与江苏研究社合作编辑出版《吴越文化论丛》第一集,收录了慎微之的《湖州钱山漾石器之发现与中国文化之起源》、施昕更的《杭县第二区远古文化遗址试掘简录》,以及《南京访古记》等论述。此外卫聚贤主编的"吴越史地研究会丛刊",包括何天行的《杭县良渚镇之石器和黑陶》。吴越史地研究会还与浙江省立西湖博物馆合编有《杭州古荡新石器时代遗址之试探报告》。1937年出版的另一本考古学重要著作是卫聚贤的《中国考古学史》,虽然在学术成就上不是很高,但这是20世纪上半叶由中国学者撰写的唯一一部考古学专著,具有开创之功。

20世纪30年代环太湖流域早期考古活动的尾声,是1938年施昕更《良渚——杭县第二区黑陶文化遗址初步报告》出版,也是这一阶段最重要的考古学成果之一。

## 四、考古活动的特点和影响

与当时中国其他地区的考古活动相比,环太湖流域的早期考古活动具有一些特别之处,从不同方面推动了中国近代考古学的发展,并产生了一定的积极影响。这些特点和影响主要包括以下五个方面。

**(一) 具备科学考古的水准**

最早在栖霞山发现史前遗存,即是通过卫聚贤领导南京古物保存所开展的考古发掘工作。亦是从此时开始,史语所考古组李济、梁思永、董作宾,以及外国学者苏惠培氏、安特荪(即安特生,Johan Andersson)博士、格拉汉(即葛维汉,David Graham)博士[①]等考古学方面的专家,先后或考察遗址,或对出土文物进行鉴定,为环太湖流域的考古活动加以指导和协助。全程参与并发挥领衔作用的卫聚贤,即为今清华大学国学研究院前身——清华学校国学研究院(以下简称"清华国学院")的毕业生,曾受教于李济,也正是因为这层关系,使考古工作获得与清华国学院有学术渊源的史语所的帮助。其他如张凤、董聿茂、胡行之、蒋大沂、郭维屏、施昕更等,或供职于博物馆,或任教于大学,也都具备一定的专业基础。这些学者的参与,确保了考古工作的学术性。当然就专业性而言,此时的考

---

① 参见慎微之:《湖州钱山漾石器之发现与中国文化之缘起》,吴越史地研究会编:《吴越文化论丛》,第222页。文中提到的"苏惠培氏"当为某外国考古学家,对应人名不详。

古工作还在初创和探索阶段,毕竟20世纪30年代初全国受过考古学系统训练的只有刚从哈佛大学毕业归来的梁思永一人。另一方面,除了田野考古调查外,正式的考古发掘工作,如杭州古荡遗址和杭县良渚遗址的试掘,都是以西湖博物馆的名义组织和开展,依照《古物保存法》的规定,呈请中央古物保管委员会发给探掘执照①,确保了考古工作的合法性和学术规范。考古成果,如吴越史地研究会和浙江省立西湖博物馆合编的《杭州古荡新石器时代遗址之试探报告》②、施昕更的《良渚——杭县第二区黑陶文化遗址初步报告》等,都符合考古发掘报告的格式,其中《良渚》报告还咨询了史语所的梁思永、董作宾、刘耀、祁延霈、吴金鼎等人的意见③。

### (二) 重视历史文献资料和金石学传统

环太湖流域早期考古相关的研究论著中,除了正式的考古报告外,其他不少成果兼有考古学与历史文献学研究的内容和特征,以陈志良、金祖同的两部《访古记》,以及慎微之《湖州钱山漾石器之发现与中国文化之起源》等为代表。而在1936年吴越史地研究会集中收录汇编了当时主要研究成果的《吴越文化论丛》(以下简称《论丛》)中,所收论文的前半部分均为基于历史文献学的有关上古史的讨论,这些论文大量引用《越绝书》以及先秦典籍为佐证,并奉《越绝书》的作者袁康为考古家,《论丛》的后一半才是考古学方面的研究成果。研究会的实际主导者卫聚贤本人亦以文献学为重,而被《论丛》收录三篇论文的吕思勉更是以历史学和文献学研究著称的学者。当代学术界承认金石学是"中国考古学的前身"④,这种传承关系在早期考古学研究者的论著中体现得尤为明显。卫聚贤所著的《中国考古学史》,追溯到古代的"玩古",以金石学为考古学的正脉⑤;同时结合甲骨文、金文的考释,也延续了《尔雅》《说文》而来的小学传统。这些特点,都与建立在近代考古学学科基础上的史语所有所差异,体现出中国考古学在从传统金石学向近代考古学转型过程中的承继关系,同样也反映出早期从事考古活动的学者所具备的深厚的史学背景和扎实的文献学基础,使考古学与历史学研究相辅相成。

### (三) 以上海为中心的考古学学术

环太湖流域史前遗存的早期发现地几乎都在江苏、浙江两省(包括当时仍属江苏的戚家墩),但这一区域的考古学的学术中心却在上海,这奠基于上海发达的高等教育

---

① 施昕更:《良渚——杭县第二区黑陶文化遗址初步报告》,浙江省教育厅1938年版,第5页。
② 吴越史地研究会、浙江省立西湖博物馆编:《杭州古荡新石器时代遗址之试探报告》,浙江省立西湖博物馆1936年版。
③ 参见施昕更:《良渚——杭县第二区黑陶文化遗址初步报告·"绪言"》。
④ 王世民:《金石学》,中国大百科全书总编辑委员会《考古学》编辑委员会等编:《中国大百科全书·考古学》,中国大百科全书出版社1986年版,第236页。
⑤ 卫聚贤:《中国考古学史》,商务印书馆1937年版。

和印刷出版业。诸如暨南大学历史社会学系有闻宥、张凤开设考古学课程,并编撰了《中国考古学》①、《考古学》②等讲义,开中国考古学之先河。尤其在暨南大学、持志学院等院校兼课的卫聚贤所著、被称为"中国第一部考古学史"的《中国考古小史》,最初亦是持志学院教学时的讲义。通过大学教授开设的考古学、社会人类学和历史学课程,以及这些学术专著和译著,学生们获得基本的考古学知识,并立即运用于实践。例如,何天行听过卫聚贤讲授的考古学课程后,"见到江浙发现石器,于公余之暇,到良渚瓶窑间各地调查"③;慎微之则毕业于沪江大学,求学期间因选读"社会之进化"科而"对于研究故乡所发现之石器更感浓厚兴趣",并且作"更进一步之搜集"④;而蒋大沂早在1928年就曾在持志学院跟随闻宥学习考古学⑤。同时,俞剑华翻译的日本考古学家滨田耕作所著《考古学通论》⑥,卫聚贤所著《中国考古小史》《中国考古学史》,也都在上海出版,这有赖于上海印刷出版业的兴盛和对学术前沿的关注。

**(四) 社会组织的广泛参与**

1930年前后,除了史语所考古发掘工作外,在河南等省亦有当地的博物馆、图书馆机构参与考古发掘工作,而环太湖流域早期考古活动的一大特点,在于得到吴越史地研究会重要的学术支持。通过研究会出版了《吴越文化论丛》和"吴越史地研究会丛书",发表和保存了当时许多重要的学术成果。研究会在江浙两省设有分会,成员大多为江浙一带文化界的耆宿,或在政界也有一定地位,如会长蔡元培,副会长吴稚晖、钮永建,以及于右任、张继、戴季陶、叶恭绰等,也有考古学领域的人士,如梁思永、董作宾,以及文史学方面的大家,如柳亚子、胡小石、朱希祖、郑振铎等⑦,这一学术团体具有广泛的民间参与性,同时在政治话语和资金募集上也有一定的资源优势。江浙一带发达的新闻业也让考古活动获得关注,例如发现戚家墩遗址的黄伯惠、黄仲长为上海《时报》的业主,他们在看到《时报》上发表的淹城遗址出土文物的报道后,"偶遇"金山卫盐田中的陶片,邀请张凤等人考察,由此发现戚家墩遗址⑧。上海媒体,如《晨报》《时报》《民报》等对考古活动多有关注,《时事新报》专辟"古代文化"栏目,《小日报》连续刊载"吴越史地考古之花絮",在一定程度上也扩大了社会影响。江浙一带发掘出的古物,先后在上海文庙公园、上海青年会、

---

① 闻宥:《中国考古学》,油印本,上海图书馆藏。
② 张凤编:《考古学》,国立暨南大学文学院1930年版。
③ 卫聚贤:《浙江石器年代的讨论》,吴越史地研究会编:《吴越文化论丛》,第300页。
④ 慎微之:《湖州钱山漾石器之发现与中国文化之缘起》,吴越史地研究会编:《吴越文化论丛》,第217页。
⑤ 参见徐玲:《民国时期的考古学教育与人才培养》,《史学月刊》2009年第4期。
⑥ [日]滨田耕作著,俞剑华译:《考古学通论》,商务印书馆1931年版。
⑦ 卫聚贤:《中国考古学史》"附录一",第282—285页。
⑧ 金祖同:《金山卫访古记纲要》,秀洲学会影印,1935年,第4页。

杭州西湖博物馆等地举办公开展览会,并且研究者们还计划将搜集的古陶片通过江浙两省的教育厅分送到所属各县的小学校或民众教育馆展出①。与史语所考古组相比,长江三角洲地区的学者们在从事考古工作的同时,也注重考古学知识传播和学科发展;与成立于北方的考古学社相比,吴越史地研究会的学者们在从事考古学理论和知识传播的同时,更多地投身田野实践和地域文化的研究。

### (五) 与日本的学术互动

20世纪中国考古学科创立时,欧美和日本是两个学术来源。20世纪20年代,清华国学院和史语所秉承了欧美传统,而北京大学研究所国学们则尝试与日本学界进行合作②。根据《中国史前考古学书目》收录的1921年至1931年考古文献统计,日本学者及其论著所占比例达到46.6％和42％,然而当时翻译成中文的外文文献仅有10篇③。然而真正在学术上与日本形成互动的,是与日本在地理上更为接近的上海和江浙一带,所受学术影响最深的是日本考古学家滨田耕作的《通论考古学》。闻宥的《中国考古学》讲义即翻译和模仿了此书,张凤与闻宥等合编的《考古学》讲义,吸收了闻宥讲义的成果。至于一年后俞剑华翻译的《考古学通论》,即以闻宥、张凤的成果为参考,是书出版后,在学界有一定的影响④。卫聚贤撰写《中国考古小史》"自序"时引用了《考古学通论》的观点,陈志良撰写《奄城访古记》时,也引用了滨田耕作关于陶器的观点⑤。滨田耕作(一作滨田青陵)所著《东亚文化之黎明》也由不同翻译者翻译,以不同书名出版⑥。暨南大学的另两位兼职教授,上海市博物馆馆长、滨田教授的学生胡肇椿,与博物馆筹备委员兼艺术考古部主任郑师许合作翻译了滨田耕作的《考古学研究法》⑦,郑师许还译介《日本考古学之过去与现在》⑧《日本考古学界最近之概况》。与胡肇椿同为京都帝国大学毕业的丁士选则撰有《介绍日本考古学者滨田梅原两先生》一文⑨。

---

① 《朝报》,1936年3月7日,转引自卫聚贤:《中国考古学史》,第258、259页。
② 参见桑兵:《晚清民国的国学研究》第五章《东方考古学协会》,上海古籍出版社2001年版,第114—119页。
③ 陈星灿:《中国史前考古学史研究1895—1949》,第109、110页。参考安志敏:《中国史前考古学书目》,燕京大学,1951年。
④ 何文竞:《民国"黄金十年"的考古学教材》,江苏省考古学会编:《江苏省考古学会文集2015—2016》,上海古籍出版社2018年版,第358—360页。
⑤ 陈志良:《奄城访古记》,上海:秀洲学会影印,1935年,第34—35页。
⑥ 参见前注滨田耕作著作的不同译本。
⑦ 胡肇椿、郑师许合译:《考古学研究法》,世界书局1936年版。
⑧ 郑师许、日本评论社主编:《日本考古学之过去与现在》("日本研究会小丛书")(1934)。
⑨ 参见郑师许的《日本考古学界最近之概况》,《北平燕京大学考古学社社刊》(第2期),考古学社1935年版;丁士选的《介绍日本考古学者滨田梅原两先生》,《北平燕京大学考古学社社刊》(第6期),考古学社1937年版。

日本学界对于环太湖流域的考古发现也予以了关注,日本历史学、文化人类学家松本信广在《东京人类学会杂志》上撰文《吴越史地研究会两种报告之批评》,介绍《杭州古荡新石器时代遗址之试探报告》《金山卫访古记纲要》,认为"这次中国人自己又介绍浙江省石器遗址给世界的学术界,想不到这枯寂的领域里,竟投进了一颗光明,这实在是件可喜的事",并提醒中国的学者"在研究自国这一代时代文化的时候,最好再注意一下,四近之国同一时代的文化状态是到如何的程度了"①。日人苏铁在上海自然科学研究所出版的《自然》第三号上发表《吴越文化之探查》,对"中国的国学家已经进步到用自然科学来实验"的研究结果表示认同,"江浙地方新石器时代也证明了"②。

与考古学关系密切的博物馆学领域,同样也有欧美和日本两个学术体系的来源,由上海学者费耕雨、费鸿年编著,上海中华书局出版的《博物馆学概论》③即参考了日本学者棚桥源太郎的著作《诉于眼的教育机关》,与接受欧美体系的中央博物院曾昭燏等著述的《博物馆学》④、上海市博物馆陈端志编著的《博物馆学通论》⑤互为映照。这些著述和翻译的成果,形成了以上海为中心的在中央研究院、中央博物院以外的学术传统,也造就了上海传授和传播知识的地位。

## 五、贡献和意义

20世纪30年代环太湖流域的考古活动,虽然持续时间不长,发展的阶段也主要是1934年至1937年,但所获成果却是丰硕的。

经过田野调查和试掘,考古学家发现了良渚遗址和钱山漾遗址,后来以此命名为良渚文化和钱山漾文化,形成从马家浜、崧泽、良渚、钱山漾、广富林、马桥的文化序列。尤其良渚遗址中已经发现了良渚文化的玉器和刻画文字。而戚家墩遗址的发现,也进一步充实了上海史前考古的内容。这一时期的考古学意义,还表现在以下三个方面。

第一是运用了近代考古学的基本方法,即地层学和器物类型学。古荡遗址发掘时,刘清香专门撰写《古荡附近地质》一文,记录了遗址的地质状况。施昕更的《良渚》报告也有对地层的详细记录,并且对良渚遗址出土的黑陶进行分类,与城子崖的出土物进行器

---

① [日]松本信广著,徒然译:《吴越史地研究会两种报告之批评》,吴越史地研究会编:《吴越文化论丛》,第366—371页。
② [日]苏铁著,徒然译:《吴越文化之探查》,《自然》第三号,1936年7月14日。
③ 费耕雨、费鸿年:《博物馆学概论》,中华书局1936年版。
④ 曾昭燏、李济:《博物馆》,正中书局1943年版。
⑤ 陈端志:《博物馆学通论》,上海市博物馆,1936年。

形上的比较,论证两者之间的关系①。其中有一定的偶然性,但卫聚贤等人也通过印纹陶片,将江苏栖霞山、戚家墩,浙江钱山漾、古荡、良渚等遗址联系在一起,并认识到这是一种有别于北方的独立的南方型文化。此外施昕更在发掘良渚遗址时,模仿安阳殷墟发掘采用的"轮廓求法"和"集中求法",这两种方法据悉是郭宝钧设计的②。

第二是运用了考古学与文献史料学结合的二重证据法。在顾颉刚等"古史辨"派提出"古史层累说"后,傅斯年领导的史语所通过考古发掘重建古史是一条路径,而王国维提出的以地下之新材料"补正纸上之材料"的"二重证据法"③则是另一条路径。环太湖流域的考古活动更接近"二重证据法"的研究方法,注意到中国在史学和文献学方面的优势和独特性,也重视吴越文化中越文化的特殊性。虽然在早期实践中还有很多不成熟的地方,例如在考古成果尚不充分的时候对文献内容的推测稍过仓促,此外为了反驳"中国文化西来说"而提出的"中国文化东南起源论"④等,也与后来实际的考古发现不完全相符。

第三,学者们以上海为中心开设考古学课程,出版学术著作、译著,成立学术团体,并在江浙等地开展考古实践工作,长江三角洲地区也建立起了有别于传统金石学的近代考古学。同时伴随着展览会的举办和新闻媒体的报道,在这一区域形成对吴越文化和新石器时代文化的社会关注,也发挥了一定的考古学知识普及的作用。

20世纪30年代环太湖流域的早期考古活动,通过理论和实践结合的方法,推动了中国近代考古学的发展,考古成果证实了东南沿海地区新石器时代遗存的存在,第一次准确无误地向学术界展示了长江下游的史前文化⑤,使这一阶段的考古成果与同时期的河南殷墟、山东城子崖的考古工作齐名。

---

① 良渚文化与山东大汶口、龙山文化的关系已有基本的定论,参见栾丰实:《论大汶口文化和崧泽、良渚文化的关系》(中国考古学会编:《中国考古学会第九次年会论文集》,文物出版社1997年版)等。
② 徐坚:《暗流:1949年前安阳以外的中国考古学传统》,第7页。
③ 王国维:《古史新证》,谢维扬、房鑫亮主编:《王国维全集》(第十一卷),浙江教育出版社、广东教育出版社2010年版,第241、242页。
④ 例如,慎微之的《湖州钱山漾石器之发现与中国文化之缘起》,卫聚贤的《殷民族由江浙迁于河南》、《中国古文化由东南传播于黄河流域》,参见吴越史地研究会编:《吴越文化论丛》。另见吕思勉讲、吕翼仁记:《中国文化东南早于西北说》,《光华大学半月刊》第五卷一至四期,1936年,等。
⑤ 陈星灿:《中国史前考古学史研究1895—1949》,第195页。

# 猗猗嘉禾：西周早期政治天命观的形成及其影响

□周晓冀

**摘要**：西周初期，周公自复杂的政治环境中，依据当时农耕文明的思想成果，在继承殷商天命观和礼乐制度的基础上，创造性地引入了"德"之因素，将自然宗教改造为伦理宗教，使殷周社会由部落文明转向国家政治文明。"嘉禾"符瑞信仰就是农耕文明中三才思想的政治化体现，反映出"天命转移"和人间回应的关系，"德"在其中是重要的衡量指标。新的天命观以"敬德保民"为内涵，试图约束和规范帝王的行动，成为西周人间政治生活的指导。嘉禾祥瑞体现了中国早期政治模式的自然神学渊源，也在一定程度上反映了古代农耕社会的基本特征。对其解读既有助于分析传统文化如何协调并利用天人关系解释社会现象，指导社会生活，又可以理解中国特色世界观和哲学体系的产生机制及其持续影响力。

**关键词**：西周；天命观；嘉禾；农耕文明

**作者简介**：周晓冀，泰山学院历史学院教授

西周初期的统治思想依承商代，具有浓厚的天命观念，而且随着周公制礼作乐，颁布数篇具有政权教导意义的文诰，经由先秦儒法学者的总结提升，逐渐形成制度化、学理化的政治伦理体系，影响到其后中国社会数千年。今传青铜铭文和《尚书》诸篇多有涉及"天命"，天命观及与之对应的人间礼制逐渐成为西周的治国之本，代表着封建王权神圣化的形成，亦为后世王权专制之滥觞。这一观念的产生和在西周初期的发扬光大，自然离不开周公的思想总结与改造，但更离不开周公思想孕育其中的自先周以来高度发展的农耕文明。

周公改造的天命观重视人事因素，提出的"以德配天"思想是早期农耕文明的智慧结晶。古文《尚书》中所传唐叔虞所作《归禾》与周公之作《嘉禾》，就反映了西周初期业已成熟的精耕农业和天人对应的政治观念。尽管这两篇文献只留下书序，但由此形成的嘉禾符瑞信仰却经久不衰，甚至成为不少朝代操纵国家政治的工具。对《尚书》嘉禾的研究应联系古代农耕文明传统与政治天命观演变过程考察，并从中分析其农业经济要素和政治

博弈象征,才能揭示出周公思想与礼乐制度形成的合理前提。嘉禾实际上是农业丰产的象征,代表着早期伦理化的作物信仰,为政治天命观的形成准备了思想基础。本文拟以西周初期"嘉禾"出现的农业背景为视角,讨论其所反映的政治天命观之历史来源、内涵与影响。对此考察不但有助于理解殷周之变的起因,而且对于认识西周初期的农耕文明亦具有重要意义。

## 一、《尚书》嘉禾的本生

嘉禾曾是中国历史上极为重要的政治符瑞,亦是后世历代王朝政治生活的哲学指导。政治文明和国家政体对农业作物的崇拜由来已久,晚商大禾鼎上镌刻的人面像据说就是农神(炎帝或后稷等)之象征。[①]《白虎通》评价:"嘉禾者,大禾也",以禾穗之大为上等,故谓之"嘉禾"。[②]嘉禾祥瑞之说是否肇始自周公尚待考证,且嘉禾及其象征性的形成也绝非仅仅是个人的天才想象,但周人尚禾重农之风是可信的,当时"五谷"类粮食作物像黍、稷(粟)、稻、麦、粱、菽、麻已逐渐推广,这在《诗经》等文献中都有大量体现。[③]古文《尚书》中记载的周公嘉禾故事当有一定的历史根据,甚至很可能就是事实。

关于周公嘉禾故事的历史记载,最早来自古文《尚书·周书》中两篇佚文的序。[④]其中《归禾·序》说:"唐叔得禾,异亩同颖,献诸天子,王命唐叔归周公于东,作《归禾》";《嘉禾·序》说:"周公既得命禾,旅天子之命,作《嘉禾》。"[⑤]今文《尚书》"序"附于经文之末,而古文《尚书》"序"则分别析出置于每篇之首,清嘉庆刊本附二序于另文《微子之命》后。相传孔子删定《尚书》百篇,并为之作《序》,汉刘向父子、马融、郑玄、王肃等皆信此

---

① 见石志廉:《商大禾鼎与古代农业》,《文博》1985年第2期;张勇:《"大禾"与神农氏炎帝——〈人面方鼎〉新探》,《第一师范学报》(湖南长沙)1999年第1期;谢崇安:《试论越族青铜器人面纹饰与农业祭礼的关系——兼析盘古化身神话的文化意蕴》,《广西民族研究》2007年第3期。
② 陈立撰,吴则虞点校:《白虎通疏证》卷六《封禅》,中华书局1994年版,第287页。
③ 见罗西章:《从周原考古论西周农业》,《农业考古》1995年第1期;王志芳:《〈诗经〉中商周时期农作物的考古学研究》,《农业考古》2006年第6期;《从〈诗经〉和考古资料看商周时期的农耕信仰习俗》,《农业考古》2010年第4期;赵会莉:《由〈诗经〉中的农业现象解读周代农业文明》,《农业考古》2012年第6期;陆跃升:《论〈诗经〉农事诗对西周农业的诠释》,《农业考古》2013年第6期。
④ [唐]陆德明:《经典释文》,孔安国传,孔颖达疏:《尚书正义》,卷一《尚书序》,阮元校刻:《十三经注疏》(清嘉庆刊本),中华书局2009年版,第241页下。
⑤ 孔安国传,孔颖达疏:《尚书正义》,卷十三《周书·微子之命》,阮元校刻:《十三经注疏》,中华书局2009年版,第426页上。

说。朱熹以为出于周、秦间人之手,又疑其为汉末人所作。今人一般认为其乃汉儒传《尚书》之学者辑录前人成说所作,又经不断增益整理而成。①"嘉禾"篇固已佚失,但序的流传说明其文必有来历。而且汉代对嘉禾故事及有关传说的记载,似乎达成默契与一致,如《尚书大传》《春秋繁露》《史记》《汉书》都将"嘉禾"上溯至周人。而百二篇《书序》的最终形成,则是包含"嘉禾"在内的古文《尚书》体系确立的标志。至清代,尽管诸家考证坐实古文《尚书》为伪书,但《书序》的研究价值仍不能一概抹杀。对此推断当然也可以从《书序》写作的性质与内容得以证实。古今学者对今古文《尚书》争议颇大,但对于《书序》还是保留相当的认可。普遍相信这一文体自战国就开始成熟和流行,并在西汉时期形成为专门的独立文献,嘉禾作为一种祥瑞,也从彼时开始被学者反复确认。②至少《书序》的作者见到过很多已经亡佚的《尚书》篇章。③司马迁就在《史记》中根据《嘉禾》与《归禾》两篇序言,言之凿凿地讨论了嘉禾对于西周初年政治局面稳定的重要意义,④董仲舒也专门在《春秋繁露》里追溯到先周时期的凤鸟嘉谷祥瑞。⑤有学者认为《书序》所述的《周诰》篇次,以《微子之命》《归禾》《嘉禾》联属排在《康诰》前,但实际上后两篇可能排在最后。《今本竹书纪年》载唐叔献嘉禾在成王十一年,其原本亦出于先秦时的晋、魏史官之手。⑥从西汉以降的嘉禾相关文献看,源自于三代农耕文明的嘉禾信仰不会是凭空想象。

古文《尚书》载孔传言:"唐叔,成王母弟,食邑内得异禾也……禾各生一垄而合为一穗。异亩同颖,天下和同之象,周公之德所致。"⑦嘉禾据历代文献描述大概有三种:一是硕大之禾,其颖穗饱满,有丰硕之相;二是一茎多穗之禾,其分蘖或分枝,有多产之相;三是异亩同颖,其两垄之禾结为一穗,有和同之相。《尚书》中描述的嘉禾应归为第三种,这是嘉禾最原始的形态。除第一种属于品种的优化之外,后两者应属于植株变异,尤其是异亩同颖几乎不可能真实存在,除了伪造就只能用传言来描述了。根据农业技术常识,分枝的谷类产量往往比不分枝的要来得高。⑧但是如果作物过度分枝,则又会降低产量,

---

① 余康、吴柱:《章太炎〈书序〉之学述论》,《史学史研究》2021年第2期。
② 皮锡瑞:《今文尚书考证》,卷三十《书序》,中华书局1989年版,第479—480页。
③ 腾兴建:《清华简与〈书序〉研究》,《孔子研究》2017年第4期。
④ 司马迁从古文《尚书》引证,参见章太炎:《太史公古文尚书说》,"夫史公之治古文,《汉书》具有明文……《鲁周公世家》述《书序》'周公既受命禾,鲁天子命,作《嘉禾》',《书序》惟古文有之,惟安国能读之"。载《章太炎全集》,上海人民出版社2015年版,第253—254页。
⑤ 苏舆撰,钟哲点校:《春秋繁露义证》,卷十三《同类相动》,中华书局2018年版,第354页。
⑥ 杨朝明:《〈周诰〉诸篇次序考订》,《孔子研究》1998年第2期。
⑦ 孔安国传,孔颖达疏:《尚书正义》,卷十三《周书·微子之命》,阮元校刻:《十三经注疏》,中华书局2009年版,第426页上。今人多认为孔传乃汉魏及后士人所为,是伪是晚存疑。
⑧ 蔡以欣:《我国历代分枝谷类作物的概况》,《生物学通报》1955年6月号。

甚至被视为病株。历史上常见的分枝嘉禾现象,多出自小麦或水稻,但是最早冠以"嘉禾"之名的却未必如此。作为瑞象的嘉禾传说由来已久,历代均有文献征稽,其形成自有其历史逻辑。据统计,自汉建平元年至清光绪三十三年的嘉禾事件记录就有672条,发生年份涉及338年。①嘉禾最初可能是某种特定的作物,但是随着嘉禾文化影响的扩大,各地各朝又出现了不同作物品种的嘉禾。考察西周初期嘉禾政治意象或瑞应符号的形成,理应从其作物本体出发。

在《尚书》嘉禾诞生之初,嘉禾之"禾"到底是什么作物?商周时期的黄河流域,农业以种植业为主体,其又以谷物为中心,到春秋时代开始出现"五谷"概念,尽管汉人的解释有多种,但大多包括粟(稷)、黍、小麦、水稻和大豆(菽)以及大麻(苴)。②其中前四种均属于禾本科,也就是禾谷类,在商代之前都已经种植食用,③因此都有可能是所谓的"禾"。但是分析商周时期文献,结合黄河下游地区的考古发现,最有可能为"禾"的乃是黍和粟两类。《尚书·盘庚》中:"惰农自安,不昏作劳,不服田亩,越其罔有黍稷",④《酒诰》中更是说:"纯其艺黍稷,奔走事厥考厥长",⑤反映了黍、稷是西周早期主要的粮食作物。黍是黄河流域最早种植的主要粮食作物,果实为黄米或称糜子,黏性较大。大约到公元前6000年,粟的地位上升,随后长期统治中国传统农业,直到汉代才逐渐让位给小麦。⑥

甲骨文"禾""象禾苗之形,上象禾穗与叶,下象茎与根"。⑦根据最早的汉字构形,"禾"其实就是粟,表现出粟谷穗下垂的样子。李根蟠认为,甲骨文中"禾""黍"二字分别为粟和黍的象形,正确把握了前者攒穗、后者散穗的特征。⑧由于黍结的穗子为散穗或偏穗(像扫帚苗),而粟的穗子像一根棒槌聚在一起,所以无论是"异亩同颖"还是"三苗共颖""三苗一穗",均指粟的果实状态较为合理。粟俗称谷子,是华夏先民从野生的狗尾草驯化而来,与黍一起同属于史前黄河下游地区培育最早、最为成熟的农业技术成果,并逐渐发展

---

① 宋正海:《中国古代自然灾异动态分析》,安徽教育出版社2002年版,第352页。
② 李根蟠:《中国古代农业》,商务印书馆1998年版,第25—26页。
③ 据文献记载,周族先人在后稷时代已开始种麦食麦,可能出自西部羌族的传授。从造字来看,麦从来旁,甲骨文中即作来,表示"引进"和"行来",考古证据表明早期主要在新疆和甘肃等地种植。见李根蟠《中国古代农业》,商务印书馆1998年版,第28页。
④ 孔安国传,孔颖达疏:《尚书正义》卷九《商书·盘庚上》,阮元校刻:《十三经注疏》,中华书局2009年版,第358页下。
⑤ 孔安国传,孔颖达疏:《尚书正义》卷十四《周书·酒诰》,阮元校刻:《十三经注疏》,中华书局2009年版,第438页上。
⑥ 贺耀敏:《中国古代农业文明》,江苏人民出版社、江苏凤凰美术出版社2018年版,第10页。
⑦ 徐中舒:《甲骨文字典》,四川辞书出版社2014年版,第777页。
⑧ 李根蟠:《中国古代农业》,商务印书馆1998年版,第153页。

出与长江以南地区相区别的粟作定居农业文化。在距今八千年前的磁山文化遗址，就曾发现88个堆放粟的窖穴，估计储量达13万斤以上。粟经过长期的传播种植，到商周时期成为全国主要的粮食作物。粟又是一类作物的总称，其中梁品质最为优良，脱壳称为小米，是贵族才能食用的高级粮食。《国语·晋语七》有"夫膏粱之性难正也"，韦昭注曰："膏，肉之肥者；粱，食之精者。"① 粟中又有黏性较大者，称为秫，是当时酿酒的主要原料。周王室与粟的关系密切，作为崇尚农业生产的族群，姬姓始祖称"后稷"，而稷正是粟的另一名称，在夏代之前就被奉为农神。② 此外，《说文解字》说"禾，嘉谷也"（七上十四），并说"米，粟实也，象禾实之形"（七上二十）。③ 张波统计《诗经》中的农作物品种，共有25种，出现百次以上。其中禾、粱、稷、秫、粟、穜、穋、穄等都是谷子类作物，出现39次之多，为占比最大的品种。④ 由此看来，"禾""嘉谷""粟"都可归为一类作物，即所谓的"嘉禾"之原型。在现存殷周金文中有不少有关农产品赏赐的记载，其中殷晚期小臣缶鼎铭之"积"，西周般甗铭之"米"，伯公父簠、弥仲簠、曾伯簠之"粱"，都是指当时的"禾"，也就是粟米。⑤ 值得一提的是西周早期的亳鼎，以两地之"土""禾"赐亳，多数证据似乎表明"禾"为先秦时期的常赐之物。⑥

  粟和黍都是耐旱作物，对于年际降水变化大的黄河流域，其必要性自不待言，故成为当地最早开始精耕细作、优选栽培的粮食品种。但是由于当时的工具仍然以木石为主，而且作物植株普遍矮小，结穗成活率不高，因此单位产量较低。在土地利用方面，以锄耕熟荒制为主，但京畿之外更多还是游耕式的生荒耕作，也就是刀耕火种，导致生产力极为落后。商周时期，黄河流域的农田主要是适应排水洗碱的沟洫体系，利用"畎亩"形式发展垄作旱地农业。古文《尚书》中所谓的嘉禾"异亩同颖"，孔安国注"禾各生一垄而合为一穗"，就反映了当时这种沟洫农业的基本状况。沟洫农业后来又发展出耦耕形劳动方式，从而在技术层面上推动了以休闲制代替撂荒制，固化了农村公社中的互助习俗，最终为井田制的建立奠定了基础。所以说，以嘉禾为代表的作物成果不仅是农业技术进步的体现，也为周公日后建立一套以井田制为基础，以追求家国天下为目标的封建礼制提供了实践基础。

---

① 左丘明撰，韦昭注：《国语》，上海古籍出版社2015年版，第286、288页。
② 关于稷属于黍类还是粟类有争议，但北魏之前的考释，如郑玄、郭璞、贾思勰等均认为属粟。传说古史中烈山氏与其子柱就被尊为稷神，他们烧山点种，植"百谷百蔬"，是刀耕火种农业的代表。
③ 许慎撰，徐铉校订：《说文解字》，中华书局2013年版，第140、143页。
④ 张波：《读〈诗〉辨稷》，《西北农林科技大学学报》（自然科学版）1984年第3期。
⑤ 辛怡华：《伯公父簠铭文中的农作物名称考》，《农业考古》1993年第3期。
⑥ 吴红松：《西周金文农产品赏赐》，《农业考古》2008年第3期。

## 二、嘉禾符瑞的"天命"象征

西周初年,农业生产发展的不利因素很多,其中尤其以战乱造成的人口锐减和气温的急剧转冷变干影响最大。原本拥有泾渭流域食邑的贵族,在东部黄河中下游地区和太行山两侧获得新的封地,封邦建国的新体制建立起来,也为农业区域化生产准备了条件。《尚书》嘉禾出现所在正是唐叔虞的领地,位于今晋南地区汾河河谷地带,其自古就是农业开发较为成熟的区域,也是四千年前陶寺文化的核心地区。①嘉禾显然也必然会作为福报而特别优待,因为这是可以获得粮食增产的"良种",如果不是人工培育成功的,就是作物生长过程中的自然变异,总之是极其珍贵而少见的。晋代王嘉《拾遗记》记:"炎帝始教民耒耜……神芝发其异色,灵苗擢其嘉颖。"②说的就是早期农业对优良品种进行专门的选取和培植。司马迁记魏国白圭管理农业,以"乐观时变"而与李悝不同,又主张"欲长钱,取下谷;长石斗,取上种",说明认识到良种对于增产的重要意义。③古代对于作物良种的高度重视,构成中国传统农业精耕细作之法的重要成分。汉代农学著作《氾胜之书》就提到穗选法,即从田间选取丰硕饱满的禾穗作种,来年进行推广播种。北魏的《齐民要术》也记载,选取纯色上好的禾穗,将其悬挂保存,等来年作为大田的种子,开春后单独播种和管理。这种由"嘉禾"反映出的农作物育种技术,代表着中国传统农业领先世界的水平。

中国传统农业的特点可以用"多元交汇、精耕细作"来概括,这也是中国古代农业强大生命力的来源。"精耕细作"作为技术体系,与集约的土地利用互为表里,可以区分为两大部分,一是适应和改善农业生物的外部生长环境,二是提高农业生物自身的生产能力。至晚到公元6世纪,据《齐民要术》记载,粟的收获量就为播种量的24—200倍,而罗马时代的《克路美拉农书》记载为3—4倍,甚至13世纪英国《亨利农书》的记载只有3倍。我国农业的土地生产率,无疑达到了古代世界的较高水平。④其实早在商周时期,人们就已经认识到土地集约化利用,通过轮作倒茬、复种和间作套种等农耕制度,完善发挥土地利用率的技术体系,提高单产和作物的品种质量,有时可出现一年多收的丰收局面。这其中以嘉禾为标志的农业成果,也许就是当时农业技术进步的反映。这种分蘖异化的

---

① 学界已公认陶寺遗址就是尧的都城,是最早的"中国"的核心区域。附近的绛县传说正是唐叔虞发现嘉禾之地,元代郑辅题《瑞麦诗》于此,明清县衙大门东墙曾嵌刻《绛县瑞麦图》一幅。
② 王嘉撰,萧绮录,齐治平校注:《拾遗记》,卷一《炎帝神农》,中华书局1981年版,第5页。
③ 司马迁:《史记》,中华书局2000年版,第2465页。
④ 李根蟠:《中国古代农业》,商务印书馆1998年版,第117页。

巨大果实一经出现,就被视为天降祥瑞而膜拜。毋庸置疑,培育优良品种是提高单产的核心任务之一。农业实践中的"精耕细作"讲求"广种不如狭收",成为周代农学思想的共识。如战国初期李悝颁布"尽地力",也就是鼓励提高土地生产率,单位面积产量可增加20%。荀子也认为,提倡集约经营,可以亩产"数盆",相当于一年两熟,潜力很大。自古以来的经验证明,农业的发展不仅是政治稳定的基础,更是中国传统文化赖以产生和持久发展的动力。

无论是培育优良品种还是间作复种提高粮食单产,其实都离不开农业立足的根本要素:天时和地利,也即是农业生产的各种自然条件。在东亚季风区诞生的黄河农业文明尤其依赖环境中气候的节律性变化,农作物的生长与收获同四季变化的时序性一致,表现为明显的季节性和紧迫的时间性。这种人地关系的矛盾反映在农业生产上,在《尚书·舜典》中被总结为"食哉惟时",[1]由此发展出的中国古代农业的天时观和农时意识。其后经过三代统治者的总结提升,逐渐演变为"敬授民时"的施政纲领,其思想核心就是"天命观",强调上天对人间善恶的分辨与杀伐决断。"天命不可违"其实就是来源于农业不可"违时",这个"时"就是"时令",也就是"天命",是不以人的意志为转移的客观条件。《吕氏春秋·任地》中说,"天下时,地生财,不与民谋";在《审时》中,又强调耕作要适应天时,根据禾、黍、稻等作物的栽培实践,总结出"得时之稼兴"宝贵经验。[2]

在《尚书·洪范》中,武王和箕子所讨论的问题,即洪范九畴可以归纳为一种神权政治的蓝图,其核心就是天命决定论。箕子认为,自然界有五种气候因素:雨、晴、暖、寒、风,按照各自的时序影响着农作物的生长。如果年月日星辰按照正常的时序轮回,也就是气候变化因循守时,各种庄稼就会丰收,政治就会清明,贤能的人得到重用,国家因此而太平。反之,则"百谷用不成,乂用昏不明,俊民用微,家用不宁"。[3]不但如此,君王大臣和官员们的德行也与上述因素关联,显示出一种天人相应的思想倾向。正是五行、五征、五时这些客观条件,制约着国家治理的方式和效果。根据这样一种逻辑,无论是"气"还是"时",都是天的本质属性——天道,也就是天命。遵守天道、天命表现在农业实践中,即按照二十四节气安排农事;表现在政治实践中,即奉天承运、替天行道、天降大命而不违。对于天命对农业的制约关系,周公认识得十分清楚。他在《尚书·大诰》中,两次用种庄稼比喻,反复说明继承文王所受天命的必要性和重要性。"厥父菑,厥子乃弗肯播,

---

[1] 孔安国传,孔颖达疏:《尚书正义》,卷三《虞书·舜典》,阮元校刻:《十三经注疏》,中华书局2009年版,第273页上。

[2] 许维遹撰,梁运华整理:《吕氏春秋集释》,中华书局2018年版,第690、700页。

[3] 孔安国传,孔颖达疏:《尚书正义》,卷十三《周书·洪范》,阮元校刻:《十三经注疏》,中华书局2009年版,第408页上。

矧肯获？""若稽夫，予曷敢不终朕亩？"①所以说，天命是大前提，遵守天道也是一种责任，就好比种庄稼一样，既然前人已经开始了耕种，后人就要继续劳作，以有所收获。周族以农业为本立国，对于农事十分熟悉，也深切了解民之疾苦。周公在《尚书·无逸》中就指出，"君子所其无逸，先知稼穑之艰难，乃逸，则知小人之依"，"文王卑服，即康功田功"，正因如此，才能"怀保小民""咸和万民"。②由"保民"到"敬德"，方能实现"受天永命"。③周公敬天保民的思想，在于天命与民本的结合，其实正源于商周既有的农耕文明。由天命到农业再到治国理政，为倡导人性中"德"的功用，从而建立封建王朝的德政体系奠定了基础。

## 三、天命观的殷周之变

天人相应在周公诸诰中深有体现。《尚书·召诰》云"王其德之用，祈天永命"；《尚书·君奭》告诫"天命不易，天难谌，乃其坠命"；《尚书·多方》大谈"图天之命"的后果。④钱穆认为，此可谓周公之天命观，同时亦即周公之历史观，其创造性就在于舍弃了上古先民朴素的天帝主宰世运观，而首创人文的历史观。周公诸诰是对天人相应最早的系统阐述，是后世儒家天人合一论的起点。天人合一乃中国文化传统一主要观点，亦谓之人文的历史观。⑤周公对人的认知也反映在农业的认知上，《尚书·梓材》中提到："若稽田，既勤敷菑，惟其陈修，为厥疆畎"，⑥强调人的主观能动性在天人系统中的重要作用。陈来认为，周公实际上构造了西周的政治文化，极大影响了周人的天命信仰。从此，中国文化开启了道德自觉之路。⑦周公制礼作乐自然是继承了殷人自然主义和神秘主义思想，但是又为天人关系重新定位。从殷人祭天发展到周人祭祖，不仅仅是形式上的变化，更重要的

---

① 孔安国传，孔颖达疏：《尚书正义》，卷十三《周书·大诰》，阮元校刻：《十三经注疏》，中华书局2009年版，第423页下、424页下。
② 孔安国传，孔颖达疏：《尚书正义》，卷十六《周书·无逸》，阮元校刻：《十三经注疏》，中华书局2009年版，第470页上、472页上。
③ 孔安国传，孔颖达疏：《尚书正义》，卷十五《周书·召诰》，阮元校刻：《十三经注疏》，中华书局2009年版，第453页下。
④ 孔安国传，孔颖达疏：《尚书正义》，卷十五《周书·召诰》、卷十六《周书·君奭》、卷十七《周书·多方》，阮元校刻：《十三经注疏》，中华书局2009年版，第453页上、475页上、487页上。
⑤ 钱穆：《中国学术思想史论丛（一）》，台北东大图书公司1976年版，第63页。
⑥ 孔安国传，孔颖达疏：《尚书正义》，卷十四《周书·梓材》，阮元校刻：《十三经注疏》，中华书局2009年版，第442页下。
⑦ 陈来：《古代宗教与伦理》，生活·读书·新知三联书店2009年版，第195—196页。

是支撑祭祀制度的思想内核发生了最重要的转折,即发掘出人性的光芒。

中国古代的农时意识包括两个方面,一是季节的时序性,表现为依次出现的气候变化;二是周期性,表现为气候变化的节律性。前者是开展农业生产的环境背景要素,后者是发展农耕技术和完善耕作制度的客观条件。概言之,农业要"不失其时","使民以时",按照四季变化的规律进行生产。以此为基础建立起来的早期政治文明,自然也要讲求按照"天道",管理域内诸侯,处理同天下四夷的关系。中国传统农业历来讲求"三才理论",即"天时、地利、人和",各种主客观因素要协调一致才能丰产丰收。这一理论延伸出去就形成了所谓的农耕文明,建立在农耕文明基础上的传统社会,无一例外也是按照"三才理论"处理人际关系,安排国家事务,发展出一套政治伦理和礼仪制度。"三才理论"的核心是"天命",无论是"地利"还是"人和"都要服从于"天命",而且似乎都是"天命"的产物。这样,天命观就成了中国古代社会的行为法则,特别是在商周时期,"国之大事,为祀与戎","天命"尤其在国家政治生活中占据主导地位。西周初期的"天命观"不是被动的、无条件的上天决定论,而是被周公用"德"解释,施以人为影响的"天命观"。本来殷商也有自己完备的礼制,周礼就是从殷礼继承和发展而来的。如《尚书·洛诰》载:"王肇称殷礼,祀于新邑,咸秩无文。"①又如《论语·为政》中孔子说:"周因于殷礼,所损益,可知也"。②但是殷商的灭亡给以天命思想为核心的宗教神学带来巨大冲击,建立在这种自然崇拜基础上的"礼"也因此陷入难以为继的困境。"殷商之变"使西周统治者意识到只有用"德"改造和充实"礼"的内容,才能解决重大的国运问题。因此,周公在文诰中一再强调,正是由于殷"德不配位",才使上天转而支持周人,即"乃大命文王殪戎殷"。③维护君权神授的同时,重视德与德政,是西周初期天命论革新的特征,也是周公关注人事,深受三才理论影响的证明。传统农耕文明终于在殷周交替的历史时刻开放出思想之花。

王国维认为周公制礼作乐"纳上下于道德,而合天子、诸侯、卿、大夫、士、庶民以成一道德团体",率先提出了"有孝有德""勤政无逸"等启发儒家思想的命题。④周公对天命的新认识有三个方面,一是天命与德行,二是天命与政权,三是德行与民心。由此形成的德治思想标志着周人开启了中国文化对于人的存在的自觉认识历程。它将上天的绝对意志与人间的政治需求融为一体,为西周王朝政权的稳固运行奠定了现实基础,体现了西

---

① 孔安国传,孔颖达疏:《尚书正义》,卷十五《周书·洛诰》,阮元校刻:《十三经注疏》,中华书局2009年版,第456页上。
② 程树德撰,程俊英、蒋见元点校:《论语集释》,卷四《为政》下,中华书局2018年版,第165页。
③ 孔安国传,孔颖达疏:《尚书正义》,卷十四《周书·康诰》,阮元校刻:《十三经注疏》,中华书局2009年版,第431页上。
④ 王国维:《殷周制度论》,中华书局1959年版,第454页。

周初年中国文化对于人的存在行为方式的主动建构。①如果用三才理论模式解释的话，天命就是天时和气候，政权就是嘉禾，民心就是禾之田壤，而德行正是调和三者的人为因素和主导性力量。在农而言，人为因素是技术与劳力，在天时与气候适宜的情况下，利用现有的土壤条件主导嘉禾的出现。在政而言，提倡统治者的行为要遵从天意，德治民心，通过两者的协调实现政通人和，也就是"以德配天""敬德保民""明德慎罚""德将无醉"，达至"家和万事兴"的封建治国最高理想。这可算是中国历代王朝所追求的"以德治国"的雏形。周公德治思想是其德治管理的实践总结，核心理念是"天命"，目标是"永命"，措施就是"制礼作乐"。周公将"天命"与"礼"相结合，把殷人原本通神交流的工具——礼乐，改造为宗教伦理的规范，这对先秦时期儒法两家思想的形成都具有启发意义。西周初期礼乐制度的建设与完善，将原有的夏商部落文明转化为国家政治文明，这种进步无疑是以"德"进入自然主义和神权文化为标志的，代表了人文主义"天命观"的最终形成。

当然，这种人文主义的"天命观"并非一蹴而就，而是有一个渐次发展的过程。西周初期的天命观最早与殷人一脉相承，别无二致。《通典》中引《六韬》记载，"今时逆太岁，龟灼凶，卜筮不古，星变为灾"。②也就是说，周公根据当时的天象，告武王天不佑周伐殷，说明早期"天命观"仍然具有天命决定的倾向。《六韬》内容现已为考古资料所证实，如山东临沂银雀山1972年出土的残简和河北定县1973年出土的《太公》竹简，两者在内容上部分同今本《六韬》一致。利簋铭文也记载："武征商，唯甲子朝，岁鼎，克昏，夙有商"，即强调吉星高照，助周克尚的"天命"。到《尚书·大诰》中还是说"不敢替上帝命""惟卜用，克绥受兹命"，更是强调天命不可违，应当顺应占卜结果用事。③以上证据表明，西周初期至少在三监之乱结束前，周公仍持唯上帝意志论的"天命观"，依然深受殷商宗教神秘主义的影响。三监之乱直接促成了西周政治转型，并最终导致所谓的"殷周之变"。在《康诰》中周公一反传统的天命思想，提出"惟命不于常"，就是说天命可变。④天命之所以可变是因为人独立为与天对应的一方，当人合于天则天命降于身，人不合于天则天命转移。天人合一的思想已然萌芽于应对政治危机而产生的朴素的觉醒意识之中。到战国时期，儒家在整理周礼的过程中有很多钩沉与阐发，但《礼记》中对礼的建构，大致能反映周公将"天命"与"礼"结合的情形，如通过对天、地、春、秋、夏、冬六官属，及其下三百六十职务

---

① 孙聚友：《论周公的德治思想及其文化价值》，《天津社会科学》1997年第6期。
② 聂崇岐：《重印太平御览》，卷三百二十八《兵部》五十九，中华书局1960年版，第1510页。
③ 孔安国传，孔颖达疏：《尚书正义》，卷十三《周书·大诰》，阮元校刻：《十三经注疏》，中华书局2009年版，第422页下。
④ 孔安国传，孔颖达疏：《尚书正义》，卷十四《周书·康诰》，阮元校刻：《十三经注疏》，中华书局2009年版，第436页上。

的设计,体现出天人合一、自然与社会同构的天命观和德治思想体系。清华简《四诰》与《尚书》的《立政》篇关系十分密切,文中周公也表明要"永念天畏,王家无常,周邦之无纲纪,畏丧文、武所作周邦刑法典律",因此要采取各种措施来经营周邦。①

## 四、余 论

《说文》中提到:"禾,嘉谷也。以二月始生,八月而熟,得之中和。禾,木也,木王而生,金王而死。"②可见嘉禾与天时地辰相应,正是天地人"中和"的产物。甲骨文的"年"也属"禾族",象形农人负禾而归,寓意丰收,也是"天时"决定"和土""人和"的证明。没有"和土",便无"嘉禾";没有"嘉禾",便没有"中和";没有"中和",便没有"人和";没有"人和",便没有"和谐"。嘉禾既与"中和"互表,又与"社稷"相衬。③因此,嘉禾乃是"天命"的"说法相",是"祥瑞之兆",是最好的政治献金和谄媚工具。"和"的思想在周公那里已经初步形成,《尚书·周书》十诰中有七诰谈到"和"。此外,在《逸周书》的《大开武》《小开武》《寤敬》《皇门》和《大戒》等,也有多处记载周公重"和"、贵"和"的文字。《尚书·无逸》中讲"咸和万民",《多方》提"尔室不睦,尔惟和哉",④《尚书大传·嘉禾》借周公口吻认为"三苗为一穗,抑天下共和为一乎"。⑤这些都说明,"和"是西周初期自然天命观和政治天命观结合的产物,也是周公制礼作乐的主要目标和重要内涵。周公的德治思想因此可以总结为"德和"思想。

常言"天时、地利、人和"即所谓"三才理论"乃是中国式哲学命题,也是中国传统农耕社会的文化基石,其来源于古人对天命与农耕实践结合的思考,尤以对天时与气候、地辰与物候、嘉禾与和土关系的认知最为重要。对于农业生产而言,以"天"为创生性、缘生性、原发性和源流性纽带与线索,深刻反映了古代民族对宇宙万物苍生的感悟,与帝王政治中的"天命观"不无关系。⑥笔者认为,"天时"是"三才"中最根本之要素,是必要条件;

---

① 刘国忠:《清华简与西周史研究》,《中国社会科学》2021年第1期。
② 许慎撰,徐铉校订:《说文解字》,中华书局2013年版,第140页。
③ 彭兆荣:《嘉禾之诉与耕读之说——兼说江西稻作文化》,《江西社会科学》2019年第5期。
④ 孔安国传,孔颖达疏:《尚书正义》,卷十六《周书·无逸》、卷十七《多方》,阮元校刻:《十三经注疏》,中华书局2009年版,第472页上、489页上。
⑤ 旧题伏胜撰,郑玄注,皮锡瑞辑:《尚书大传疏证》,卷五,清光绪二十二年《师伏堂丛书》刻本,第三册第七页。
⑥ 彭兆荣:《天时、物候与和土:中式农耕文明之圭臬——农业人类学研究系列》,《西北民族研究》2019年第1期。

"人和"是可操作性变量,或者说是终极目标要素;"地利"则需要"天人合一"才能实现。西周初期,周公"集千古之大成"①,必然对夏商以来,特别是周族农耕文明进行思考和总结,才产生了以"天命观"为基础,以制礼作乐为手段的政治哲学体系,开创了以德治国、家国同构的思想先河。在具体的治国实践中,他还设计了以此为内涵的农业职官,如《尚书·周官》中就有"司空掌邦土,居四民,时地利"的记载。②另外,上述"三才"之中由"天时"所定之地"利"与人"和",皆从"禾"旁,也是说与农业生产关系密切。

可见,在西周政治语境中,"禾"或"嘉禾"作为祥瑞崇拜的符号象征,既有历史逻辑的合理性,也有现实存在的必要性,是"天命"的人间写照。从自然崇拜的天命观到政治伦理的天命观之进步,其实是西周统治者发现了"人"的价值,并将其作为两者之间过渡的桥梁。这种以人为本的天命观成为封建治国的必然选择,其意义在于将"天"象征的法则与"禾"象征的德治相结合,创建伊始就在制度层面包含了后世儒法通融的思想,为中华早期王朝的治理提供了成功的经验。周公嘉禾故事虽没有证据证实,但也不能随意否定,这种农业信仰既是三代以来中原文明的主要内容和表现,因而有存在的极大可能性,又是汉代大儒依据当时的《尚书》文献所阐发和推崇的主流信仰,以论证天人感应的合理性,因而绝非妄言诳语所能比拟。祥瑞崇拜是中国古代天命观下的独特文化现象,作为信仰崇拜的一部分,长期为政治文化和民众文化所关注和解读、利用。尤其是祥瑞实现了天道对人间政治的评价能力,及其对人间社会兴衰存亡的主宰,祥瑞崇拜就成为古代政治生活的哲学指导。③到一千多年后的三国时代,身处政治漩涡的曹植就用《周公赞》和《禾》,来表达对"周公嘉禾"的向往。诗中说:"猗猗嘉禾,惟谷之精;其洪盈箱,协穗殊茎;昔生周朝,今植魏庭;献之庙堂,以昭祖灵。"④完美印证了这一瑞应思想对于传统政治生活持久的影响力和指导性。

从先秦到两汉时期,首先在国家统治层面,嘉禾祥瑞经历了一个从原始的自然崇拜逐渐转变为政治文化符号的过程。在这个过程中,嘉禾也由农业丰产的异象转变为政治清明、人君德政善治的福报,继而向下传播到基层社会和普通民众,又变成地方官僚邀功和民众祈福的工具与对象。深受周公和孔子影响的汉儒董仲舒,在深入探讨古来天人关系的基础上,创造了一套完整的天人感应学说,为嘉禾等瑞应提供了理论支撑。⑤同时,《尚书大传》和《史记》则更加详细地描述了嘉禾历史渊源,介绍其文献内容与价值,揭示

---

① 叶瑛:《文史通义校注》,中华书局2014年版,第167页。
② 孔安国传,孔颖达疏:《尚书正义》,卷十八《尚书·周官》,阮元校刻:《十三经注疏》,中华书局2009年版,第500页下。
③ 李浩:《中国古代祥瑞崇拜的文化诠释》,《民俗研究》2008年第2期。
④ 赵幼文:《曹植集校注》,中华书局2018年版,第274页。又,《周公赞》中有"祥应仍至",见该书第97页。
⑤ 余治平:《董仲舒的祥瑞灾异之说与谶纬流变》,《吉首大学学报》(社会科学版)2003年第2期。

嘉禾对周公思想形成的深刻意味,是为中国古代嘉禾文化之滥觞。从那时起,中国古代社会就逐渐形成了系统的祥瑞崇拜,历朝历代的记录不绝于书,显示出传统社会深受自然影响,又能积极回应的文化心理。探讨这样一种心理既有助于分析传统文化如何协调并利用天人关系解释社会现象,指导社会生活,又可以理解中国特色世界观和哲学体系的产生机制及其持续影响力。

[本文系国家社会科学基金一般项目"以明清碑谱为中心的山东宗族与乡村社会建构研究"(项目编号:19BZS140)、山东华宁集团基金项目"周公嘉禾文化资源开发与产业创意研究"(项目编号:18HX051)的阶段性成果]

# 寿县蔡侯墓三长铭史事年代新考与吴楚争霸视阈下的蔡国史事重建

□王少林

**摘要**：安徽寿县蔡侯墓随葬青铜器有蔡侯歌钟、吴王光鉴、大孟姬尊盘三篇长篇铭文。歌钟铭文、吴王光鉴铭文都缺乏具体的年代信息。大孟姬尊盘铭文"元年"年代聚讼已久，众说纷纭。学者多以古文献纪年习惯、大孟姬尊盘铭文所见"元年正月初吉辛亥"与现有构拟先秦历法对证来论证铭文"元年"的具体年代。这种论证方法是导致这一问题歧说杂出的原因所在。蔡侯申歌钟铭文"左右楚王"是蔡昭侯即位至十年之间所作，旨在颂扬楚王庇护之德；吴王光鉴当作于蔡昭侯十三年，此为吴王光拉拢蔡昭侯，将叔姬嫁于蔡昭侯之媵器，此后吴、蔡联盟，有吴人入郢之事；大孟姬尊、盘在夫差元年，此时吴国战略重心已不在淮水上游，蔡国有楚人复仇之忧，故蔡昭侯以大孟姬嫁于初即位之吴夫差，以求庇护，故有蔡昭侯二十六年蔡国迁州来之事。

**关键词**：春秋蔡国；吴楚争霸；寿县蔡墓；初吉

**作者简介**：王少林，安徽师范大学历史学院讲师

## 一、引　言

1955年，安徽寿县西门内发现蔡侯墓。蔡侯墓共计出土青铜器486件，其中有铭青铜器69件。[①]根据随葬有铭青铜器铭文，墓主当是蔡侯𦉢。由于𦉢字，在早期研究中，学者隶定、释读不一，故对𦉢的身份判定也是众说纷纭，产生了平侯说、悼侯说、昭侯说、成侯说、声侯说、元侯说等多种观点。[②]由于寿县为蔡国下蔡所在，蔡国自蔡昭侯迁都至此，

---

① 安徽省文物管理委员会、安徽省博物馆：《寿县蔡侯墓出土遗物》，科学出版社1956年版。
② 平侯说：商承祚主平侯说，见唐兰：《〈五省出土重要文物展览图录〉序言》，《唐兰先生金文论集》，紫禁城出版社1995年版，第80页；游寿、徐家婷：《寿县蔡器铭文与蔡楚吴史事》，《南京大学学报》（哲学社会科学版）1980年第1期。
　　悼侯说，黄盛璋：《释旅彝——铜器中"旅彝"问题的一个全面考察》，《中华文史论丛》1979年第2辑（总第10辑）。（转下页）

以下只有昭侯申、成侯朔、声侯产、元侯及蔡侯齐五人为君。其中蔡侯齐为蔡国最后一位国君,蔡侯墓随葬器物众多,当非一亡国之君所有,故蔡侯齐不太可能为蔡侯㬎。另,蔡迁下蔡在昭侯时,早于昭侯者,也不可能为蔡侯㬎。①因此值得重视的说法只有昭侯、成侯、声侯、元侯四说。

20世纪50年代末,安徽寿县发现蔡声侯产剑(《集成》11602)②。1997年,安徽六安又发现蔡声侯产戈(《新收》1311)。③于是,蔡侯㬎为声侯说被排除。

1980年,安徽舒城九里墩发现一件青铜戟,④有铭文"蔡侯朔之用戟"(《集成》11150)。⑤蔡成侯器得到确认,蔡侯㬎为成侯说也可以被排除。

此外,由于吴国于前473年为越王勾践所灭,元侯在位时间为前456—451年,已在吴国亡国之后。寿县蔡侯墓随葬有铭青铜器有"敬配吴王"的语句,元侯时代过晚,当非蔡侯㬎。

因此,在排除掉声侯、成侯、元侯说后,蔡侯㬎的身份以蔡昭侯最有可能。这种观点进一步得到了古文字学家的确认。㬎字经裘锡圭、李家浩再次释读,两位先生重申了于省吾的观点,认为该字即"申"字。⑥故此后多数学者都持这一看法,⑦蔡侯㬎当为蔡昭侯申。

在蔡侯申墓随葬的69件有铭青铜器中,以蔡侯歌钟、吴王光鉴、大孟姬尊、盘铭文为最长,所包含的历史信息也最为丰富。前人研究已经对此做了充分的论证,取得了丰硕

---

(接上页)昭侯说,孙百朋主此说,见《寿县蔡侯墓出土遗物》,科学出版社1956年版,第21页;陈梦家:《寿县蔡侯墓铜器》,《考古学报》1956年第2期;于省吾:《寿县蔡侯墓铜器铭文考释》,《古文字研究》(第1辑),中华书局,1979年。

成侯说,陈直:《考古论丛》,《西北大学学报》1957年第1期;郭若愚:《有关蔡侯的若干材料论寿县蔡墓蔡器的年代》,《上海博物馆集刊》1982年第3期。

声侯说,郭沫若:《由寿县蔡器论到蔡墓的年代》,《考古学报》1956年第1期。

元侯说,李学勤:《谈近年新发现的几种战国文字资料》,《文物参考资料》1956年第1期。后李先生放弃该说,另主张为昭侯说。

① 陈梦家:《寿县蔡侯墓铜器》,《考古学报》1956年第2期。
② 安徽省文化局文物工作队:《安徽淮南市蔡家岗赵家孤堆战国墓》,《考古》1963年第4期。中国社会科学院考古研究所编:《殷周金文集成》(修订增补本),中华书局2007年版。本文简称《集成》。
③ 六安文物管理所:《安徽六安市城西窑厂5号墓清理简报》,《文物》1999年第7期。
④ 安徽省文物工作队:《安徽舒城九里墩春秋墓》,《考古学报》1982年第2期。
⑤ 李治益:《蔡侯戟铭文补正》,《文物》2000年第8期。
⑥ 裘锡圭、李家浩:《谈曾侯乙墓钟磬铭文的几个字》,收录裘锡圭:《古文字论集》,中华书局1992年版,第418—428页。
⑦ 殷涤非:《寿县蔡侯墓铜器的再研究》,《考古与文物》1984年第4期;王人聪:《蔡侯㬎考》,《古文字研究》(第12辑),中华书局1985年版;陈秉新:《寿县蔡侯墓出土铜器铭文通释》,《楚文化研究论集》(二),湖北人民出版社1991年版,第348—364页;张亚初:《蔡国青铜器铭文研究》,《文物研究》(第7辑),黄山书社1991年版,第332—345页。

的成果。这三篇长铭文中,由于蔡侯歌钟、吴王光鉴都只能提供相对的年代信息,而无法提供具体的年份信息,因此在前人研究中,对三篇长铭文所展示的具体历史情景的重建至今仍存在争议。

因三长铭中大孟姬尊盘铭文中有"元年正月初吉丁亥"的字样,故而在前人研究中关于铭文年代的讨论主要集中在大孟姬尊盘铭文上。大孟姬尊、盘是蔡侯为大孟姬所做的媵器,一件是尊、一件是盘,一些著录书中将这两件尊、盘称为蔡侯申尊、蔡侯申盘,本文称为大孟姬尊(《集成》6010)、大孟姬盘(《集成》10171)。这两件尊、盘的铭文除了"申"字写法不同外,其他铭文完全一致。为表述方便,笔者结合诸家的释文,抄录铭文如下:

> 元年正月初吉辛亥,蔡侯申虔共大命。上下陟否。厉敬不惕,肇佐天子。用作大孟姬媵彝盘。禋享是以,祗盟尝禘,祐受毋已。禕娵整肃,类文王母,穆穆亶亶,聪介欣扬。威仪优优,灵颂託彰。康谐穆好,敬配吴王。不讳考寿,子孙蕃昌。永保用之,终岁无疆。

铭文内容主旨明确,是蔡侯为大孟姬所作媵器,表达"康谐穆好,敬配吴王"的政治诉求,是典型的政治联姻背景下的内容,并不难理解。这两篇铭文的难点在于铭文开首部分的"元年"的时代问题,学者聚讼不已。我们收集相关研究成果,可见如下说法:①周庄王元年(前696年)说;[①]②周敬王元年(前519年)说;[②]③吴王光(阖闾)元年(前514年)说;[③]④蔡昭侯元年(前518年)说;[④]⑤蔡成侯元年(前490年)说;[⑤]⑥陈怀公元年(前505年)说。[⑥]

综观以上六种观点,各有所据。其中,周庄王元年说、吴王光元年说、陈怀公元年说

---

① 叶正渤:《蔡侯盘、蔡侯尊铭文历朔与时代考》,《中原文物》2013年第5期。
② 唐兰:《〈五省出土重要文物展览图录〉序言》,《唐兰先生金文论集》,第72—93页;于省吾:《寿县蔡侯墓铜器铭文考释》,《古文字研究》(第1辑),中华书局1979年版;殷涤非:《寿县蔡侯墓铜器的再研究》,《考古与文物》1984年第4期。
③ 游寿、徐家婷:《寿县蔡器铭文与蔡楚吴史事》,《南京大学学报》(哲学社会科学版)1980年第1期;刘和惠:《楚文化的东渐》,湖北教育出版社1995年版,第52—55页;李学勤:《由蔡侯墓青铜器看"初吉"和"吉日"》,《中国社会科学院研究生院学报》1998年第5期。按,李学勤先生在《东周与秦代文明》中另主张蔡昭侯元年说。
④ 张亚初:《蔡国青铜器铭文研究》,《文物研究》(第7辑),黄山书社1991年版,第332—345页;黄彰健:《释寿县蔡侯墓铜器铭文"元年正月初吉辛亥"、"初吉孟庚",并订正〈史记·是而诸侯年表〉所记蔡昭侯元年》,《武王伐纣年新考并论〈殷历谱的修订〉》,"中央研究院"历史语言研究所,1999年,第267—288页;李学勤:《东周与秦代文明》,上海人民出版社2007年版,第114页。
⑤ 郭若愚:《有关蔡侯的若干材料论寿县蔡墓蔡器的年代》,《上海博物馆集刊》1982年第3期。
⑥ 张闻玉:《再谈金文之"初吉"》,《史学月刊》2001年第4期。

主要依据的是铭文"元年正月初吉辛亥"与现有研究复原的先秦历法体系比对的结果;周敬王元年说、蔡昭侯元年说、蔡成侯元年说则主要依据的"元年"在古文献中的用例,一般指称时王或时君。

故上述六说在论证方式上可分为两组:历法比照与纪年用法。这意味着前人研究虽然在探究"元年"时代问题上做出了巨大的成绩,但在论证方式上是很单一的,这也是至今为止聚讼不休的原因所在。考虑到铭文所见"元年"欠缺纪年主体的情况,历法比照与纪年用法这两种方式就显得论证较弱。我们主张当从蔡、楚、吴三国关系为中心,结合当时的政治形势来判断"元年"的年代。经过考察,笔者认为大孟姬盘、尊铭所见"元年"为吴王夫差元年(前495年)最为合适,进而可结合蔡侯歌钟、吴王光鉴铭文的内容对蔡侯申组器所反映的蔡昭侯前后期历史情景之变动再作说明。

## 二、大孟姬尊、盘铭"元年"诸说评议

大孟姬尊、盘铭"元年"的前人研究可分为四组认识:

第一组,蔡侯元年说。

这组认识的基础出发点是传世文献中君主纪年的习惯用法。当铭文中出现"元年"时,即认为是时君的元年。具体到大孟姬尊盘铭文的"元年",如陈梦家即认为"此蔡侯即位元年所作",[①]即这一论证方式的典型代表。但由于先前研究中,学者对蔡侯申的身份判定不一,故这组看法有蔡昭侯元年与蔡成侯元年二说。前揭蔡侯申即蔡昭侯,非蔡成侯,则蔡成侯元年说可排除。

对于蔡昭侯元年说,除了纪年习惯之外,学者们还补充了相关论据。黄彰健、李学勤皆从蔡侯墓出土大孟姬媵器这一点出发,认为当是蔡昭侯嫁其姐大孟姬归吴王僚,而吴王僚为吴王光所杀后,大孟姬携带媵器归蔡所致。[②]

对于蔡昭侯元年说,反驳的意见主要从如下两个方面展开:

其一,周正朔说。这一看法认为至少在战国之前,春秋列国皆尊周正朔,故元年当为周王元年,而非列国诸侯元年。蔡国与周人同为姬姓,更是尊周正朔无疑。铭文中"肇佐

---

① 陈梦家:《寿县蔡侯墓铜器》,《考古学报》1956年第2期。
② 黄彰健:《释寿县蔡侯墓铜器铭文"元年正月初吉辛亥"、"初吉孟庚",并订正〈史记·是而诸侯年表〉所记蔡昭侯元年》,《武王伐纣年新考并论〈殷历谱的修订〉》,(台)"中央研究院"历史语言研究所1999年,第267—288页;李学勤:《东周与秦代文明》,上海人民出版社2007年版,第114页。

天子"也是这一观点的重要证据。①这一说法既是对蔡侯元年说的反驳,也是证成周王元年说的根据之一。

其二,历象互证。学者们多以现有拟定之先秦历象与铭文"元年正月初吉辛亥"对照比对,提出蔡昭侯元年正月并无"辛亥"干支,故蔡昭侯元年说不能成立。②

第二组,周王元年说。

这一组认识的主要依据历朔的正统论,认为春秋时列国犹行周王正朔,并以此为基础,参以历象互证所得出的结论。但由于认识差异,周王元年说又分为周庄王元年说与周敬王元年说两种。

周庄王元年说为叶正渤所主张。但这一说法是建立在大孟姬尊盘为蔡桓侯嫁女于吴王的可能性颇高的预设前提之上的。进而再参以现有拟定的先秦历朔,认为只有周庄王元年正月初吉有辛亥。③首先,大孟姬的身份学者还有争议,是蔡昭侯之姐,还是蔡昭侯之女,由于学界对此争论不休,至今尚无定论。根据前揭对蔡侯申身份的认定,大孟姬的身份绝无蔡桓侯之女的可能,因此周庄王元年说建立的史事基础是无法成立的。故在此基础上所参考的拟定历朔就失去了意义,所以,周庄王元年说基本上可以判定为是错误的意见。

再看周敬王元年说。周敬王元年在公元前519年,学者主要是根据拟定历法与辛亥干支的对应关系来证成此说的,但这一说法也问题颇多。

第一,公元前519年为周敬王元年、吴王僚八年、蔡悼侯三年。如果"元年"为周敬王元年,则大孟姬嫁于吴国,为蔡国时君蔡悼侯所主持,所嫁之人也当为吴王僚。但考虑到当时蔡国、楚国的关系,笔者认为这一说法是不能成立的,此处不赘述,下文我们再作详细分解。

第二,周敬王元年说主要是建立在拟定的历象之上的。但由于先秦历象的复杂性,基于拟定历象对应关系的做法,实际上并不靠得住。

第三组,吴王光元年说。

吴王光元年说,正是学者们在看到了周敬王元年说无法自圆其说的基础上提出的进一步的修订意见。④其主要方法也主要是依据拟定历象与铭文"元年正月辛亥"的互证。⑤

---

① 唐兰:《〈五省出土重要文物展览图录〉序言》,《唐兰先生金文论集》,第72—93页。
② 唐兰:《〈五省出土重要文物展览图录〉序言》,《唐兰先生金文论集》,第72—93页;殷涤非:《寿县蔡侯墓铜器的再研究》,《考古与文物》1984年第4期。
③ 叶正渤:《蔡侯盘、蔡侯尊铭文历朔与时代考》,《中原文物》2013年第5期。
④ 李学勤:《由蔡侯墓青铜器看"初吉"和"吉日"》,《中国社会科学院研究生院学报》1998年第5期。
⑤ 刘和惠:《楚文化的东渐》,湖北教育出版社1995年版,第52—55页。

第四组,陈怀公元年说。

陈怀公元年说单独成组,表明这一说法非常特殊。它是张闻玉先生独创的说法,由于看到吴王光元年说在历象上的问题而提出的新说,但其根据依旧是拟定的历法。

综合以上可以发现,前人研究中对铭文"元年"认识的不同最核心的依据主要就是古文献的纪年习惯与铭文"元年正月初吉辛亥"和拟定历象的互证。这两者构成了诸说的基础,不断分化与生成。对此,笔者不得不要重新考察这两种论证方式的可行性与适用性。

第一,"元年"的指涉对象是多样的,并不存在单一的确定性内容。目前,对于铭文"元年"指涉为哪一位王,或者哪一位国君的观点之所以聚讼不休,实际上因为不同的学者基于的初始基点不同。或因为当时依旧尊周正朔,认为是周某王元年;或因为器出蔡墓,则认为是蔡某侯元年;或因为当时吴国霸主地位,认为有可能是吴王某元年。这些说法实际上都指向的是某种可能性,而非确定性的内容。换言之,在目前所根据的文献中,这三种可能性是同时存在的,单一根据这一点只能得到经验性的认识,而非确定的答案。故,完全单一依赖"元年"对应的主体可能性而断定"元年"指涉的具体年代,在技术上是无法实现的。

第二,铭文与拟定历象的对证问题。在前人研究中,由于铭文"元年"缺乏纪年主体,因此学者们不得不在纪年习惯的基础上,利用现有拟定的历象进行与铭文对证,其中的关键是利用"元年正月初吉辛亥"中所包含的历法信息与已复原的历法方案进行对比互证,从而证成己说。但这一方法实际上也是不可靠的。

完美的互证过程包含两个要素:一是新出材料包含信息的精确性;二是作为参照系的比对系统的确定性。而在铭文"元年正月初吉辛亥"与拟定的历法互证的过程中,这两个要素都是缺失的。

关于铭文"元年正月初吉辛亥"这一文本所包含的信息一共有四个:

① 元年。由于纪年主体的缺失,前人的研究只能在多个纪年主体的可能性中排查,周王、蔡侯、吴王都进入众多可排查对象的范围之中。这表明周王、蔡侯、吴王任一单一主体都具有纪年主体的资格可能性,但任一主体却都不具有完全的唯一性。同时,由于周王、蔡侯、吴王本身属于群体性名词,具体所指哪一位君主更是依赖于其他信息来填补说明,从而更增添了"元年"纪年主体的不确定性。

② 正月。这一信息本来是明确的,但由于先秦历法中岁首的不固定性,铭文"正月"具体对应夏历哪个月同样是需要论证。具体而言,铭文"正月"的具体指涉月份依赖于铭文制作内容所处的事实上的历法体系,在这一问题尚未明确之前,"正月"的信息指向同样也是不确定的。

③初吉。这是先秦纪时术语中最具模糊性也最具争议性的一个概念。20世纪以来关于"初吉"性质的争论至今未绝,其关键争议在于:"初吉"是否属于月相术语?如果不属于月相术语,它的性质是什么?

在"初吉"月相术语说的系统里,争议主要在"初吉"作为月相的含义。其中,王国维首倡"初吉"为月相,并以"月相四分法"解释,认为"初吉"为每月自初一日至七、八日之间的时段。①王国维的这一看法此后得到郭沫若、吴其昌等人的赞同,②至今有人响应该说。此后,支持"初吉"月相说的学者在反思王国维"月相四分法"的基础上,提出了"月相定点说"来解释"初吉",多数学者解释"初吉"为朏,每月初二、三日,③也有学者主张"初吉"为朔日,即每月初一。④

另外一种比较强力的观点认为"初吉"并非月相。董作宾比较早地提出"初吉"并非月相术语。⑤在否定"初吉"月相术语说的基础上,学者们开始对"初吉"进行新的解释,目前可见的观点有:初干吉日说,即每月上旬从初一到初十在内的十个干支日都为初吉;⑥初吉吉善日说,即初吉就是一个月中吉宜之日;⑦月吉说,即初一至初七、初八之间的这段时间。⑧

由此可见,目前对于"初吉"的研究显示出异常复杂的面貌,学界对于"初吉"的理解并没有一个确定性的认识。

④辛亥。辛亥作为干支,意义明确。但铭文"辛亥"的具体所指受制于两个因素:一是前接"初吉"的具体指涉问题;二是"辛亥"在铭文中的语词用法问题。这两者相互独立又彼此相关。

由于"辛亥"前接"初吉"意义的不明确,这让"辛亥"的理解也不能确定。换言之,铭文"辛亥"的意义依赖"初吉"的含义而生成,存在两种较大可能性:

第一,如果"初吉"为月相,以"月相四分法"或"月相定点法"来理解,则"辛亥"指向某一范围时段中的某一个特定的日子。这其实是目前以铭文"元年正月初吉辛亥"与拟定历法互证做法的前提。这是笔者上文分析"初吉"用法下连接"辛亥"语义的必然延伸。

---

① 王国维:《生霸死霸考》,《观堂集林》,中华书局1984年版,第21页。
② 郭沫若:《两周金文辞大系图录考释》,科学出版社1957年版;吴其昌:《金文历朔疏证》,北京图书馆出版社2004年版,第30页。此外主张"月相四分法"的学者还有众多。
③ 陈梦家:《西周铜器断代》(二),《考古学报》第十册,1955年;刘启益:《西周金文中月相词语的解释》,《历史教学》1979年第6期。
④ 彭裕商:《西周青铜器年代综合研究》,巴蜀书社2003年版,第95页。
⑤ 董作宾:《周金文中生霸、死霸考》,《中国文化研究所集刊》第二卷。
⑥ 黄盛璋:《释初吉》,《历史研究》1958年第4期。
⑦ 刘雨:《金文"初吉"辨析》,《文物》1982年第11期。
⑧ 王和:《"初吉"简论》,《史学月刊》1988年第5期。

第二,如果"初吉"为择吉之日,则铭文"辛亥"存在虚用的情况。按照学者最新的研究,在春秋以后的金文中,与"初吉"连用的干支,以"丁亥"出现的频率最高,其次是"庚午""乙亥""庚申",甚至在春秋晚期以后出现了"唯曾八月,吉日唯亥"(《铭续》0948)、"唯正孟春,吉日唯庚"(《铭续》0909)的情况。在此基础上,专家得出春秋以后"初吉"所代表的择吉日期主要在"亥日"和"庚日"之间选择,而"初吉"之后的干支很多"非实指",而仅代表吉祥寓意。[①]具体到铭文中的"辛亥"干支,它是实指还是虚指,尚属于未知的情况。

故此,新材料与参照系统的对证第一要素精确性的内容指涉在铭文"元年正月初吉辛亥"上是无法实现的,而同时第二要素要求的参照系统的准确性其实也无法满足。

目前学界构拟的先秦历法系统主要由三部分构成:一是由现代天文学家依靠科学的天体运行规律反推的实际历法系统;二是依据晚出的传世文献所记载的内容所复原的历法系统;三是依据考古出土当时材料(主要指的是西周的青铜器铭文)复原的历法系统。

第一种依赖于天体运行的自然规律,是确定的。但第二种与第三种则是无法确定的。其原因在于:

首先,第二种复原的历法系统高度依赖于文本,而文本本身与文本指涉的内容之间存在距离,文本制作的年代要比文本指涉内容的年代要晚,文本在制作、传播、流传的过程中是否有错讹,这都是不能确定的。

其次,复原构拟的历法系统建立如下的预设前提之下:先秦时代所有不同地域、不同时期、不同来源、不同性质的文本内容中的历法系统属于同一个系统,即便是不属于同一个系统,也是属于同一个"族"系统的不同分支。由于先秦史料的天然的欠缺性,这种预设在技术上可能是一种无可奈何的选择,但这种预设很有问题,是无法得到证明的。

最后,依据青铜器铭文所复原的系统与第二点有着同样的问题,即目前含王年、月相、月份、干支所有因素齐全的铭文相较于有铭青铜器而言,数量仍显太少。为了复原金文历法,学者们是将所有的要素齐全的历法铭文假定为属于同一个性质的历法系统来进行后续处理的,而这一点也是无法得到预先证明的。

于是,由此复原的系统的不可靠性就大大加强了,而以此作为参照系进行的互证,就会出现前文所见的多位学者利用同一个参照系,而得出不同结论的现象。

故而,谨慎的年代学专家在对利用构拟历法与铭文内容对证来判断铭文年代的方法论是保留意见的。如彭裕商先生就不无遗憾地指出:

---

[①] 岳冠林、张淑一:《两周青铜器铭文"丁亥"析论》,《古籍整理研究学刊》2021年第2期。

目前拟定的西周历谱,都是根据现代高度发达的历算知识再结合金文中的有关历日材料而形成的。但问题就在于,没有哪一家的历谱能与金文记载的历日完全吻合,总有为数不少的金文历日不能纳入历谱之中,这是大家都知道的。……我们认为,目前各家拟定的西周历谱是不可靠的,事实上,我们并不知道西周的历法究竟是怎么一回事。不仅西周历法如此,就是春秋时期,根据《春秋》经传记载,当时的历法也很不成熟。①

彭先生的意见是值得尊重的。因此,笔者主张在判断先秦时期新出文献内容年代的时候,慎用历法比照对证的方法,而要充分考虑文本指涉内容所处的历史环境,也就是通过外证的方法补充研究对象所在历史网络,以期能够对事件进行最大可能的复原与说明。笔者曾在研究清华简《摄命》年代时就提出过这样的主张,②在此再加申明。

基于这样的方法论,笔者主张大孟姬尊、盘铭文中"元年"的年代当为夫差元年,即公元前495年。这一年夫差即位,蔡昭侯迫于楚国复仇的压力,为了获得吴国的支持,将大孟姬嫁于夫差,这一政治联姻获得了夫差的支持,蔡国在第三年,也就是公元前493年迁往州来。以下详细说明。

## 三、蔡侯墓三铜器长铭与春秋晚期蔡国政局之演进

为了论证大孟姬尊、盘铭文"元年"为夫差元年,先回顾春秋以来蔡国的历史。蔡国历史可依据其都城所在分为三段。

第一阶段,晋楚争霸下的上蔡。

蔡国西周时为蔡叔封国,本处河南上蔡。春秋霸政之下,蔡国处于晋、楚南北交锋之前缘,为晋人南进、楚人北上争锋之锁钥。晋文公城濮大战一战成霸,此后百余年春秋霸政主要在晋、楚之间展开。晋、楚之间形成V字形战略缓冲地带。其中,V形地带的左翼北端为郑国(今河南新郑)、中段为许国(今河南许昌),右翼北端为宋国(今河南商丘)、中段为陈国(今河南淮阳),而蔡国(今河南上蔡)处于左右两翼的交叉点V字形地带的最南端。蔡国地缘政治地位之重要性可见一斑。清代春秋学家顾栋高分析蔡国于楚国之地

---

① 彭裕商:《西周青铜器年代综合研究》,第17—21页。
② 拙文:《册命金文、作册职官与〈摄命〉史事的年代问题》,《西部史学》(第5辑),西南师范大学出版社2020年版,第17—33页。

缘作用云：

> 中国欲攘楚，必先有事于蔡。……吴不得蔡为向导则不能深入要害，而以直造郢都也。盖蔡居淮、汝之间，在楚之北，为楚屏蔽，熟知楚里道，其俗自古称强悍。……自定公以上，蔡为中国与楚之利害，岂不历历可验也哉！①

另一位《左传》学家高士奇分析中原地缘政治云：

> 夫先世带砺之国棋布星罗，南捍荆蛮而北为中原之蔽者，最大陈、蔡，其次申、息，其次江、黄，其次唐、邓而唐、邓尤逼处方城之外，为楚门户。自邓亡，而楚之兵申、息受之；申、息亡，而楚之兵江、黄受之；江、黄亡，而楚之兵陈、蔡受之；陈、蔡不支，而楚兵且交于上国矣。②

顾栋高、高士奇此言对于蔡国之战略地位的分析是非常具有洞察力的。大致而言，在晋楚争霸年代里，晋人主要占据 V 字形地带之"内"缘以北地带，而楚人则在 V 字形地带的"外"缘大肆扩张。蔡国之所以能于楚人三方包围之中存活，③实为晋、楚霸政、战略平衡之结果。春秋霸政不如战国兼并残酷，于霸主争夺之际，仍能续存亡继绝之义，实由当时时代政治特色所决定。

故当晋、楚国力相当、外交平衡之形势下，蔡国尚能于晋、楚大国有存在之价值，当力量失衡或晋、楚媾和发生，则蔡国之地位必急剧而下。又蔡国南邻楚国诸邑，近楚而远晋，晋、楚战略一旦失衡，则蔡国必为楚国所灭。

公元前 546 年，第二次弭兵之会，晋、楚达成和平协议，双方之争夺开始由明面战争进入到暗处竞争的时代，晋、楚之间在春秋晚期三家分晋之前再未发生直接的军事冲突。故于楚人而言，被楚邑三面包围的蔡国已失去其之前的战略价值。故，公元前 531 年，在弭兵之会仅仅十五年后，"贪而无信"的楚灵王就灭了蔡国。④

第二阶段，新蔡复国与新蔡时期的楚蔡关系。

蔡国于新蔡复国，实由楚国内政变动所致，失去北方晋国庇护的新蔡蔡国必然类同楚邑，饱受楚国之奴役，此为蔡昭侯迁往州来之政治伏线。

---

① 顾栋高：《春秋时楚始终以蔡为门户论》，见其著《春秋大事表》，中华书局 1993 年版，第 2024—2025 页。
② 高士奇：《左传纪事本末》，中华书局 1979 年版，第 660 页。
③ 徐少华：《周代南土历史地理与文化》，中西书局 2021 年版，第 306—317 页。
④ 杜预：《春秋左传集解》昭公十一年，上海人民出版社 1977 年版，第 1337—1342 页。

春秋处置亡国之民有三种方法：一是虐杀民众，焚毁宗庙；二是迁徙边地，以示惩罚；三是归化为臣，类同新邑。①但蔡国虽灭，蔡人仍在，仍不失为楚国内部一大势力。楚国亦重视这一支力量，楚灵王在灭蔡之后，"大城陈、蔡、不羹，皆赋千乘"，②蔡邑已经可出兵千乘。接着，楚国任命王子弃疾为蔡公。公元前529年，在蔡国被灭三年后，作为蔡公的王子弃疾弑杀楚灵王，继位为君，是为楚平王。虽然史书于楚平王弑君之事未有细节书写，但从中仍可推断，楚平王成功获得王位，与他作为蔡公，可支配"千乘"兵赋，获得亡蔡遗民势力的支持不无关系。

故而，在楚平王继位之后，为酬谢蔡人在夺位之争中的贡献，楚平王"封陈、蔡，复迁邑"，复建了蔡国。新出清华简《系年》第十九章云：

楚灵王立，既县陈、蔡。竞（景）平王即位，改邦陈、蔡之君，使各复其邦。③

这一新材料为新蔡蔡国的复国提供了新的材料支撑。上蔡已为楚邑，战略地位重要。公元前528年，楚平王将蔡人迁往新蔡，立蔡景侯之子公子庐为君，是为蔡平侯。

新蔡蔡国有四世国君，分别为蔡平侯、蔡侯朱、蔡悼侯东国与蔡昭侯申。蔡侯朱为平侯之子，立一年而发生内乱，蔡灵侯之孙东国发动叛乱。东国之父为隐太子友，本是蔡灵侯的太子，平侯在楚国的扶植下即位后忧于隐太子友潜在的政治威胁，便杀了隐太子友，这为蔡侯朱时期的叛乱埋下了伏笔。这场叛乱，公子东国取得了胜利，蔡侯朱政争失败而出奔楚国，1962年，湖北襄阳地区曾出土带有"蔡侯朱之缶"（《集成》9991）的青铜缶，当是蔡侯朱出奔楚国后的遗物。④

蔡悼侯三年卒，其弟昭侯申即位。正是在蔡昭侯时期蔡国与楚国的关系经历了剧变，这是解释寿县蔡侯墓有铭铜器的基础。

蔡昭侯在位共28年，可分为三个时期：

第一时期，蔡昭侯元年—蔡昭侯九年（前510年），这一时期为楚、蔡的蜜月期。

新蔡蔡国四世国君，其中分为两支：一支为平侯庐与其子蔡侯朱，这是楚国扶植的蔡国公室。平侯庐为楚平王所立，蔡侯朱政争失败出奔楚国，都可反映出平侯、蔡侯朱与楚

---

① 《左传》宣公十二年记载，楚伐郑，楚胜郑败，郑伯提供了三种处置郑国方法："俘诸江南，以实海滨"，"以赐诸侯，使臣妾之"，"泯其社稷"。由此可见，当时战胜国对战败国的处置方法。见杜预：《春秋左传集解》宣公十二年，上海人民出版社1977年版，第582页。
② 杜预：《春秋左传集解》昭公十二年，第1357页。
③ 清华大学出土文献与保护中心《清华大学藏战国竹简》（贰），中西书局2011年版，图版第91页，释文第184页。
④ 仲卿：《襄阳专区发现的两件青铜器》，《文物》1962年第11期。

国的密切关系;另一支为蔡灵侯之孙、隐太子友之子悼侯东国、昭侯申兄弟,这一支属于新蔡复国时被楚国抛弃的蔡国公室,但在蔡国内斗中取得了胜利。这意味着悼侯、昭侯与楚的关系不会太过和睦。

基于这个前提,在蔡昭侯即位后,面对强大的楚国,缓和两国邦交,以换取楚国对自身这一蔡国公室支系的支持就显得刻不容缓。

蔡悼侯三年六月,蔡悼侯东国卒,蔡侯申即位。一个月后,七月,就发生了吴、楚鸡父之战。"诸侯从于楚者众,而皆小国",其中有"顿、胡、沈、蔡、陈、许",蔡国是从楚诸国之一,这场战争以吴国的胜利为结局,败诸国联军于鸡父。① 鸡父之战,蔡国从楚伐吴,《左传》上记载吴国公子光以为是诸国"畏楚而不获已,是以来"②,对于新即位的楚昭侯而言,即位不到一月,这正是缓和与楚国关系的好时机。因此,蔡侯墓大孟姬尊、盘铭所见蔡国"敬配吴王"的时间绝不可能在蔡昭侯元年,此时蔡国正在谋求楚国的支持,而不可能与吴国暗通款曲。

基于此,我们可分析蔡侯墓出土另一件有铭青铜器蔡侯歌钟的年代问题。我们参考于省吾先生的考释,抄录蔡侯歌钟(《集成》210)铭文如下:

> 唯正五月,初吉孟庚,蔡侯申曰:余唯末小子,余非敢宁忘,有虔不易,左右楚王,懋懋为政,天命是匡。定均庶邦,休有成庆,既聪于心,延中厥德,均子大夫,建我邦国。舍命祗祗,不愆不忒,自作歌钟,元鸣无期,子孙鼓之。③

从铭文中来看,蔡昭侯申自称"余唯末小子",这一说法可看出蔡昭侯对于自身即位合法性的忧虑。故而,力称自己"非敢宁忘",尽力"左右楚王",从中可以看出蔡昭侯努力取得楚国卵翼的期望。由于铭文中缺乏具体的年代信息,一些学者将蔡侯歌钟铭文的"左右楚王"与大孟姬尊、盘铭文的"敬配吴王"认为是同时期的内容,进而认为这一时期的蔡昭侯"一方面对吴称臣,一方面又不敢过度激怒楚人",游走于吴、楚之间,在"惶惶不安中度日"。④ 这一观点是在误解蔡侯歌钟年代的前提下做出的。基于前文分析,蔡侯歌钟的时间应该在蔡昭侯即位之初,为了缓和与楚国的关系,既在鸡父之战中支持楚国,从楚伐吴,也在宗庙祭祀中,宣扬"左右楚王"的政治观念,以博取楚国的支持。张树国提

---

①② 杜预:《春秋左传集解》昭公二十三年,第1501页。
③ 于省吾:《寿县蔡侯墓铜器铭文考释》,《古文字研究》(第1辑)。
④ 金荣权:《周代淮河上游诸侯国研究》,河南大学出版社2012年版,第19—20页。另张亚初先生亦有此类看法,可参见张亚初:《蔡国青铜器铭文研究》,《文物研究》(第7辑),黄山书社1991年版,第332—345页。

出:"《蔡侯钟》中蔡侯申自述'左右楚王',当作于昭侯十年(前509年)之前。"①这一观点应当是比较允当的观点。我们可进一步申论该观点,铭文中"建我邦国"当指楚平王复建蔡国事,因此蔡侯歌钟最有可能制作于蔡昭侯即位之后(前518年)到楚平王去世(前516年)之间这三年间。

因此,在这一时期蔡国与楚国的关系是表现在蔡国极力讨好楚国的支持上的,这与楚平王复建蔡国的威势有关,同时这意味着这一时期的蔡国是不可能与吴国有良好的外交关系的。

第二时期,蔡昭侯九年(前510年)—蔡昭侯十三年(前506年),这一时期为蔡昭侯绝楚亲吴的转变时期。

楚平王十三年(前516年)去世,不满十岁的太子壬嗣位,是为楚昭王。但由于楚王年幼,楚国国政由令尹囊瓦主持。囊瓦此人,历史评价很低,《左传》说他"贿而信谗",②《国语》上说他喜欢"蓄货聚马""蓄聚积实,如饿豺狼焉""不恤"国人,"而蓄聚不厌""积货滋多,蓄怨滋厚"。③囊瓦性情贪婪、行为乖张,又执掌楚国国政,蔡昭侯朝楚必然与其有交集,这为蔡昭侯绝楚、亲吴的发生埋下了伏笔。

蔡昭侯十年(前509年),仍处于楚国庇护下的蔡国国君蔡昭侯例行前往楚国献纳贡赋。贪婪的令尹囊瓦向蔡昭侯索取贿赂,对此,耿介的蔡昭侯拒绝了囊瓦的索求,结果是蔡昭侯被囚禁于楚国三年,不得归国。在蔡国国人的贿赂请求下,囊瓦才放归蔡昭侯,并在其归国之际,要挟蔡昭侯"蔡君之久也,官不共也。明日礼不毕,将死"④。囊瓦的这个行为彻底惹怒了蔡昭侯,蔡昭侯归国后,就"如晋,以其子元与其大夫之子为质焉,而请伐楚"⑤。蔡国的这一举动,实际上标志着蔡国至此(前507年)仍未有联吴的想法,这一时期在中原诸小国的心中,能够与楚国抗衡的依旧是北方的传统霸主晋国。但晋国大夫荀寅同样向蔡昭侯谋求贿赂不得,就谏言晋国主政大夫范献子拒绝了蔡国的请求。⑥但第二年(前506年)的夏天,晋国仍令蔡国伐沈,蔡国取得胜利,这引起了楚国对蔡国的不满,蔡、楚邦交彻底断绝。为此,楚国伐蔡,蔡国被围。由于前一年(前507年),蔡国谋求晋国的帮助未能如愿,此时他已经意识到晋国不可能帮助蔡国。于是,蔡昭侯转向向吴国求助,"以其子干与其大夫之子为质于吴"⑦。《越绝书》同样记载了蔡昭侯绝楚

---

① 张树国:《蔡国旧事——关于春秋蔡国兴亡的三种文本解读》,《中华文史论丛》2014年第1期(总113期)。
② 杜预:《春秋左传集解》昭公二十七年,第1554页。
③ 徐元诰:《国语集解·楚语下》,中华书局2002年版,第521页。
④⑤ 杜预:《春秋左传集解》定公三年,第1615页。
⑥ 杜预:《春秋左传集解》定公四年,第1619页。
⑦ 杜预:《春秋左传集解》定公四年,第1628页。

亲吴之事，其文曰：

> 蔡昭公南朝楚，被羔裘，囊瓦求之，昭公不与。即拘昭公南郢，三年然后归之，昭公去至河，用事，曰："天下谁能伐楚乎？寡人愿为前列。"楚闻之，使囊瓦兴师伐蔡。昭公闻子胥在吴，请救蔡。子胥于是报阖庐曰……阖庐于是使子胥兴师，救蔡而伐楚。①

蔡国的这一举动得到了吴国的回应。在寿县蔡侯墓中出土了吴王光鉴，其铭文可反映这一事件背景下吴国对蔡国示好的回应。结合诸家考释，吴王光鉴（《集成》10298）铭文如下：

> 唯王五月，既字白期，吉日初庚，吴王光择其吉金，玄铣白铣，以作叔姬寺吁宗彝荐鉴，用享用孝，眉寿无疆，往已叔姬，虔敬乃后，子孙勿忘。

郭沫若曾主张该器作于吴王光（阖闾）元年，②这个观点极有可能是不能成立的。吴王光鉴是吴王光为叔姬所作媵器，叔姬所嫁之人就是蔡昭侯，从铭文中吴王光鉴戒叔姬要"虔敬乃后"来看，此时吴国还未有霸主凌人之气象。故我们认为最有可能此器就作于公元前506年，吴王光为巩固吴、蔡联盟而作此，此后方有吴楚柏举之战，吴人入郢之事。新出清华简《系年》第十九章记录此事云：

> 景平王即世，昭王即位，陈、蔡、胡反楚，与吴人伐楚。③

该记录可与传世文献相互参正，吴人能够入郢，实由陈、蔡等国反楚与吴国联盟，为吴向导，共同出兵伐楚，楚国内有贪鄙之令尹，外失其与国之援，盖有灭郢之祸。

第三时期，蔡昭侯十四年（前505年）—蔡昭侯二十八年（前591年），这一时期为蔡、吴联盟时期。

柏举之战后，吴、楚已成灭国之仇，对于吴国联盟的蔡国，也是楚国复仇的对象。故在公元前506年之后，蔡国不管是在客观上还是在主观上都不得不寻求吴国的庇护了。也正是在这一时期，蔡昭侯完成了迁州来的举动。

---

① 李步佳校释：《越绝书校释》，中华书局2013年版，第81页。
② 郭沫若：《由寿县蔡器论到蔡墓的年代》，《考古学报》1956年第1期。
③ 清华大学出土文献与保护中心：《清华大学藏战国竹简》（贰），图版第91—93页，释文第184页。

第三阶段,蔡迁州来与下蔡蔡国。

蔡迁州来的发生与吴、楚霸政的变动有关。自公元前506年,吴人灭郢事件之后,吴国因核心统治地区在长江下游,故虽灭郢但不能长期占领,故吴人灭郢不过是一次性战役胜利,而非灭国之战。在取得柏举之战、灭郢之战的胜利后,在楚地吴军连续兵败,并未能连续胜利,同时吴国内部发生了夫㮣称王自立的内乱,而位于吴国南部的越国也趁机侵占吴国,吴王阖闾迫于现实政治的需要,迅速退守吴国。①此后,吴国的战略重心有所转移,先是战略重心南移,吴王阖闾将位于太湖平原南部的越国视为主要敌人,后来在吴王夫差取得对越王勾践的胜利之后,吴国的战略重心再次北移,将北方的晋国和齐国视为主要的敌人。吴国战略重心的变动,反映出公元前506年之后,吴国对西部地区战略的不重视。短时间来看,吴国的这种战略重心的变动是出于自身政治战略的调整需要,但却为吴国西部地区的一众联盟小国留下了极大的隐患。在楚国复国之后,由于楚国和吴国之间有广阔的战略纵深地带,楚国和吴国之间的战争不会立即发动展开,但位于吴国和楚国战略纵深地带的淮上小国就将面临复国后的楚国的报复,而蔡国首当其冲。

新出清华简《系年》第十九章记录蔡迁州来之事云:

> 昭王既复邦,焉克胡、围蔡。昭王即世,献惠王立十又一年,蔡昭侯申惧,自归于吴,吴缦(泄)庸以师逆蔡昭侯,居于州来,是下蔡。②

从《系年》的记述角度来看,蔡国迁州来是迫于楚献惠王的压力,这一点可得到传世文献的证明。吴人灭郢之后,楚昭王复国,经过数十年的苦心经营,开始谋求复仇。《史记》记载,蔡昭侯"十四年,吴去而楚昭王复国。十六年,楚令尹为其民泣以谋蔡,蔡昭侯惧"③。这意味着在柏举之战后三年(前503年),楚国就开始谋求伐蔡。公元前496年,吴越携李之战,吴王阖闾卒于阵前。吴国面临新旧君主轮替之际,越国大敌在前,吴国无暇西顾。第二年(前495年),吴王夫差元年,楚昭王灭胡。《左传》鲁定公十五年"二月,楚灭胡"。④胡是吴国在淮上的联盟小国之一,楚国趁吴国政局不稳,在夫差元年的二月就灭掉了支持吴国的胡国。这一举动对于蔡国而言,绝对是一个巨大的警告。

对于此时的蔡昭侯而言,蔡、楚邦交的恶劣已经不足以此时回头与楚国盟好,而北方的霸主晋国已经证明无法依靠,蔡国唯一的选择仍是强化与吴国的联盟,寻求吴国的庇

---

① 魏昌:《楚国史》,武汉出版社2002年版,第171—172页。
② 清华大学出土文献与保护中心《清华大学藏战国竹简》(贰),图版第91—93页,释文第184页。
③ 司马迁:《史记·管蔡世家》,中华书局1959年版,第1569页。
④ 杜预:《春秋左传集解》定公十五年,第1702页。

护。第二年,吴王夫差二年(前494年),楚国果然发动了对蔡国的复仇战争,"元年春,楚子围蔡,报柏举也。里而栽,广丈,高倍。夫屯昼夜九日,如子西之素。蔡人男女以辨,使疆于江、汝之间而还。蔡于是请迁于吴"①。在灭胡后的第二年春天,楚国再次发兵伐蔡,以报柏举之仇,蔡国不得以"疆于江、汝之间",已经被楚国逼迫的无路可走。"楚昭王伐蔡,蔡恐",不得已蔡昭侯"告急于吴。吴为蔡远,约迁以自近,易以相救;昭侯私许,不与大夫计。吴人来救蔡,因迁蔡于州来"②。

  这是笔者主张大孟姬尊、盘"元年"为夫差元年的主要原因,特别是在否定了吴王光元年说、蔡昭侯元年说的合理性之后,夫差元年说就显得相当合理。对于大孟姬尊、盘铭文"元年"夫差元年说,并非没有学者考虑过。李学勤曾考虑过夫差元年说这一可能。但李先生认为,夫差元年为蔡昭侯二十四年,考虑到昭侯申的年龄问题,大孟姬为蔡侯长女,此时蔡昭侯不可能有长女尚待字闺中未嫁,故李先生放弃了该说。③

  夫差元年说不可能是建立在大孟姬为蔡昭侯长女的假设之上的,如果大孟姬确为蔡昭侯长女,李先生的反驳是合乎常理的。但大孟姬的身份并不能自证,有多种可能性,除了大孟姬为蔡昭侯长女外,实际上还有一种可能性,大孟姬可能为蔡昭侯的长孙女,或为蔡成侯朔之长女。如果这种可能性存在,则夫差元年说成立的概率就大大增加了,也符合当时的政治背景。

  蔡迁州来,三年后,蔡昭侯为贼所杀,昭侯子成侯朔嗣位。但随着吴国战略重心的北移,吴越霸政的展开,吴国为越王勾践所灭。灭吴后的越国的战略重心依旧在北方,而非西部。这样就导致了下蔡完全暴露在楚国的战争铁蹄之下,在声侯、元侯与侯齐的艰难统治下,于公元前447年为楚惠王所灭。

## 四、结 语

  青铜器特别是有铭青铜器的断代问题一直是困扰学术界的难题,年代明确是史料明确的前提。寿县蔡侯墓大孟姬尊、盘铭文中"元年"的争讼正反映出断代问题的复杂性。在过去学者们的持续不断的研究下,青铜器的断代标准已经趋于综合,青铜器自身的器型、纹饰、组合关系、出土环境的层位关系都成为判断青铜器的重要标准,学者们依据这些多元的判定标准综合判断,基本上可以得出青铜器的相对年代。

---

① 杜预:《春秋左传集解》哀公元年,第1706页。
② 司马迁:《史记·管蔡世家》,中华书局1959年版,第1569页。
③ 李学勤:《由蔡侯墓青铜器看"初吉"和"吉日"》,《中国社会科学院研究生院学报》1998年第5期。

对于有铭青铜器，断代问题显得更为复杂，除了前述青铜器的几种断代标准之外，铭文内容本身也给有铭青铜器的断代提供了更为复杂也更多的判断依据。具体到大孟姬尊盘铭文"元年"而言，过去研究对于纪年方式、天文历法体系的重视，都体现出对有铭青铜器年代判断更为多元的依据。但由于纪年方式、天文历法的模糊性与不完全可靠性，这也让学界对大孟姬尊、盘铭文"元年"的判定呈现出歧说并见的现象。对于这种有争议的有铭青铜器的年代判断，特别是铭文内容无法提供具体年代而相对年代又处于比较晚期的青铜器铭文，研究者应当更加重视历史背景所能提供的史事对青铜器铭文的限制与规定。大孟姬尊、盘铭文"元年"夫差元年说的假说可能更为合理，它是吴、楚、越、蔡多元国家关系背景下综合判断的结果。

在大孟姬尊盘铭文"元年"夫差元年说的基础上，笔者进而可综合蔡侯歌钟、吴王光鉴铭文重建蔡昭侯时期的蔡国史事。盖新蔡在楚平王支持下复国，蔡国公室终楚平王之世始终保持着与楚国的亲密依附关系。但由于蔡国内乱，蔡国公室内部分歧，获得蔡国君位的蔡悼侯、蔡昭侯兄弟与楚国支持的蔡国公室蔡平侯、蔡侯朱父子之间有激烈的冲突，但蔡平侯、蔡侯朱是楚国荫庇拥立的蔡国国君，这为蔡昭侯时期与楚国的矛盾爆发埋下了伏笔。蔡昭侯前期尚能延续与保持与楚国的良好外交关系，蔡侯歌钟表现的正是这一历史时期的情景。楚平王去世，楚昭王少年即位，令尹囊瓦为政，性格贪鄙，与耿介不屈的蔡昭侯之间发生了求贿冲突，最终导致了楚国与蔡国之间亲密外交关系的崩裂。此时，吴、楚霸争方炽，吴王光鉴铭文则正是吴国拉拢蔡国的明证，此后柏举之战，吴、蔡联军入郢。吴国一跃成为霸主，政治态势剧变。楚国复国后，蔡国开始面临楚国的报复，而不得不依附吴国，大孟姬尊盘铭文则反映的是这一背景下的历史情景，盖蔡昭侯联姻吴王夫差，求庇而迁国于州来。

［本文为2022年度安徽省哲学社会科学规划青年项目"新出材料与安徽古史研究"阶段性成果］

# 不戴胜的西王母：海昏侯墓"孔子衣镜"的图像表达、意义指向及相关问题

□ 王 刚

**摘要**：在先秦两汉时代，西王母形象的描绘有两个系统，一是以《山海经》为依托的，展现"诡形"的神性西王母，其中最重要的标识就是，作为神性符号的"戴胜"。但"戴胜"问题非常多，为了回应和自洽，必须对西王母图文进行改造或重新释义。另一个则是与《穆天子传》以及《竹书纪年》相合的，以儒籍为核心的西王母，表现出常人的面貌。衣镜图像属于后一系统，并遵循着"考信于六艺"的理性精神。由此西王母形象中不仅没有任何的异相，与"豹尾虎齿"相关联的"戴胜"也被省略。

**关键词**：西王母；戴胜；图像；孔子衣镜；海昏侯墓

**作者简介**：王刚，江西师范大学历史文化与旅游学院副教授

## 一、小 引

2015年底，在南昌西汉海昏侯墓出土的一件方形衣镜上，发现了现存最早的孔子及其弟子的图文资料，学界将其称之为"孔子衣镜"。值得注意的是，在衣镜之上，除了占据主体地位的孔门画像之外，在镜框上部，还绘有西王母、东王公两位神仙。据考古工作者所披露的信息："在（正面）镜框内框四周边框正面绘有一圈神兽和仙人图案，上方中间是神鸟（朱雀），两侧为仙人（东王公、西王母），左侧为白虎，右侧为青龙。"此外，在镜框盖板的正面还有一篇《衣镜赋》，为理解图像及相关问题提供了重要的信息，其中有这样的文字：

新就衣镜兮佳以明，质直见请兮政以方。幸得降灵兮奉景光，俯容待侧兮辟非常。猛兽鸷虫兮守户房，据两蜚蠊兮囫凶殃。傀伟奇物兮除不详。右白虎兮左仓（苍）龙，下有玄鹤兮上凤凰。西王母兮东王公，福熹所归兮淳恩臧，左右尚之兮日益

昌。……临观其意兮不亦康？□气和平兮顺阴阳。①

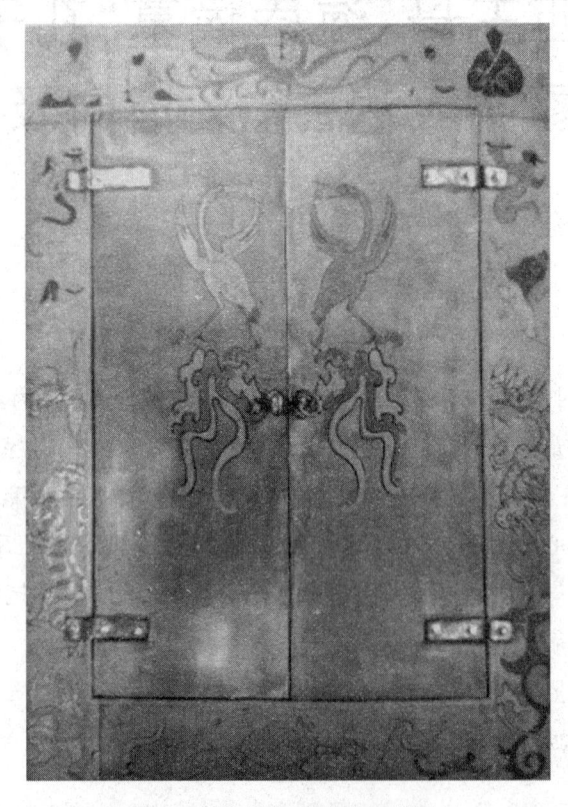

图1　孔子衣镜复原图（复制品）

图2　镜框上部的图像

纵览汉代出土的图文资料，这是所见最早的西王母和东王公。因论题需要，本文将主要聚焦于西王母图像问题来加以研讨。

翻检传世文献，与西王母相关的文字主要来自《山海经》。其中《西山经》载："其状如人，豹尾虎齿而善啸，蓬发戴胜，是司天之厉及五残。"《海内北经》载："西王母梯几而戴胜

---

① 王意乐、徐长青、杨军、管理：《海昏侯刘贺墓出土孔子衣镜》，《南方文物》2016年第3期，第62—64页。另外，相关图文亦收录于彭明瀚：《刘贺藏珍：海昏侯国遗址博物馆十大镇馆之宝》（文物出版社2020年）第59—76页。图1亦采自于此，图2则引自于刘子亮、杨军、徐长青：《汉代东王公传说与图像新探——以西汉海昏侯刘贺墓出土"孔子衣镜"为线索》，《文物》2018年第11期。

杖。其南有三青鸟,为西王母取食。在昆仑虚北。"而《大荒西经》则云:"昆仑之丘,有神人面虎身,有文有尾,皆白,处之其下,有弱水之渊环之其外。有炎火之山,投物辄然。有人戴胜,虎齿,有豹尾,穴处,名曰西王母。"①

根据这些资料,可以发现,在西王母形象中,很重要的一点就是"蓬发戴胜"。与之相伴的,还有"豹尾虎齿",及与后来所谓的"三足乌"混而难分的"三青鸟"等内容。

考察汉代图像,又可以发现的是,在西王母整合进入道教系统之前,接续《山海经》的叙事逻辑,以"戴胜"为核心,这些相关要素也或多或少地存于画面之中,共同来展现那个半人半兽,既有人的一面,又饱含神性的西王母形象。由此,在大量的汉代图像中,较之其他的图像表达,"戴胜"或"胜"与其身份标识有着最为重要的关联。根据这样的事实,有学者认为,"戴胜"为汉代西王母形象的"核心图像",而与之相关的"三足乌"等则为"第二等重要和普遍的图像。"②

从字义上来看,对于"戴胜"最直接的理解是,头上戴着"胜"这种头饰。"胜",有时又称之为"华胜"。《释名·释首饰》曰:"华胜,华象草木华也,胜言人形容正等,一人著之则胜,蔽发前为饰也。"③《续汉书·舆服志下》则载:"太皇太后、皇太后入庙服……簪以瑇瑁为擿,长一尺,端为华胜,上为凤皇爵,以翡翠为毛羽,下有白珠,垂黄金镊。左右一横簪之,以安薗结。"④根据有关学者的研究:"两端加华胜的头饰,汉时为太皇太后、皇太后所专有,是帝室中辈分最高的女家长的标志,用于入宗庙、行先蚕礼这样的隆重场合。"⑤

由于"戴胜"的重要地位,在许多学者看来,汉人在作图像表达时,"以'胜'代替和象征西王母。"将其作为"西王母的简略和抽象表达方式"。⑥似乎依此而论,只要有西王母的出现,"胜"就不可或缺。(见图3)

但问题是,"戴胜"不能涵盖所有的情形。查考汉代图像,西王母不戴胜的现象也有存在,直至汉晋之后,逐渐成为不"戴胜"的道教女神。在这种情况下,学界往往认为,西王母形象有一个"弃胜"的过程。如有学者根据西王母进入道教系统后已不再"戴胜",最终展现佩戴"太真晨缨之冠"形象的事实,提出了"弃胜加冠"的论断,认为在"层累造史"中,"戴胜"是一个逐渐消退的现象,直至"给西王母加上了一顶'太真晨婴之冠',同时也

---

① 郭世谦:《山海经考释》,天津古籍出版社2011年版,第181、554、690—691页。
② 李凇:《论汉代艺术中的西王母形象》,湖南教育出版社2000年版,第254页。
③ 毕沅疏证,王先谦补:《释名疏证补》,中华书局2008年版,第161页。
④ 《后汉书》,中华书局1965年版,第3676页。
⑤ 马怡:《西汉末年"行西王母诏筹"事件考——兼论早期的西王母形象及其演变》,《形象史学研究》2016上半年版,第50页。
⑥ 李凇:《论汉代艺术中的西王母形象》,第64页。

**图3 戴胜的西王母:沂山墓门上的石刻(右为配对的东王公像)**①

给她减去了陪伴千年的'胜'"②。也即是说,西王母原本以"戴胜"形象而存在,后来"胜"逐渐不那么重要,以至于取消,被冠或其他头饰物所替换。这期间,是一个历史的一元演进过程。

与之相似的是,李淞认为,在汉代图像系统中,"戴胜"作为抽象符号,"是识别西王母的重要标志。它与西王母的关系可分为两个阶段:第一阶段是西汉至东汉中期,在这个时期的绝大多数西王母图像上都有这个标志;第二阶段是东汉后期,西王母常为不戴胜的形象"③。

东汉时期的问题可先置而勿论,仔细审查衣镜中的西王母图像,可以发现,作为现存最早的西汉实物,西王母并没有戴胜。为什么会这样?作为重要礼器,刘贺自然不会随意为之。而且由画面的精美也可以看出,制作者是十分用心且慎重的。(参见图1)那么,它是一个特例的存在吗?事实并非如此。由此,所谓"弃胜加冠"及与之相关的结论就必须加以修正。

在笔者看来,长期以来,人们多以一元化思维来看待西王母图像的变化,但这只是

---

① 图像引自巫鸿:《武梁祠:中国古代画像艺术的思想性》,生活·读书·新知三联书店2006年版,第138页。
② 施爱东:《"弃胜加冠"西王母——兼论顾颉刚"层累造史说"的加法与减法》,《青海社会科学》2011年第5期,第200页。
③ 李淞:《论汉代艺术中的西王母形象》,第249页。

"一面之事实"。反映在"戴胜"问题上则是在汉代西王母图像中,"胜"的消失不是历史演进的结果,而是一开始就有着戴与不戴两种形态。衣镜图像的意义在于,它为我们展现了另一面的事实及西王母形象。在二元系统的视角下,不"戴胜"的西王母主要反映了另一图像系统的内在意蕴。通过对两种不同图像系统的比较,在综合比较之下,才可以看到西王母图像演进的整体面貌,也唯有如此,也才能更为深入地理解衣镜旨趣及刘贺的思想倾向。

## 二、"戴胜":符号化及其意义

考察中国古代的美术作品,在识别人物身份时,可以依赖两种办法:一靠榜题,二是符号化。前者直接用文字加以标识,一般不会产生争议。而后者因其具有一定的模糊性,往往会聚讼纷纷。

汉代西王母图像的特殊性在于,榜题出现不多,大多通过符号化手段来作身份展示。当然,需要一提的是,符号也有各种不同的表现方式,这里所说的符号,指的是图像符号,或者可称之为符号化图像。也即是,在某些人物或物件出现时,对相伴于旁的某类固定图像赋予意义,使其成为一种身份标识。

按照邢义田的意见,在汉代画像系统中,这种图像符号已经形成了一定的套路,即所谓"格套",在约定俗成之下一望即知,无需附加文字于其上。对于作为这一模式代表的西王母图像,邢氏评价道:"西王母、东王公都有相当固定的格套表现形式;它们或者从无榜题,或者极少标示榜题。""像西王母这样出现最多的画像,也偶尔有榜题。偶然出现的榜题,对当时的人来说,或许可有可无。"[①]

换言之,在汉代西王母图像中,符号化比文字榜题更受重视。那么很自然地产生了一个问题:与西王母相关的符号化图像有什么呢?最核心的就是"戴胜"。

在这样的思路下,当邢氏看到山东微山两城乡的西王母画像时,一度产生了困惑。原因在于,这位西王母不"戴胜",只在头顶上立有一只小鸟。如果不是因为榜题上标有"西王母"的字样,他甚至不敢确认。邢义田说:

> 这只小鸟不见于足部,无法确定它是青鸟或三足乌。……我猜想这件画像会特

---

① 邢义田:《汉代画像内容与榜题的关系》,氏著:《画为心声:画像石、画像砖与壁画》,中华书局 2011 年版,第 67—70 页。

别加上榜题,一个主要的原因是画中的西王母和当时一般人理解的西王母造型出入太大,为了弥补造型上不可挽回的偏差,只好加上榜题以确定画中人物的身份。[①]

图4　山东微山两城乡西王母画像

可见,邢氏不敢贸然确认西王母身份的关键因素之一就在于图像中没有出现"戴胜"的情形,最后凭借榜题,才消除了心中的疑窦。这样来看,"戴胜"在身份辨识方面的确有着非同一般的意义。由此,接下来的问题是:"戴胜"的核心旨趣是什么呢?通过它想表达什么呢?更为重要的问题是,倘若说"戴胜"是一种符号化的意义表达,不"戴胜"不也是另一种样式的意义表达吗?而且落实在衣镜图像中,西王母不仅不"戴胜",甚至连榜题都没有。它比微山西王母画像走得更远。

为什么会这样?

对此所做出的解答,可以牵扯到许多层面的问题,具体的情形也非常复杂。但在对其他问题做出考察之前,第一步的工作应该是去思考"戴胜"及"胜"的符号意义。

以此为问题意识,首先要注意,在汉代图像,尤其是在相关神话人物的图像中,符号

---

① 邢义田:《汉代画像内容与榜题的关系》,氏著:《画为心声:画像石、画像砖与壁画》,第87页。另外,图6.2来自第86页。

化的运用是一种常态,有着鲜明的意义指向。

关于这一点,顾森的一段论述值得重视。他以大量事实为依据,在对汉代图像进行深入研究之后,提出了这样的观点:"汉代在将神祇创作成可视形象时,通用的手法是用现实生活中的某一特有的物象或现象去附会而成。"从本质上来看,这里所说的"物象或现象",实为一种特定的图像符号;而所谓的"附会",则是对符号做出意义的解说。

沿着这样的思路,就可以发现,从表面上看,这些神祇形象似乎高高在上,甚至在充满神性中违反常识,脱离了世俗生活。但诚如王国维在讨论史实与神话传说之间的关系时所指出的:"传说之中亦往往有史实为之素地。"由此而论,神话传说不论多么高妙,都无法脱离日常生活的一般经验,有着历史的烙印。也即是说,"物象或现象"作为展现神祇形象的"素地",离不开具体的历史空间和生活环境。再分而落实,则此类图像符号有两大依托,一是日常的生活经验;二是文本记载。

由此,顾氏举出了这样的例子:"雨师(持瓶倾倒水)和风伯(持筒状物置于嘴吹气)这些神祇等等。"另外,他还特别指出:

> 在汉画像中,伏羲双手捧日或一手举日一手持规;女娲则是双手捧月或一手举月一手持矩。古代记载中有以规测天,以矩量地之说。伏羲举日持规,女娲举月持矩,除了是天空的象征外,还有天地阴阳协合之意。①

在这段论述中,雨师、风伯的图像符号无疑依托于日常的生活经验;而伏羲、女娲则还有着文本记载作为支撑。以此来看西王母"戴胜"问题,属于将两者结合在一起,既以文本记录为依据,又符合生活中的经验常识。可谓既"言之有据",又入情入理,贴近生活。

我们先看文本依据。

关于西王母的文本依据在哪呢?主要就是《山海经》中记载的西王母虽然"其状如人",有着亦神亦人的特点,甚至由于"豹尾虎齿而善啸",还有着亦兽的一面。值得一提的是,在儒家资料中也有关于西王母的记载,那里面就没有这么多神异的描述,西王母基本上是以人的形象而出现。②但问题是,一则较之《山海经》的主流影响,它们所展现的内容为一般人所忽略,属于非主流的另一面。二则就神性表达而言,《山海经》显然更为占优。

---

① 顾森:《秦汉绘画史》,人民美术出版社2000年版,第184—187页。
② 关于这一问题,可参看王刚:《身份属性、身世感怀与画外之意:南昌海昏侯墓画像所见西王母问题》,《地方文化研究》2022年第3期。

不仅如此，还可注意的是，回到汉代的历史现场，就西王母形象而言，在《山海经》中不仅有许多与外形有关的具体描绘，同时也有着现成的图像可作为"历史资料"以供参考。袁珂指出："《山海经》一书尤其是其中《海经》的部分，大概说来，是先有图画，后有文字，文字是因图画而作的。"①那么，在对西王母画像时，尤其是将其视之为神仙之时，《山海经》中的图文依据就显得十分重要了。

因材料缺失，在今日已无法对《山海经》系统中的图像作全面复原，但是，哪怕只是依赖文字，将这些有关外形的具体描绘汇总在一起加以比较，也可以发现，"戴胜"更加符合汉时的一般生活经验及历史习惯，是承载西王母神性符号的优选项。

具体说来，倘以"豹尾虎齿而善啸"为核心依据来打造西王母形象，那么，西王母必然要以兽形而示人。在远古时代，这样的图像安排是没有问题的。从特定意义来说，天国不过是地上世界的投影。在记录早期神话的《山海经》中，②当"豹尾虎齿"之神出现时，那正是人类社会与丛林世界还十分紧密的时段。事实上，它所反映的，也正是远古以来的图腾崇拜的情形，或许这种形象正与那时的原始状态甚至畜牧的生活经验相契合，从中可以找到许多真实历史的"素地"。

但这样的图形与汉代以来逐渐发达的农业社会的现实就有些不符了。当然，从对传统的尊重和继承来说，也不是不可以允许这样的神异形象存在。如在汉代图像中，有些神仙，如伏羲、女娲就往往以人面蛇身的形象而出现。由此，或许有人会说，伏羲、女娲可以呈现兽形，西王母为什么不可以呢？笔者以为，最根本的问题在于，汉代的西王母具有至尊的地位，她已成为了汉代神仙世界中的主神，与地上的君王形成呼应关系。这样的主神，如果其主流形象还依然是虎豹面容，就失去了人们心目中所预想的高贵气质，与时代精神相违背。

相较之下，与作为主神的西王母不同的是，一则在汉代神话系统中，伏羲、女娲已被降为了她的辅助神。如在前所引述的微山西王母画像中，伏羲、女娲就在西王母座下，一阴一阳，形成一种对称的构图。作为一度的全能大神，在汉代，他们的地位下降，从属于西王母。这样的类似图像还有不少，汪小洋说："在画像石中，女娲基本上是依附于西王母而参加长生过程的。"③二则伏羲、女娲虽有着兽的一面，但主要是以人面，而不是以禽兽面目出现。须注意的是，《山海经》在论述"昆仑之丘"的神仙时，还有一位"人面虎身有

---

① 袁珂：《〈山海经〉写作的时地及篇目考》，见其著：《神话论文集》，上海古籍出版社1982年版，第12页。
② 袁珂说："它主要记叙的，是从母系氏族公社到父系氏族公社这一段时期人头脑中幻想的反映。奴隶制社会时期的神话，也记叙了一些。"见其著：《中国神话史》，上海文艺出版社1988年版，第19页。
③ 汪小洋：《汉墓壁画的宗教信仰与图像表现》，上海古籍出版社2012年版，第151页。

文"的大神——陆吾。①虽然此后被逐渐忽略,但作为排在西王母之前的神仙,陆吾显然是"比西王母地位更高的神。"②细加比较可以发现,这位昆仑主神是人面虎身,这就与伏羲、女娲的图像形态相似了。也即是,哪怕是禽兽之身,但人的面目很重要。地位越尊崇,越需要以人的面目,而不是以禽兽面目而示人。

同理,在《山海经》系统中,西王母作为次神,以禽兽面目出现是可以理解的。但转入汉代之后,作为高高在上的主神,已不适合以虎豹面目而出现了。即便有这样的图像存在,那也是因传统而残留下来的非主流样式。很难想象,在帝制时代,地下宫廷已是一片雍容肃穆,而在它的精神世界中,主宰天地的大神会是一只动物或充斥着兽形的神?须知,此时的历史已经脱离了质朴的图腾崇拜时代。就时代需求而言,神仙形象虽然也可以有着种种的变异,但它所需要的主神,大体上应该是与地上人主一样具有"人形",又高于"人形"的神。

沿着这样的历史逻辑,"豹尾虎齿"等要素就必须淡化甚至祛除。当然,有人或许会说,三青鸟等要素不也是西王母文本中的重要内容吗?它们为什么不可以替代"戴胜"成为西王母的核心标识呢?答案是,它们与西王母的外形没有直接关联,属于"第二等重要和普遍的图像。"只有"戴胜",既直接联系着西王母的容颜,又可以与虎豹等兽形相脱离,接榫于日常的生活经验及一般认知。

由此,还可注意的是,西王母的性格特点不仅有着远古的生活痕迹,也可能保留着非华夏族群的特点。但要进入汉民族的精神世界,就需要被汉民族的生活经验所改造。自华夏民族文化建构发展以来,这一族群对于服饰赋予了许多的意义,在冠带之国中,服饰不仅仅只有御寒和审美的功能,更体现着等级身份。尤其在帝制时代,这一点强调得极为严格。也即是说,服饰可以成为身份的标识。

当"戴胜"被理解为头戴发饰之后,西王母的形象就悄然与早期西方部族的装扮拉开了差距,而与汉民族的特点相融贯。还需一提的是,就服饰的性别差异来说,由于古代男子戴冠,"胜"一类的头饰品又恰恰与女子的簪钗可以找到共同点。当西王母以女神形象而出现时,"胜"俨然成为女性代名词。也即是,女神的女性特征得以展现。由此李淞说:"胜的原始对应物确应与织胜有关,它所表达的首先是西王母之'母'字的特性,即是女性的标志。"③

当然,如果仅仅凭借《山海经》的文本记载"胜"是什么,可以见仁见智。事实上,汉代

---

① 郭世谦:《山海经考释》,第690页。
② 施爱东:《"弃胜加冠"西王母——兼论顾颉刚"层累造史说"的加法与减法》,《青海社会科学》2011年第5期,第195页。
③ 李淞:《论汉代艺术中的西王母形象》,第252页。

的太皇太后、皇太后在隆重场合"戴胜",那个"胜"是不是符合《山海经》中的"胜",本来就存在疑问。即便符合,也无法确定到底是世人模仿西王母而为,还是在制作西王母图像时以世间饰物为参考,从而才有了汉代的图像样式。但有一点可以肯定,即"戴胜"的存在可以为西王母形象与现实生活之间找到契合点,它成为西王母符号化的首选是顺理成章的。

而这种符号化,不仅仅是女性符号,更重要的是它的神性意蕴。也即是,在对"特有的物象或现象去附会"时,有意识地去做神性解读。我们注意到,《淮南子·览冥训》谈到世界失去秩序时,有这样的表述:"西老折胜,黄神啸吟;飞鸟铩翼,走兽废脚。"高诱注曰:"西王母折其头上所戴胜,为时无法度。黄帝之神伤道之哀,故啸吟而长叹。"①

由此可知,这里面的"胜"不仅仅是一种头饰,也成为了法度的象征。什么法度?当然是由西王母所把控的天地准则,而不是一般的人间规范。这样的西王母显然是以神而不是以人的身份而出现。所以再看上述《淮南子》的引文,就可以发现,其后的"黄神"一词已表明,黄帝被视之为神,排序在前的西王母自然不会例外。因为这样的缘故,回观图3,还可以发现的是,不仅西王母"戴胜",与其配对的东王公也是"戴胜"形象。男性亦"戴胜"可以证明在西王母图像系统中,"胜"已不再局限于女性头饰的意义,更重要的是,被扩展出了神性意蕴。也即是说,利用"胜"与女性身份的相合,通过至尊女神的佩戴,在新一轮的附会下,使其具有了天地法度的意蕴。由此,汉代西王母神话中的"胜"不仅仅是女性的饰物,更成为神性的象征。

## 三、"戴胜"存在的问题及应对

当"戴胜"以佩戴头饰的形象而出现,并被附会出神性意蕴时,不意味着西王母的神仙面貌由此而打造成功,其后存在的问题亦随之而来。

之所以存在种种问题,核心的一条在于,汉代的"戴胜"西王母是对《山海经》的相关记载进行附会的结果。附会,总是要夹杂着后世的曲解与加工,与本义的推演不同,附会意味着某种程度的失真。尤其是对于人物的容貌及形象的附会,必然会与本相产生差距。只要细加考察,各种破绽及存在的问题必将一一显现。顺理成章地,如何对此加以回应,成为了重要的后续工作。

当然,有些附会因为其严丝合缝,通过后世的缝弥,能将破绽一一抹去,不细心核验,

---

① 刘文典撰,冯逸、乔华点校:《淮南鸿烈集解》,中华书局2013年版,第211页。

往往难以发现原初的本相。但汉代的西王母形象是另一番情形。且不说儒家系统中非神话的一面赫然存在，随着经学时代的发展，它们不可能被淡化，只会越来越为人所重视，直至成为质疑其神仙形象的依凭。即便是在神仙形象，或接近神仙形象的描绘中，如在《穆天子传》中，西王母虽有着"帝女"的身份，并且"虎豹为群"，但并没有太多的怪异之形，甚至与世间的美人形象更为接近，这些资料也足以对源自《山海经》的"戴胜"西王母形象形成冲击。

也就是说，哪怕就是在神仙系统中，在各种外在要素的冲击下，西王母的"戴胜"形象往往也要淡化甚至取消，直至依据另一系统来重构形象。事实上，自汉晋之后，西王母在逐渐进入道教系统时，形象演进正是沿着这一路径而发生的。但另一方面，在西汉作为神仙的西王母，其形象建构依然在《山海经》的影响之下，"戴胜"依旧是西王母的重要标志。既然问题已经出现了，如果还要保持西王母的神性，接下来所应做的就是，面对着这些问题，通过内在的改造，以求得某种自洽，并形之于图像之上。

那么，这样的"戴胜"，问题出在哪呢？又将如何回应与改造呢？

问题主要在两个方面，一方面是"戴胜"不仅与头饰发生联系，更关联着"豹尾虎齿而善啸"，及"蓬发"等外在形象。如何协调它们之间的矛盾由此成为了主要工作。另一方面是"戴胜"并非就一定是头戴首饰之义，语义上的新理解及新的图像呈现，成为了解决问题的另一思考方向。

先看第一方面的问题。"戴胜"是人之装扮，而"豹尾虎齿而善啸"呈现的却是禽兽之貌。如果西王母真的是虎豹面目，还需要"戴胜"吗？答案应该是否定的。再退一步，西王母即便是以人的面目而出现，但在"蓬发"状态下，头发松散，如何能将头饰固定住呢？细想之下，实在有些不合常理。

学界已有人注意到了这一矛盾，并以此为突破口来展开相关的论述。前已论及，有学者认为西王母形象有一个"弃胜加冠"的一元演进过程。在这一过程中，西王母由原始女神逐渐转换为了佩戴"太真晨缨之冠"的道教神仙。他认为，这种穿戴的原始出处是《汉武帝内传》，反映了汉晋以来的形象改造，里面的西王母"被塑造成一个端庄的中年少妇模样"。

其实，这一形象是延承了《穆天子传》的叙述脉络。相关情形可先置而勿论，值得注意的是，该研究者特别提出："只要'戴胜'，就很难与'蓬发'，乃至'豹尾虎齿'脱离干系。"并进一步认为：

> 大概是为了避免后人的这种联想，从《汉武帝内传》开始，道教文学家们干脆对西王母进行了脱胎换骨的大洗底，甚至把她的标志性饰物"胜"都给撤掉了，换上一

顶"太真晨缨之冠",进行全方位的整容和改装。①

能由"蓬发"及"豹尾虎齿"等,看出其与"戴胜"的不相容,反映了研究者敏锐的学术眼光。但前已论及,这种"去胜"不仅仅是神仙及道教系统的内在变化,在另一系统之中,西王母本就可以不"戴胜"。更为关键的是,"去胜"并非唯一选项。也就是说,即便在神仙系统的形象演进中,就协调"戴胜"的矛盾来说,未必一定要"去胜",也可以在"存胜"的前提下去做出改造和调整。

事实上,西汉时代的西王母神仙形象,主要就是沿着这种路径而行的,它为西王母"戴胜"形象的神性表达奠定了基型。

查核图文资料,西汉时代的人已经注意到了"蓬发"等与"戴胜"的矛盾。所以,"戴胜"的西王母几乎都是"束发"装扮,从而与"戴胜"相契合。这样的情形不仅在图像上有着直接的反映,相关文字亦可形成呼应关系。也即是,在西汉文字资料中,作为神仙的西王母不再有着"蓬发"的外形,而且"豹尾虎齿而善啸"的形象也大多被淡化或忽略。

如在前所引及的《淮南子》中,对于西王母的外形描画,突出的仅仅是"戴胜",其他的矛盾冲突之处则被省略。以至于有研究者指出:"《山海经》中的西王母人身、虎齿、豹尾,并且有纹身,都是白色,蓬头乱发戴着玉胜,对西王母的外貌做了很大幅度的描写;而《淮南子》对西王母的外貌仅有戴胜这一细节的描写。"②不仅如此,还可注意的有两点,一是《淮南子》中有所谓的"黄神啸吟"之说。"啸吟"显然是来自西王母的"善啸",但在这里被移之于黄帝身上。二是因"母"的特征,而推想出年长特点,遂增加了长生不老等要素。如在《览冥训》篇,记载了"羿请不死之药于西王母,姮(嫦)娥窃以奔月"的故事。

这种细节及故事的增删,应该不是淮南王刘安及其门客的创造,而是反映了汉代所造作或承接的神仙思维,并且可以找到不少与之相印证的图像。沿此思路来再分析文字资料,又可发现的是,"戴胜"西王母不仅束发,而且往往要伴之于白发,以体现长生不老的指向。前所论及的哀帝时代"视门枢下,当有白发"的预言,就可以证明一点。从特定意义来说,白首、束发而"戴胜",成为了西汉时代神仙西王母的标准像。司马相如的《大人赋》中有着更为生动的描绘:"低徊阴山翔以纡曲兮,吾乃今日睹西王母。暠然白首戴胜而穴处兮,亦幸有三足乌为之使。必长生若此而不死兮,虽济万世不足以喜。"这是"相如拜为孝文园令","见上好仙"之后,专门为武帝所作的诗赋。③

---

① 施爱东:《"弃胜加冠"西王母——兼论顾颉刚"层累造史说"的加法与减法》,《青海社会科学》2011年第5期,第196、197页。
② 李书慧:《〈淮南子〉中的西王母形象分析》,《淮南师范学院学报》2020年第3期,第23页。
③ 《汉书》卷57下《司马相如传》,中华书局1962年版,第2592、2596页。

总之,那个时候的西王母神仙形象虽然突出"戴胜"这一特点,但以束发,往往再加上"白首"为新特点,相关的"豹尾虎齿而善啸"等文字或被删芟,或被移用,以使得人物形象在神性中获得自洽。从特定视角来看,这种"戴胜"西王母已是改造了的汉代神仙,与《山海经》中的西王母有着相当大的差距。

那么,司马相如笔下的西王母形象是从哪里来的呢?作为呈奉给皇帝的诗赋,是不是这依据官方图像资料而做出的描写呢?倘如是,这样的西王母形象就具有相当的权威性。

一个重要事实是"与神仙信仰有关的壁画见于武帝的甘泉宫"①。它的历史背景是,武帝听信方士之言,"作甘泉宫,中为台室,画天、地、太一诸鬼神。"②在此需要注意的是,"画天、地、太一诸鬼神",不意味着甘泉宫相关画像中只有"天、地、太一"三位。就"诸鬼神"的涵盖面来说,其他的鬼神也应包含在内:"天、地、太一"皆为神,而非鬼。《史记·封禅书》载:"祠神三,一天,一地,一太一。"③如果仅仅三位存在,只说"诸神"即可,无需用"诸鬼神"加以表述。而且在《史记·孝武本纪》中亦载此事,除了有"祠神三一",也即祭祀"一天,一地,一太一"之外,还有祠黄帝、冥羊等记载。④这就说明,在武帝时代,所祠,包括所画的"诸鬼神"绝非只有三位,而是一个系列。在当时,应有广泛的鬼神被绘之于甘泉宫壁画上。很自然地,西王母作为重要的主神,应该在"诸鬼神"的画像系列中。

那么,是不是可以说,司马相如所"睹"的西王母原型应该就在汉宫之中,"暠然白首戴胜而穴处兮"的形象就是甘泉宫中的"诸鬼神"图像呢?倒也未必。晚于司马相如的扬雄在《甘泉赋》中有这样的描写:"想西王母欣然而上寿兮,屏玉女而却宓妃。玉女亡所眺其清庐兮,宓妃曾不得施其蛾眉。"⑤这里面的西王母不再"穴处",也不见"戴胜"、白首的描写,应该是正常的妇人了。既然是关于甘泉宫的诗赋,西王母形象应该符合官方的定位。那么,司马相如与扬雄笔下的不同形象说明了什么?是司马相如所描写的来自民间?还是同来自官方图像系统,但最迟至扬雄时期做了一次常态化的改造呢?

因材料所限,具体情形已难以复原。但不管是哪一种情形,值得注意的是,"暠然白首戴胜"云云,及由此所演绎出的西王母形象,其图文表述必须建立在以"胜"为头饰的基础之上。但问题是,"戴胜"不过是文本中的记载,它的本义就真的是头戴"胜"这样的首饰吗?如果不是这种意义指向,那么,该如何表现出她的神性呢?这样就转入了第二方

---

① 邢义田:《汉代壁画的发展和壁画墓》,其著:《画为心声:画像石、画像砖与壁画》,第11页。
② 《史记》卷28《封禅书》,中华书局1959年版,第1388页。
③ 因《汉书·郊祀志上》缺一"神"字,作:"祠三一天一地一泰一。"有人将此句误解为祠三一、天一、地一、泰(太)一四神。参见梁玉绳撰,贺次君点校:《史记志疑》,中华书局1981年版,第809页。
④ 《史记》卷12《孝武本纪》,第456页。
⑤ 《汉书》卷87上《扬雄传》,第3531页。

面的讨论之中。

在此问题意识下,可以发现,由于"戴胜"的模糊性,一直以来,对其本义有着各种不同意见。例如,有学者从甲骨卜辞的原义出发,在综合考察各种意见后,推出了这样的结论:"戴胜"二字的原义及西王母的"蓬发戴胜""豹尾虎齿",与"狩猎民族生活方式及惯有习俗"相关。"蓬发"是"因狩猎民族多披散头发,不像中原人有束发的习惯。""豹尾","即以豹尾为头上的装饰"①。又如,关于"戴胜"的含义,有学者归纳出学界的六种意见,分别为华胜说、机能说、图腾崇拜说、神职说、阴阳及生殖崇拜说、神王说。②

总之,对于"胜"为何物以及"胜"的功能,至今言人人殊。尤为重要的是,不仅仅只是今人聚讼纷纷,汉代也不例外。非神话系统的西王母问题可先不论,现在主要来看看在神话系统中的情形。

在学界的六种意见中,就"胜"的原型而言,除了以其为头饰的观点之外,与之相关的还有一种主要倾向是将其看作纺织器物。例如,李淞说:"胜作为一种图像或物体,随着它的语境不同而涵义有别。胜的原始对应物确应与织胜有关,它所表达的首先是西王母之'母'字的特性,即是女性的标志,在'胜——纺织——女性(母)'之间产生联系和语义延伸。"③亦有学者发现,汉代画像砖中,有一些西王母手持"工"或"犮"等形器物的图像。他认为,此类器物的名称应即文献中所说的"纤器",也即纺织中的绕线器。由此,《山海经》中的西王母"戴胜"应读为"持纤"。④

**图 5 西王母持纤**

---

① 张勤:《西王母原相初探——兼论"戴胜"之原义》,《苏州大学学报》(哲社版)2005 年第 1 期,第 71 页。
② 王薪:《从汉墓考察西王母"戴胜"图像涵义及流变》,《西部学刊》2018 年第 4 期。
③ 李淞:《论汉代艺术中的西王母形象》,第 252 页。
④ 刘海宇:《汉代画像砖中的西王母持纤器图考》,《清华大学学报》(哲社版)2018 年第 1 期。另外,图 6.3 亦引自此文。

这样一来,西王母图像的神性意义或许就像有学者所说的:"'胜'这种东西本来象征整个纺织工作,进而延伸出织出这个世界,因此,这个有关'织'的行为本身具有了宇宙论性质的意义。"

又可注意的是,将"戴胜"解为"持纴",不仅有着图像为依凭,还有着传世文献加以佐证。理据所在乃是,在文献中"戴胜"的"胜"与"纴"音近通假。如扬雄《方言》卷八云:有一种鸟"自函谷关以东谓戴鵀,东齐海岱之间或谓之戴南,南犹鵀也,……或谓之戴胜。"郭璞注:"胜所以缠纴。"① 又根据《尔雅·释鸟》"戴鵀"条,郭璞注云:"鵀即头上胜,今亦呼为戴胜。"由此,研究者推出结论:

> 《淮南子·览冥训》云夏桀昏庸不明,以致"西老折胜",传统注释均云西王母折断玉簪,我们认为,这里的"胜"也应读为"纴","折胜"指西王母折断用以理丝线的竹木制纴器。②

这样的解释可谓别开生面,有其合理性。但不足之处在于对"戴胜"作出新解时,关注于其"持纴"的一面,而忽略了它的另一面——戴胜(戴鵀)鸟的意义。

其实,无论是以"胜"作为"织胜"的代表,还是将其视之为"持纴",毫无疑问的是,它所涵盖的仅仅是一面的意义。由此来回观图4,因西王母头顶的小鸟,邢义田对此不"戴胜"的西王母不敢做出身份确认。但很大的一种可能是,这也是一种"戴胜"。也即是,"戴胜"还有着另一面的意义——戴胜鸟。因为不理解这一点,邢氏一看到头顶之上的鸟之图像后,他的第一反应是:"不见于足部,无法确定它是青鸟或三足乌。"然而,如果将小鸟视之为"戴胜",这又何尝不是"有人戴胜"的一种图像表达呢?不仅如此,汉魏以来的人将戴胜鸟视之为"阳鸟",阴阳失序则会引起灾祸。③ 也就是说,西王母与戴胜鸟的相配还可以有着"顺阴阳"的指向。在"戴胜"的头饰意义之外,这是一种完全可能的意义指向。④

要之,"戴胜"的西王母虽然可展现出神性的一面,但所存在的问题也不少。在保持

---

① 钱绎撰集,李发舜、黄建中点校:《方言笺疏》,中华书局1991年版,第285页。
② 刘海宇:《汉代画像砖中的西王母持纴器图考》,《清华大学学报》(哲社版)2018年第1期,第117页。
③ 《三国志》卷11《魏书·管宁传》,中华书局1959年版,第361页。
④ 在汉代画像石中,有西王母与子路配对的情形。姜生以此为前提,提出头顶小鸟的微山西王母图像"在思想上受到了西王母与子路组合模式的影响。乃西王母—子路组合信仰之变相出现。换句话说,此乃因乎子路之冠雄鸡,转换为西王母冠雄鸡独自出现,而暗示其与子路之组合关系。"(其著:《汉帝国的遗产:汉鬼考》,科学出版社2016年版,第134页)笔者以为,这一说法颇为辽远,戴胜鸟的意义指向应该更为贴近真相。

"戴胜"及神仙意象的前提下,为了回应和自洽,一是忽略或改定"蓬发"及"豹尾虎齿"等形象定位,二是将"戴胜"演绎为"持纴"及"戴胜鸟"图形,成为了延续神性表达的可能手段。

## 四、"考信于六艺":不"戴胜"与衣镜图像的意义指向

在"戴胜"成为西王母主要标识的西汉时代,衣镜图像的反其道而行之,成为了一种似乎另类的表现。但倘结合图文旨趣,又可以发现的是,这样的图像表达实属情理之中。那么,这种不"戴胜"的图像得以存在及展现,其意义指向何在呢?有哪些值得注意的问题呢?以笔者浅见,因为衣镜图像总体上属于圣像系统,将其纳入儒学及经学系统,在理性精神下来"考信于六艺",或许是核心所在。

如前所述,在西汉时代,"戴胜"已成为了神性标志,不管是直接以头饰形态出现,还是加以某种改造,在神像系统中,这样的西王母是一种当然的存在。但进一步的问题是,从总体上来看,衣镜上的画像不管如何充满神性,都从属于圣像系统。因为这样的缘故,"戴胜"需要加以删芟。

对于衣镜图像的圣像属性问题,有专文加以论述,①此处不再展开。结合本论题,需要明了的是,圣或者说圣人,无论他们如何高大上,本质上都是人,而非神。也即是,只要与"圣"相关,大体是不能离开人性问题的。很自然地,就圣像的思想依托而言,世间法必然占据核心,以符合理性和生活常态为旨趣。

在中国传统思想中,圣人之道主要由孔子所开创的儒学来承载。从特定意义来说,儒学就是致力于圣人之道的学问,由此对于生活日用和国家治理有着重大的现实意义。落实到刘贺及衣镜图像的思想依托问题上,可以看到的是,刘贺以儒学及经学为思想底色,并以孔门师徒为核心。在这样的逻辑理路下,考察"戴胜"的消失,便不能就事论事,而应从图像系统的思想土壤——儒学的圣人之道及相关问题出发,方能获得深入的体认。

按照孔子的教导,智者当以"务民之义,敬鬼神而远之"为追求,所以,"子不语怪、力、乱、神"②。在儒家理念中,神怪问题与暴力、悖乱等量齐观,大量地讨论这些问题是不智之举。故而,孔子不加论列。也就是说,只要相信儒家及孔子的圣人之道,与鬼神问题就

---

① 参看王刚:《图像系统与思想观念:海昏侯墓画像老子缺位问题蠡测》,《南方文物》2022年第2期。
② 《论语·雍也》《论语·述而》。

应该拉开距离。

但是,衣镜图文中并非只有孔门圣贤。那里面的西王母、东王公不管如何具备"人"的一面,但本质上就是神仙,苛刻一点去说,他们的存在已经溢出了圣道的核心论说范畴。那么,可不可以由此而言,此类图文的存在,证明刘贺已经远离了儒家本位呢?或者说,衣镜图像并非属于圣像系统。

答案是否定的。"不语怪、力、乱、神",并不意味着完全排斥对鬼神的讨论。且不说孔子还有着"祭神如神在""非其鬼而祭之,谄也"这样的论述,①其间分明透现出对鬼神虽疏离,却依旧为其保留着一定精神空间的事实。尤其在中国古代,从祭祖到祭拜天地鬼神,是最为重要的礼仪活动。从修身齐家到治国理政,它们是维系社会稳定和集体意识不可或缺的要素。

只不过,这些鬼神的存在与宗教神权有着一定的疏离,不能直接干涉人间事务,更多的是在天道的阐释中,紧密联系着阴阳五行等问题。在历代史书中,《郊祀志》《五行志》等就颇能反映这种思想取向。而且沿着这样的思想路径,在面对着一些神话时,做出理性论说往往成为了儒学的思维习惯。

最典型的例子是"黄帝四面"的讨论。据《太平御览》卷七十九及卷三百六十五所引《尸子》,子贡问他的老师:"古者黄帝四面,信乎?"结果孔子回答道:"黄帝取合己者四人,使治四方,不计而耦,不约而成,此之谓四面。"在马王堆帛书《黄帝书》中有类似的记载:"昔者黄宗质始好信,作自为象(像),方四面,傅一心。"②虽然对于后者的解释还有所争议,但相较之下,前者的意义取向十分清楚,否定黄帝故事的神性,并做出理性的改造和解说。而它的基本落脚点在于"信乎"。也即是,这种神话叙述不可信,甚至荒诞,与基本理性不符,由此产生一定的质疑。

这一思想路径发展到汉代后,一方面汉代的非理性土壤依然深厚,神话十分兴盛,以至于林剑鸣等学者认为那时的"信仰具有浓厚的迷信色彩"③。且不说民间的鬼神信仰如火如荼,就是王公贵族们也是趋之若鹜。如汉武帝笃信鬼神,迷信方士,就是明证。另一方面,不可忽略的历史大趋势是"独尊儒术"日渐成为思想主流,尤其是士大夫深受儒学影响,在思想底色中理性越来越占据着核心地位。落实于神话问题层面,虽然在"浓厚的迷信色彩"下,不能对早期神话完全摈除,但神话受着理性的节制和改造,成为了不可不察的另一面。

在这样的交互作用下,一个看似奇怪的现象出现了。当经学和儒学在管控着神话汪

---

① 《论语·八佾》《论语·为政》。
② 魏启鹏:《马王堆汉墓帛书〈黄帝书〉笺证》,中华书局2004年版,第95—96页。
③ 林剑鸣等:《秦汉社会文明》,西北大学出版社1985年版,第267页。

洋恣肆的叙事边界时,它们自己也似乎在反向地沾染上了某些神性色彩。最明显的证据就是,在汉代所盛行的谶纬中,神神道道,甚至荒诞不经,与真正的六艺之学颇有差距。虽然许多儒生提出了质疑和抗议,但最终还是被纳入了解经的范畴之中。董仲舒的阴阳灾异之说与之有着千丝万缕的联系,衣镜文中的"顺阴阳"的思想脉络也直承于此,以至于在作为汉代意识形态之书的《白虎通》中,都有着这样的思想痕迹,直至影响了孔子姓名的论述。

在上述思想基础上,衣镜中的西王母虽有着"神"的一面,并有着瑞兽等与之相配套,但她更有着"人"的另一面,这成为刘贺所关注的重点。简言之,在西王母的图像表达中,一方面固然有着神性成分;另一方面,这种神性表达需要服从圣像系统这一大前提。西王母"神"的一面,只能是在服从圣像系统下的神性保存。

尤为重要的是,沿着这样的思维,"信乎"及考镜源流成为了关键所在。在前文论述中已经看到,子贡在对黄帝神话提出质疑时,以"信乎"一语向孔子发问。故事的真实性或许有待考订,但它反映了一个重要的事实——在儒学系统中讲求可信的理据。可是,神话,尤其是早期神话,哪里有那么多理性的思考?于是,在"信乎"的要求下,神话的理性改造成为汉代以来的一大趋势。在西王母"戴胜"图像中,束发的出现,与虎豹之形的切割,都是绝好的佐证材料。

有了这样的思想要求,我们就注意到,与民间信仰不同,作为精英的汉代儒者对于神话描写并不完全采信,而是取审视的态度。最著名的例子就是黄帝的故事。当司马迁作《史记》时,他指出:"百家言黄帝,其文不雅驯,荐绅先生难言之。"与"荐绅先生"一样,太史公其实也不相信那些神神道道的述说,但为了不使材料丢失,"择其言尤雅者,故著为本纪书首"[①]。也就是说,对于神话传说要做审查。那么,在审查材料时,又是以什么为标准呢?除了理性的思考,还有一个重要的文本标准——孔子所传的经学系统。由此,太史公又说:"夫学者载籍极博,尤考信于六艺。"[②]

这种看法不是个人私见,而是士林的一般认知,甚至影响了民众的集体意识。说白了,神话中的很多内容不靠谱,反之,孔子所传的典籍,因为理性而产生的权威性,倘能与之相合,就有了采信的基础。汉晋时代,著名的道士葛洪针对人们不相信《列仙传》的记载,在《抱朴子·内篇·论仙》中,有一段这样的论述:

> 邃古之事,何可亲见,皆赖记籍传闻于往耳。《列仙传》炳然其必有矣。然书

---

① 《史记》卷1《五帝本纪》,第46页。
② 《史记》卷61《伯夷列传》,第2121页。

不出周公之门,事不经仲尼之手,世人终于不信。然则古史所记,一切皆无,何但一事哉?①

这段论辩文字正确与否不在本论题的论列范围。但葛洪所言:"书不出周公之门,事不经仲尼之手,世人终于不信"反映了神话故事的文本,如果没有儒学依托,为孔子所传,世人大都不会相信。一般民众如此,作为知识阶层的士大夫更不会例外。例如汉人儒生对于谶纬的态度,核心乃是,是否承认其与孔子及经学的关系,虽然它们神神道道,但只要能认可其在经学轨道之内,不至于太离谱,就拥有了合法性。同样的,西王母的讨论也在此认知范畴内。

与黄帝的故事相似,西王母"神"与"人"的两面不仅存于民间口口相传中,也在儒籍中能找到不少材料,刘贺当然取后者立场。②也就是说,能"考信于六艺"的西王母,才是值得采信的西王母。现在,主要结合"戴胜"问题来展开讨论。

笔者发现,在有关儒籍,如《大戴礼记·少间》《尚书大传》中,西王母的形象与《山海经》明显有别,而与《穆天子传》的记载相合。由此,清儒汪照指出:

> 考《穆天子传》云,天子宾于西王母,觞于瑶池之上,西王母为天子谣。天子执白圭元璧,乃献锦组百纯,组三百,西王母拜受之。则西王母服食语言与常人无异,并无所谓豹尾虎齿之象也。《竹书纪年》:"虞舜九年,西王母来向白玉环玦。"则西王母不始见于周时,《庄》《列》俱言西王母,亦不言其诡形。惟司马相如《大人赋》有豹尾虎齿之说,盖据《山海经》耳。③

循着此说的理路,显然可以看到,在先秦两汉时代,西王母形象的描绘有两个系统,一个是以《山海经》为依托的,展现"诡形"的西王母;另一个则是与《穆天子传》以及《竹书纪年》相合的,以儒籍为核心的西王母,表现出"服食语言与常人无异"的面貌。衣镜图像中的西王母就是后一系统。她不仅没有出现任何异相,与"豹尾虎齿"相关联的"戴胜"也被省略。就"考信于六艺"而言,因为前引儒籍中没有此类记载,可以说,这是符合原则的基本态度。

需要加以说明的是,倘进一步查核经籍,在这类资料中,"戴胜"也并非不可见。在

---

① 王明著:《抱朴子内篇校释》(增订本),中华书局1985年版,第16页。
② 王刚:《身份属性、身世感怀与画外之意:南昌海昏侯墓画像所见西王母问题》,《地方文化研究》2022年第3期。
③ 黄怀信、孔德立、周海生:《大戴礼记汇校集注》,三秦出版社2005年版,第1233页。

《礼记·月令》中,有这样的记载:

> (季春之月)命野虞毋伐桑柘。鸣鸠拂其羽,戴胜降于桑。具曲植蘧筐。后妃齐戒,亲东向躬桑。禁妇女毋观,省妇使以劝蚕事。蚕事既登,分茧称丝效功,以共郊庙之服,毋有敢惰。

但这里的"戴胜"指的是戴胜鸟,而非头饰及其他具有神性意义的物事。它所在的文句,反映的是耕织之事,郑玄曰:"蚕将生之候也。"[①]体现了古代中国对于农事的重视,也是儒家念兹在兹的问题。而且,这样仪式感十足的情形,还真能在海昏出土材料中找到印证。那就是"昌邑籍田"青铜鼎和青铜豆形灯。[②]它们是属于刘贺还是其父之物已不得而知。但对于"籍田"的重视,充分反映了刘贺对于农事之礼的关注。很自然地,与此相关的"戴胜",更不可能溢出"六艺"解释系统之外,在转换新意中成为神性的象征。

## 五、结 论

当"戴胜"成为汉代西王母神性标志的时候,海昏侯墓孔子衣镜上的西王母却以不"戴胜"的形象而出现,展现出了西王母认知的另一面。较之与此前的材料及认识,这一似乎反其道而行之的现象说明了如下的问题:

1. 此前汉代出土材料中所看到的"戴胜"西王母与衣镜中的西王母是两个不同的图像系统。需要在二元系统的视角下,进行综合比较,才可以看到西王母图像演进的整体面貌,也唯有如此,也才能更为深入地理解衣镜旨趣及刘贺的思想倾向。

2. 在汉代,以《山海经》为依据,在进行神性阐释时,"戴胜"更加符合汉代一般生活经验及历史习惯,是承载西王母神性符号的优选项。"胜"不仅成为女性代名词,使得女神的女性特征得以展现。"戴胜"的存在及改造也与冠带之国的等级之间发生着联系,与地上的君王形象形成呼应关系。在悄然与早期西方部族的装扮拉开差距的同时,与汉民族的特点相融贯。

3. "戴胜"的西王母虽然可展现出神性的一面,但所存在的问题也不少。在保持"戴胜"及神仙意象的前提下,为了回应和自洽,在汉代图文中出现了两种倾向,一是忽略或

---

① 郝懿行著,管谨讱点校:《郑氏礼记笺》,齐鲁书社2010年版,第1174页。
② 具体情况,可参看彭明瀚:《刘贺藏珍:海昏侯国遗址博物馆十大镇馆之宝》,第128—134页。

改定"蓬发"及"豹尾虎齿"等形象定位。由此,白首、束发、"戴胜",成为了西汉时代神仙西王母的标准像。二是将"戴胜"演绎为"持织"及"戴胜鸟"图形,成为了延续神性表达的可能手段。

4. 在西王母形象中,由于儒家系统中非神话的一面赫然存在,随着经学时代的发展,它们越来越成为质疑其神仙形象的依凭。即便是在神仙形象,或接近神仙形象的描绘中,如在《穆天子传》中,西王母虽有着"帝女"的身份,并且"虎豹为群",但并没有太多的怪异之形,甚至与世间的美人形象更为接近,这些资料也足以对源自《山海经》的"戴胜"西王母形象形成冲击。

5. 由于衣镜图像总体上属于圣像系统,将其纳入儒学及经学系统,在理性精神的要求下来"考信于六艺",或许是不"戴胜"的核心要素。由此在先秦两汉时代,西王母形象的描绘有两个系统,一个是以《山海经》为依托的,展现"诡形"的西王母,另一个则是与《穆天子传》以及《竹书纪年》相合的,以儒籍为核心的西王母,表现出"服食语言与常人无异"的面貌。衣镜图像中的西王母就是后一系统。她不仅没有出现任何异相,与"豹尾虎齿"相关联的"戴胜"也被省略。

总之,在"戴胜"成为西王母主要标识的西汉时代,衣镜图像似乎呈现出一种另类的表现。但倘结合图文旨趣,可以发现的是,这样的图像表达实属情理之中,背后有着历史文化的依托。

[本文为国家社科基金后期资助项目"南昌海昏侯墓'孔子衣镜'研究"(21FZSB038)阶段性成果]

古代经济史

# 唐开元天宝时期屯田分布研究

□陈文婷

**摘要**:屯田是中国历史上重要的土地制度。《唐六典·工部尚书》中一则材料较为详细地记述了唐玄宗时期 72 处屯田的名称及规模,具有相当高的研究价值。本文将屯田分为"州管屯田""军管屯田"和"央管屯田"三类,结合《元和郡县图志》《括地志》《通典》中相关记述,对其来源、分布、幅员、方位等进行考订。

**关键词**:土地制度;唐史;屯田;《唐六典》;《元和郡县图志》

**作者简介**:陈文婷,复旦大学上海医学院副教授

魏晋隋唐时期的土地制度一直都是中古史研究的重点,屯田在其发展演变中占有独特地位。关于屯田,自 20 世纪五六十年代以来,唐长儒、韩国磐、陈直、张维华、朱活、朱绍侯、于省吾、张泽咸、西嶋定生等先生都曾撰文研究,钩沉索隐,分析条理,系统阐述这一时期的屯田。[1]其后,又有郑学檬、乌廷玉等学者进行的补充[2],以及 20 世纪 80 年代以后,黄正建、赵吕甫、杨际平和李宝通等老师作的接续与回应。[3]

---

[1] 唐长儒:《南朝的屯、邸、别墅及山泽占领》,《山居存稿》,中华书局 2011 年版,第 1—26 页;韩国磐:《曹魏的屯田——中国田制史述略稿之一》,《中国社会经济史研究》1982 年第 1 期;韩国磐:《隋唐的均田制度》中"屯田"部分,上海人民出版社 1957 年版;陈直:《从秦汉史料看屯田制度》,《历史研究》1955 年第 6 期;张维华:《试论曹魏屯田与西晋占田上的某些问题》,《历史研究》1956 年第 9 期;朱活:《从魏晋史料探索三国屯田制度》,《新史学通讯》1956 年第 9 期;朱绍侯:《关于西晋的田制与租调制》,《理论战线》1958 年第 2 期;于省吾:《略论西周金文中的"六自"、"八自"及其屯田制》,《考古》1964 年第 3 期;张泽咸:《东晋南北朝屯田述略》,《史学月刊》1981 年第 3 期;西嶋定生:《中国经济史研究》,农业出版社 1984 年版,第 211—212 页。

[2] 郑学檬:《试论隋唐的屯田和营田》,《厦门大学学报》(社会科学版)1962 年第 3 期;乌廷玉《关于唐代屯田营田的几个问题——和郑学檬同志商榷》,《文史哲》1964 年第 2 期。

[3] 黄正建:《唐代前期的屯田》,《人文杂志》1985 年第 3 期;黄正建:《唐代后期的屯田》,《中国社会经济史研究》1986 年第 4 期;赵吕甫:《关于唐代前期军屯田经营管理的几个问题》,《四川师范学院学报》1989 年第 4 期;杨际平:《唐五代"屯田"与"营田"的关系辨析》,《汕头大学学报》(人文科学版)1999 年第 5 期;李宝通:《唐代屯田研究》,甘肃人民出版社,2001 年。

《唐六典》卷7《工部尚书》中有一则材料较为详细地记述了玄宗时期国内72屯的名称及规模,具有相当高的研究价值。对于这则材料,学界虽有提及,但未进行全面梳理。本文结合《元和郡县志》《括地志》和《通典》中的相关记述,对其进行考订,分析这一时期屯田的来源、分布、幅员与方位。现将这段材料抄录于下:

> 凡天下诸军、州管屯总九百九十有二。①
> 河东道:大同军四十屯、横野军四十二屯、云州三十七屯、朔州三屯、尉州三屯、岚州一屯、蒲州五屯。
> 关内道:北使二屯、盐州监牧四屯、太原一屯、长春一十屯、单于三十一屯、定远四十屯、东城四十五屯、西城二十五屯、胜州一十四屯、会州五屯、盐池七屯、原州四屯、夏州二屯、丰安二十七屯、中城四十一屯。
> 河南道:陈州二十三屯、许州二十二屯、豫州三十五屯、寿州二十七屯。
> 河西道:赤水三十六屯、甘州一十九屯、大斗一十六屯、建康一十五屯、肃州七屯、玉门五屯、安西二十屯、疏勒七屯、焉耆七屯、北庭二十屯、伊吾一屯、天山一屯。
> 陇右道:渭州四屯、秦州四屯、成州三屯、武州一屯、岷州二屯、军器四屯、莫门军六屯、临洮军三十屯、河原二十八屯、安人一十一屯、白水十屯、积石一十二屯、富平九屯、平夷八屯、绥和三屯、平戎一屯、河州六屯、鄯州六屯、廓州四屯、兰州四屯、南使六屯、西使一十屯。
> 河北道:幽州五十五屯、清夷一十五屯、北郡六屯、威武一十五屯、静塞二十屯、平川三十四屯、平卢三十五屯、安东一十二屯、长阳使六屯、渝关一十屯。
> 剑南道:巂州八屯、松州一屯。
> 开元二十二年,河南道陈、许、豫、寿又置百余屯。二十五年敕以为不便,并长春宫田三百四十余顷,并令分给贫人。
> 大者五十顷,小者二十顷,凡当屯之中,地有良薄,岁有丰俭,各定为三等。凡屯皆有屯官、屯副。屯官取前资官、尝选人、文武散官等强干善农事,有书判,堪理务者充;屯副取品子及勋官充。六考满,加一阶,听选;得三上考者,又加一等。

---

① 《唐六典》卷7《工部尚书》中提到:"凡天下诸军州管屯总九百九十有二。"这个屯田数与《唐书》中所记一样:《旧唐书·职官志》有"凡天下诸军州管屯,总九百九十有二"。《新唐书·食货志》有"唐开军府以抒要冲,因隙地置营田,天下屯总九百九十二"。但是根据《唐六典》下面所列,诸道屯田总数实际上有1 039屯,比992屯多出了47屯。992屯田应该是开元二十五年,将长春宫的340余顷屯田和部分陈、许、豫、寿四州屯田分给贫人后的屯田数量。

# 一、屯田的分类

关于屯田的分类,西嶋定生认为,屯田的耕种者不限于军士,也有被征募的一般民众,通常前者称为军屯,后者称为民屯[①]。郑学檬则将屯田分为军事(屯田)和非军事(屯田)[②]两类。笔者以为,仅以"军事"和"非军事"进行区分过分强调了屯田的军事功能,这在某一特定历史阶段是说得通的。但纵观整个唐代,这样的分类并不合适。

笔者检阅《新唐书》《通典》及《唐六典》后发现,屯田常常与诸军、州镇、司农寺连称,如:

《通典》卷2《食货二》:"大唐开元二十五年令:诸屯隶司农寺者,每三十顷以下、二十顷以上为一屯。隶州镇诸军者,每五十顷为一屯。"[③]

《唐六典》卷7《工部尚书》:"凡军州边防镇守转运不给,则设屯田以益军储。……凡天下诸军州管屯总九百九十有二,大者五十顷,小者二十顷。"[④]

《新唐书》卷53《食货三》:"天下屯总九百九十二。司农寺每屯三十顷,州镇诸军每屯五十顷。"[⑤]

屯田因其国有土地的性质,并非完全因为战争的目的设立或保留。但在管理归属上是有区分的,有的属诸军管理,有的属州镇管理,还有一部分直接由中央管理(隶属司农寺)。因此,将屯田分为"军管屯田""州管屯田"和"央管屯田"或更为妥当。具体而言可分为如下:

## (一) 州镇管理的屯田

唐开元末共有328府州、1573个县,除设置流官的正州正县外,还有以内属部族首领为世袭都督、刺史、县令的羁縻都督府、州、县,和从边区内迁、侨寄在缘边正州正县界内的羁縻都督府、州、县。盛唐时都凡856府州,分别隶属于六都护府和若干边州都督府。[⑥]

---

[①] 西嶋定生:《中国经济史研究》,农业出版社1984年版,第211—212页。
[②] 郑学檬:《试论隋唐的屯田和营田》,《厦门大学学报(社会科学版)》1962年第3期。
[③] 《通典》卷2《食货二》,中华书局1988年版,第44页。
[④] 《唐六典》卷7《工部尚书》,中华书局1992年版,第222—223页。
[⑤] 《新唐书》卷53《食货三》,中华书局1975年版,第1372页。
[⑥] 谭其骧主编:《中国历史地图集》第五册《隋唐五代十国时期》,中国地图出版社1996年版。

唐代屯田最主要的管理形式就是设置在府州治所之中,由州镇管理的屯田共计33处、370屯,这种情况普遍见于各道,数量也是最多的。如:

河东道:云州、朔州、尉州、风州(凤州)、蒲州;

关内道:太原、长春、胜州、会州、原州、夏州;

河南道:陈州、许州、豫州(蔡州)、寿州;

河西道:甘州、肃州、敕勒、焉耆;

陇右道:渭州、秦州、成州、武州、岷州、河州、鄯州、廓州、兰州;

河北道:幽州、北郡、平州;

剑南道:巂州、松州。

上述屯田绝大多数都设置在府州治所,由州、镇管理。不过这些屯田并不都设在州镇治所,比如,"长春"是指同州境内朝邑县附近的长春宫,高宗曾驻兵于此,后来是唐太宗的潜邸[①]。再有,"敕勒""焉耆"是指安西都护府下辖的敕勒镇、焉耆镇。这些屯田虽然不设置在府州的治所,但也由地方管理,性质为"州管屯田"。

### (二) 诸军管理的屯田

《新唐书·兵志》记载:"唐初,兵之戍边者,大曰军,小曰守捉,曰城,曰镇……其军、城、镇、守捉皆有使。"[②]军、守捉、城、镇都应属于军镇的范畴,只是有大小之别,此类由军镇设置的屯田可称为"军管屯田"。这一时期,由军镇管理的屯田共计32处、625屯。这类"军管屯田"的设置略少于"州管屯田",但是屯田面积差不多是"州管屯田"的两倍。如:

河东道:大同军、横野军;

关内道:单于(都护府)、定远(城)、东城(东受降城)、西城(西受降城)、丰安军、中城(中受降城);

河南道:无;

河西道:赤水军、大斗军、建康军、玉门军、安西(都护府)、北庭(都护府)、伊吾军、天山军;

陇右道:军器、漠门军、临洮军、河源军、安人军、白水军、积石军、平夷守捉、绥和守捉、平戎城;

河北道:清夷军、威武军、静塞军、平卢军、安东(都护府)、渝关守捉;

---

① 《元和郡县志》卷2《关内道二》,中华书局1983年版,第38页。"长春宫条":隋大业十三年,高祖起义兵,自太原舍于此宫,休甲养士,而定京邑。武德二年,于此置陕东大行台,太宗居藩,作镇。

② 《新唐书》卷50《兵志》,第1328—1329页。

剑南道：无。①

需要注意的是，虽然很多州都有军镇，有的州还不止一处军镇，但并非每一处军镇都设置有屯田。通常设置屯田的军镇或是规模较大，或是地理位置具有战略意义，或是前朝延续古已有之，或是州镇的屯田难以有效供给，需要军镇屯田的补充。与之相应，如府州治所内设有屯田，通常该府州的辖境内也会有驻军，并且常常是一州之中，治所和驻军同时设置屯田。这样的屯田既可以服务地方又可以供给军队。当然，如果同一府州中有几处驻军，那就并非所有驻军都有屯田，一般只会在一处驻军设置屯田，这种情况在陇右道中与吐蕃接壤的几个州最为显著，比如洮州在漠门军设置屯田，而神策军不设屯田；河州在平夷守捉设置屯田，而镇西军、天成军不设屯田；廓州在积石军设置屯田，而宁塞军、振威军不设屯田；鄯州在白水军、安人军、临洮军、河源军、绥和守捉等多处驻军都有屯田，而威戎军、宣威军、振武军不设屯田，等等。这种情况诸道中都存在。（见表1）

表1 唐代州镇与诸军屯田对应情况

| 地区（道） | 府州名 | 驻军名 |
| --- | --- | --- |
| 河东道 | 云州 | 天成军※、清塞军※、静边军※ |
| | 朔州 | 大同军 |
| | 蔚州 | 横野军 |
| | 岚州 | 无 |
| | 蒲州 | 无 |
| 关内道 | 胜州 | 振武军 |
| | 会州 | 新泉军※ |
| | 原州 | 白草军※ |
| | 夏州 | 经略军※ |
| 河西道 | 凉州 | 大斗军、赤水军、交城守捉※ |
| | 甘州 | 建康军 |
| | 肃州 | 玉门军 |
| | 疏勒镇 | 无 |

---

① 郑学檬对于军事屯田的分类主要按地域分布，具体为：1.以太原为中心的朔州、并州、代州区；2.以关内道和陇右道为主的西北边州屯田，有灵盐、泾原、邠宁、河源、凉州、肃州、甘州、轮台、伊吾等地；3.漠北的边州镇屯田，主要是中、西受降城、丰州、丰安、定远等地；4.东北的辽西和百济、高丽屯田；5.西南的松州屯田。另有数个非军事性屯田区，主要包括：1.京城附近的同、华两州的农屯和盐屯；2.淮南淮北的芍陂屯、楚州屯田和浙西的嘉禾屯田；3.北方和东北边境渤海及幽州一带的屯田。见于郑学檬：《试论隋唐的屯田和营田》，《厦门大学学报》（社会科学版）1962年第3期。

续表

| 地区(道) | 府州名 | 驻军名 |
|---|---|---|
| 河西道 | 焉耆镇 | 无 |
| | 庭州(北庭都护府) | 瀚海军※ |
| | 安西(都护府) | 龟兹都督府※、渠黎都督府※、鹰娑都督府※ |
| | 伊州 | 伊吾军 |
| | 西州 | 天山军 |
| 陇右道 | 渭州 | 无 |
| | 秦州 | 无 |
| | 成州 | 无 |
| | 武州 | 无 |
| | 岷州 | 无 |
| | 洮州 | 漠门军、神策军※ |
| | 河州 | 平夷守捉、镇西军※、天成军※ |
| | 鄯州 | 白水军、安人军、临洮军、河源军、绥和守捉、宣威军※、振武军※、威戎军※ |
| | 廓州 | 积石军、宁塞军※、振威军※ |
| | 兰州 | 张掖守捉※、乌城守捉※ |
| 河北道 | 幽州 | 无 |
| | 妫州 | 清夷军、广边军※ |
| | 檀州 | 威武军、镇远军※ |
| | 蓟州 | 静塞军、雄武军※ |
| | 平州 | 安东都护府、渝关守捉、柳城军※ |
| | 营州 | 平卢军 |
| 剑南道 | 嶲州 | 无 |
| | 松州 | 无 |

说明:表中不设屯田的驻军均以※标示。

### (三) 中央管理的屯田

唐代,中央管理的屯田具体由司农寺负责。这部分屯田主要在畿内、盐区、牧区,合计约有7处,44屯。比如京畿道的富平(9屯)、关内道的盐池(7屯),关内道的盐州监牧(4屯)和北使(2屯),陇右道的南使(6屯)和西使(10屯)[①],以及河北道的长阳使(6屯)等。

---

① 《元和郡县志》卷3《关内道三》,第59页。

具体而言,如富平屯田。富平是京兆府附近的富平县,曾设玄武军,后改为富平县,《唐六典·司农寺》:"隋置屯监,畿内者隶司农,自外者隶诸州。皇朝因之。"①所以在京畿道的富平屯田隶属司农监。而盐池屯田,据《通典·食货十》记载:"自兵兴,上元以后,天下出盐,各置盐司,节级权利,每岁所入九百余万贯文。"可见盐池是由盐司管理。至于牧区屯田,据《元和郡县志·关内道三》记载:"贞观中,自京师东赤岸泽移马牧于秦、渭二州之北,会州之南,兰州狄道县之西,置监牧以掌其事。……以原州刺史为都监牧使,以管东西南北四使。"这些牧区的屯田的管理权在司农寺,但都监牧使一职则由原州刺史担任,是一种因地制宜的管理方式。

## 二、屯田的来源

《唐六典》中对开元天宝年间这 72 处屯田的来源并未作详细介绍,但这 992 屯不是一朝形成,其来源主要为两类。

### (一)前朝设置的旧屯

从汉代至唐代,一直都有屯田被开垦兴建,这些屯田很多被作为国有土地资产在后世被保留下来。西汉开发的重点在西域地区,武帝元鼎六年:"上郡、朔方、西河、河西开田官,斥塞卒六十万人戍田之。"②之后"武帝初通西域,置校尉,屯田渠犁"③。太初三年,李广利再征大宛后在轮台以东设置屯田。武帝时期,在河西、渠犁、轮台等地都设置屯田。汉昭帝始元二年,又在张掖地区开垦屯田,孝宣帝神爵元年,赵充国在金城郡广武县设置屯田。④

东汉的屯田扩展到东部边地,在晋阳、广武、西海和榆谷等地都有设置。光武帝建武七年,"诏杜茂北屯田晋阳、广武,以备胡寇"⑤。和帝永元十四年,"时西海及大、小榆谷左右无复羌寇",曹凤建言"广设屯田,隔塞羌胡交关之路",朝廷遂以曹凤为金城西部都尉。⑥

曹魏时期的屯田主要设在长江中下游。曹操破黄巾后,任峻在颍川郡许昌县设置屯田。废帝齐王芳正始四年,邓艾在淮阳郡项城县以东至寿春郡(即陈、蔡州之间)开设

---

① 《唐六典》卷 19《司农寺》,第 530 页。
② 《汉书》卷 24 下《食货志下》。
③ 《汉书》卷 96 下《西域传》。
④ 《通典》卷 2《食货二》。
⑤ 《后汉书》卷 22《杜茂列传》。
⑥ 《后汉书》卷 87《西羌传》。

屯田。

两晋以降,在南部中国,尤其是两湖、三吴地区广设屯田。羊祜在离襄阳七百余里设置屯田。太康元年,杜元凯在江陵县附近开设屯田。东晋元帝时,应詹建议在三吴地区广建屯田。穆帝升平初,荀羡在临淮郡县东阳石鳖处设置屯田,之后在北齐废帝乾明中,"尚书左丞苏珍芝议修石鳖等屯",修缮之后,"岁收数万石。自是淮南军防,粮廪充足"。①羌酋姚襄"屯历阳,以燕、秦方强,未有北伐之志,乃夹淮广兴屯田,训厉将士"②,在淮河沿岸开发屯田。

而在北部中国,从十六国开始内外屯田亦如雨后春笋。后赵石虎"使典农中郎将王典率众万余,屯田于海滨",又"自幽州东至白狼,大兴屯田"③。前燕慕容皝听从汉族世族的建议,于民屯经营"依魏晋旧法"。西凉李暠在敦煌附近的玉门、阳关设置屯田,"广辟土宇,屯玉门、阳关,大田积谷,为东讨之资"④。北魏时期,又在从五原到椋阳一带、巨鹿等地设置屯田,"(登国)九年春三月,(道武)帝北巡。使东平公元仪屯田于河北五原至于椋阳塞外为屯田"⑤。"(皇始二年)夏四月,帝以军粮未继,乃诏征东大将军、东平公仪罢邺围,徙屯钜鹿,积租杨城。"⑥

魏分东、西,周、齐继立,对峙双方均曾设置屯田。北周朝,王思政在弘农玉璧筑城屯田,对抗东魏⑦;宇文贵在梁州置屯田,以抵氐反⑧;薛善除司农少卿,领同州夏阳县二十屯监,广置屯田以供军费。⑨北齐朝,除前述废帝乾明中所修石鳖等屯;高帝时,桓崇祖受敕命修理苟陂田;孝昭皇建中,"平州刺史嵇晔建议开幽州督亢旧陂,长城左右营屯,岁收稻粟数十万石,北境得以周赡"⑩;同时开置的还有河内怀义等屯,用以供给河南之费。⑪

及至隋文帝开皇三年,"帝乃令朔州总管赵仲卿,于长城以北大兴屯田,以实塞下"⑫。五年,郭衍从瀛洲刺史选授朔州总管,"乃选沃饶地,置屯田,岁剩粟万余石,民免转输之劳"⑬。炀帝时,"盛兴屯田于玉门、柳城之外"⑭。大业五年,"置河源郡、积石镇。又于西域之地置西海、鄯善、且末等郡。谪天下罪人,配为戍卒,大开屯田,发西方诸郡运

---

① ⑩ ⑪ ⑫ 《隋书》卷24《食货志》。
② 《资治通鉴》卷99东晋穆帝永和九年九月条。
③ 《晋书》卷106《石季龙载记》。
④ 《北史》卷100《序传》。
⑤ ⑥ 《魏书》卷2《太祖纪》。
⑦ 《周书》卷18《王思政传》。
⑧ 《周书》卷19《宇文贵传》。
⑨ 《周书》卷35《薛誉传》。
⑬ 《隋书》卷61《郭衍传》。
⑭ 《隋书》卷4《炀帝纪》。

粮以给之"①。文帝时,赵仲卿和郭衍为朔州前后两任总管,在塞北经营屯田,炀帝时,于西域大开屯田。

这些旧屯往往设置在军事对峙区域的边地,如河西、陇右、幽州等,以及两晋以降南北中国军事对抗的分割地带,如徐、扬、兖、豫诸州。北齐时更是"缘边城守之地,堪垦食者,皆营屯田,署都使子使以统之"②。东魏崔昂对高澄曾有一段进言,对曹魏以来屯田的功能进行了总结:"屯田之设,其来尚矣。曹魏破蜀,业以兴师。马晋平吴,兵因取给。朝廷顷以怀、洛两邑,邻接边境,薄屯丰稔,粮储已赡。准此而论,龟镜非远。其幽、安二州,控带奚贼、蠕蠕;徐、扬、兖、豫,连接吴越强邻。实藉转输之资,常劳私籴之费。诸道别遣使营之,每考其勤惰,则人加劝励,仓廪充实,供军济国,实谓在兹。"③这些屯田邻接边境,兵因取给,对于国家稳定具有重要的战略意义。

到了唐代,这些前朝屯田作为国有土地资产也被继承下来,唐开元二十五年规定"其旧屯重置者,一依承前封疆为定"④。因此,《唐六典》中所记屯田很大一部分都是基于前朝旧屯。

**(二) 唐代开垦的新屯**

除了前朝旧屯,唐代屯田中也有一部分是由荒闲土地改置的屯田。但各地区面积差异较大,据开元二十五年令:"新置者,并取荒闲无籍广占之地,其屯虽料五十顷,易田之处,各依乡原,量事加数。"此外,还有本属地方政府著籍的国有土地和自耕农名下的熟田,通过协商后进行田畴互换,而重新厘定的屯田。⑤

比如,甘州屯田,在《新唐书》卷107《陈子昂传》中,陈子昂曾提到:"甘州所积四十万斛,观其山川,诚河西喉咽地,……且其四十余屯,水泉良沃,不待天时,岁取二十万斛,但人力寡乏,未尽垦发。"可以知道,武则天时期甘州地区有屯田40余屯,后因为该地屡被吐蕃骚扰,到了开元年间,在《唐六典》的记载中甘州只有屯田19屯。可见一半以上的屯田都被废置了。

再如,营州屯田,《新唐书》卷130《宋庆礼传》记述:"玄宗时……(宋庆礼)兼营州都督,开屯田八十余所,追拔渔阳、淄青没户还旧田宅,又集商胡立邸肆。不数年,仓廪充,居人藩辑。"宋庆礼任营州都督时,因为经营得法,营州新开屯田80余屯。可是,《唐六典》列举河北道屯田时,并未提到这里有一个80余屯的屯田,可见营州屯田此时也被废

---

① ② 《隋书》卷24《食货志》。
③ 《北史》卷32《崔挺附孙昂传》。
④ 《通典》卷2《食货二》,详见开元二十五年令。
⑤ 赵吕甫:《关于唐代前期军屯田经营管理的几个问题》,《四川师范学院学报》(哲学社会科学版)1989年第4期。

置了。

再有,河南道屯田,在《唐六典·工部尚书》中提到:"开元二十二年,河南道陈、许、豫、寿又置百余屯。二十五年敕以为不便,并长春宫田三百四十余顷,并令分给贫人。"开元二十二年在河南道陈、许、豫、寿四个州兴建了一批屯田,但是仅仅设置了三年,就被撤置,将土地分给百姓。这段文字中提到的长春宫是太宗潜邸,唐初也设有屯田10屯,开元二十五年一并撤销。

还有,楚州、寿州屯田,《通典·食货二》中提到:"后上元中于楚州古谢阳湖置洪泽屯,寿州置芍陂屯,厥田沃壤,大获其利。"肃宗朝上元年间,在寿州的芍陂屯就是在齐朝旧屯的基础上新垦的,同一时期设置的还有楚州的洪泽屯。

另外,华州屯田,在《新唐书》卷6《本纪第六》有:"(大历八年八月)甲子,(代宗)废华州屯田给贫民。"这里提到的代宗时期的华州屯田也不见于《唐六典》,可能与前述营州屯田一样,都是在开元二十六年之后才设置的。

以及,桂州屯田,在《旧唐书》卷93《王晙传》中有:"景龙末,累转为桂州都督。桂州旧有屯兵,常运衡、永等州粮以馈之,晙始改筑罗郭,奏罢屯兵及转运。又堰江水,开屯田数千顷,百姓赖之。"桂州旧无城郭,所以"往缘寇盗"。王晙筑城后,民户能够安定生产,屯兵及转运就没有必要,并且又新开数千顷屯田,使得"远迩宁静,复业者多"①。不过这处数千顷的桂州屯田同样不见于《唐六典》。

还有洛州屯田。据《资治通鉴》和《旧五代史》所记,唐末僖宗光启三年,张全义为河南尹,时经战乱之后,"白骨蔽地,荆棘弥望,居民不满百户,……四野俱无可耕者"②。在这种情况下,张全义开始在洛州设置屯田:"王始至洛,于麾下百人中,选可使者一十八人,命之曰屯将。每人给旗一口,榜一道,于旧十八县中,令招农户,令自耕种,流民渐归。……五年之内,号为富庶,于是奏每县除令簿主之。"③

由上面几处例子可以看出,唐代屯田常有兴废,往往因时而设、因势而设,部分也是因人而设。它们中有些是出于军事部署,有些是出于"边防镇守,转运不给,则设屯田,以益军储"的考虑,而如陈州、许州、豫州、寿州和楚州等州,在唐以前是南北军事对峙的前冲,但到唐代则成了并无战事的腹地,但因为"厥田沃壤",在几州设置屯田往往能大获其利,因而仍延续屯田的设置。

此外,还有一部分屯田虽然经营日久,但是其规模和岁收情况不见记载。比如,松州

---

① 《旧唐书》卷93《王晙传》。
② 《资治通鉴》卷257。
③ 《旧五代史》卷63《张全义传》。

屯田,武德时窦轨"度羌必为患,始屯田松州。"①松州屯田在唐初就已设置,到开元天宝年间,业已经营了百余年,不过岁收情况不见于《唐六典》和《通典》。原本剑南道一带水多地平,应是十分适合开展农业种植的,但是有关这一地区屯田的记载一直不多。宣宗大中时,剑南西川节度使杜悰曾因为"蜀有可县,直巂州西南,地宽平多水泉,可灌粳稻",计划"兴屯川,省转馈以饱边士"。结果判官杨收坚决反对,他认为"田可致,兵不可得。且地当蛮冲,本非中国。今辍西南屯士往耕,则姚、巂兵少,贼得乘间。若调兵捍贼,则民疲士怨。假令大穰,蛮得长驱,是资贼粮,岂国计耶?"②所以杜悰就此作罢。杨收所说比较能说明实际情况,因为剑南道地处蛮冲,驻军又不多,且耕且战的做法并不适合此处,每年粮食种植期都要担心会不会受到敌人的侵扰,如果从别处调兵守卫,就会增加当地百姓负担;如果不派兵守卫,则辛苦一年种的粮食很可能会让敌人抢了去。因为这个原因,剑南道地区屯田的产量一直不稳定,所以国家也不能强行要求每年上缴多少。故此,虽然剑南道的屯田数在《唐六典》中列入了统计,但屯田产粮数则不列记载。

与之类似,还有百济和高丽的屯田,这两处的屯田由于唐初刘仁轨的经营,也颇具规模,"(刘仁轨)于是渐营屯田,积粮抚士,以经略高丽"。③但高丽屯田的数量和岁收情况同样不见《唐六典》和《通典》记载。

## 三、屯田的管理

### (一)屯田的管理权属

司农寺及诸监与尚书工部都有屯田管理职责。乌廷玉认为屯田属司农寺管理④,黄正建认为在中央层面由尚书省工部屯田司和兵部管理,尚书省以下,则分属两个系统,即司农寺系统的屯田和州镇诸军系统的屯田⑤,李宝通认为唐代前期的司农寺、诸屯监所辖诸"监屯"应为皇家园苑及公廨田,所以唐代屯田既不隶属司农寺,也不是由工部负主要责任,而是由中央政府统筹协调、分工配合加以严密管理⑥。

---

① 《新唐书》卷95《窦轨传》,第3845页。
② 《新唐书》卷184《杨收传》,第5394页。
③ 《旧唐书》卷84《刘仁轨传》。
④ 乌廷玉:《关于唐代屯田营田的几个问题——和郑学檬同志商榷》,《文史哲》1964年第2期。
⑤ 黄正建:《唐代前期的屯田》,《人文杂志》1985年第3期。
⑥ 李宝通:《唐代屯田研究》,甘肃人民出版社2001年版。

应该说在中央层面的屯田管理上,工部与司农寺的职能与职权互不重叠,工部掌全国屯田政令,而对屯田的具体管理则由司农寺负责落实。《唐六典》卷7《工部尚书》:"工部尚书、侍郎之职,掌天下百工、屯田、山泽之政令。"尚书工部下设工部、屯田、虞部、水部四司,"尚书、侍郎总其职务而奉行其制令"①。屯田是唐代工部的一项重要职权,除了工部尚书、侍郎掌屯田之政令,工部下又专设屯田郎中一人、员外郎一人、主事二人等,就是"掌天下屯田之政令。凡军、州边防镇守运转不给,则设屯田以益军储"。由工部负责全国各地的府州和驻军的屯田,制定政令对屯田进行统一管理。并且由于"当屯之中,地有良薄,岁有丰俭",以及"诸屯分田役力,各有程数",这就要求屯田郎中、员外郎等对全国土地的情况非常了解。需要他们根据"水陆腴瘠,播植地宜,功庸烦省",来确定每处屯田的"收率等级",这也构成了工部屯田有司的主要职权。

司农寺之职,据《唐六典》卷19《司农寺》所记:"掌邦国仓储委积之政令。总上林、太仓、钩盾、导官四署与诸监之官署。"是从行政层面上对屯田进行管理,其中屯田上的屯官和屯副就是由司农寺派驻。据《唐六典》所记,开元天宝年间的屯田有72屯,共计992屯,"凡屯皆有屯官、屯副"。而他们的职级与职能,据《新唐书》卷48《百官志》所说是"诸屯监一人,从七品下;丞一人,从八品下。掌营种屯田、勾会功课及畜产簿帐,以水旱螟蝗定课。屯主劝率营农、督敛地课"。又《唐六典·司农寺》中记载:"诸屯监一人,从七品下。(原注:隋置屯监,畿内者隶司农,自外者隶诸州;皇朝因之。)丞二人,从八品下。诸屯监各掌其屯稼穑,丞为之贰。凡每年定课有差。"文中"屯监""屯丞"即屯官、屯副,他们负责各地屯田上的具体事务,"劝率营农,督敛地课"。

在地方层面的屯田管理上,州镇、诸军的屯田主要由营田使和屯主、屯副管理。营田使,有时也称作营田大使、知营田事,是统筹负责屯田/营田事务的长官,营田副使为营田使的副手。有关营田大使,在河陇军镇中出现四次:"河源、积石、怀远等军及河、兰、鄯、廓等州检校营田大使娄师德""河源赤水军支度营田大使孟玄一""左威卫将军,兼洮州都督莫门军经略营田大使臧怀亮""鄯州都督河源军经略营田大使臧怀亮"。通过这四条记载大致可以判定一人兼多个军的营田使时常称营田大使。②

至于屯主、屯副,据《通典》卷15《选举三》中记载,高宗时"诸屯主、副千九百八十四员",又《新唐书》卷45《选举志》:"唐取人之路盖多矣,方其盛时,著于令者,……诸屯主、副千九百八人。"说明高宗时期,屯田上的屯主和屯副约有1984人。高宗朝与玄宗开元时皆可称为"盛时",因此推测开元时期屯主、屯副的人数应与高宗时相当,则当时屯田数

---

① 李林甫等撰,陈仲夫点校:《唐六典》,中华书局1992年版,第215页。
② 黄成运:《唐代河陇军镇若干问题研究》,博士学位论文,首都师范大学历史系,2016年。

应为992屯,与《唐六典》所记吻合。①

### (二)屯田产粮与屯兵情况比较

历代设置屯田是为了"凡边防镇守,转运不给,则设屯田,以益军储"②,具有就地解决军粮问题,避免转输之劳,减轻政府财政负担的目的。据《通典·食货二》:"大唐开元二十五年令:诸屯隶司农寺者,每三十顷以下、二十顷以上为一屯。隶州镇诸军者,每五十顷为一屯。应置者,皆从尚书省处分。"③因此,在唐代992屯屯田中,除去由司农寺管辖的44屯,面积在30顷以下,其余屯田面积基本皆为50顷,全国屯田总面积在4.87万顷左右。

另据《新唐书·食货志》:"(开元二十五年)天下屯田收谷百九十余万斛"④,这与《通典·食货二》所记"天宝八年,天下屯收百九十一万三千九百六十石"⑤相差无几。因此,开元天宝年间全国一年屯田收入在190余万石左右,平均每顷收40石,这样的产量是否满足屯兵需要?

表2 唐中叶军管屯田上兵马数量⑥

| 所属道 | 名称 | 屯田数量(屯) | 兵马数(以下为引文) |
| --- | --- | --- | --- |
| 河东道 | 大同军 | 40 | 管兵九千五百人,马五千五百匹 |
|  | 横野军 | 42 | 管兵七千八百人,马一千八百匹 |
| 关内道 | 单于 | 31 | 不详 |
|  | 定远 | 40 | 定远东城:管兵八千人,马一千三百匹<br>定远废城:管兵五千五百人 |
|  | 东城 | 45 | 管兵七千人,马一千七百匹 |
|  | 西城 | 25 | 管兵七千人,马一千七百匹 |
|  | 丰安 | 27 | 管兵八千人,马一千三百匹 |
|  | 中城 | 41 | 管兵六千人,马一千七百匹 |
| 河西道 | 赤水 | 36 | 管兵三万三千,马万三千匹 |
|  | 大斗 | 16 | 管兵七千五百人,马二千四百匹 |
|  | 建康 | 15 | 管兵五千二百人,马五百匹 |

---

① 李宝通认为《新唐书》中所说"盛世"为开元时,屯主、屯副为1908人,并推测唐开元末全国屯田数为950左右,应误。见其著《唐代屯田研究》,第179页。
② 《旧唐书》卷43《职官二》,中华书局1975年版,第1840页。
③⑤ 《通典》卷2《食货二》,第44页。
④ 《新唐书》卷53《食货三》,第1372页。
⑥ 数据来源《元和郡县志》。

续表

| 所属道 | 名称 | 屯田数量(屯) | 兵马数(以下为引文) |
|---|---|---|---|
| 河西道 | 玉门 | 5 | 管兵千人,实三百人,马六百匹 |
| | 安西 | 20 | 管兵二万四千人,马二千七百匹 |
| | 北庭 | 20 | 管兵二万人,马五千匹 |
| | 伊吾 | 1 | 管兵三千人,马三百匹 |
| | 天山 | 1 | 管兵五千人,马五百匹 |
| 陇右道 | 军器 | 4 | 不详 |
| | 莫门军 | 6 | 管兵五千五百人,马二百匹 |
| | 临洮军 | 30 | 管兵五万五千人,马八千四百匹 |
| | 河原 | 28 | 管兵一万四千人,马六百五十三匹 |
| | 安人 | 11 | 管兵万人,马三百五十匹 |
| | 白水 | 10 | 管兵四千人,马五百匹 |
| | 积石 | 12 | 管兵七千人,马一百匹 |
| | 平夷 | 8 | 管兵三千人 |
| | 绥和 | 3 | 管兵千人,元和时分为五百人 |
| | 平戎 | 1 | 管兵一千人 |
| 河北道 | 清夷 | 15 | 管兵万人,马三百匹 |
| | 威武 | 15 | 管兵万人,马三百匹 |
| | 静塞 | 20 | 管兵万一千人,马五百匹 |
| | 平卢 | 35 | 管兵万六千人,马四千二百匹 |
| | 安东 | 12 | 管兵八千五百人,马七百匹 |
| | 渝关 | 10 | 管兵三千人,马百匹 |

　　据《元和郡县图志》中所记州镇、诸军的兵马数(详见表2),开元时期军管屯田上驻兵近30余万人,约占全国军队的一半。如遇战事,一个士兵一个月要配给一石粮食(粟),一年就要配给十二石粮食。①30万屯兵,不计马料,一年需粮约360万石。而军管屯田是625屯,年产仅125万石粮食,相比30万屯兵所需,缺口较大。

　　再看各道上军管屯田的实际养兵情况,以河东道的大同军为例,大同军有屯田40屯,岁收在8万石左右。《元和郡县图志》上记载大同军管兵9 500人,马5 500匹,一年需

---

① 《新唐书》卷53《食货三》:"贞元初,吐蕃劫盟,召诸道兵十七万戍边。关中为吐蕃躁蹦者二十年矣,北至河曲,人户无几,诸道戍兵月给粟十七万斛,皆仰于关中。"《新唐书》中这则材料虽然是德宗贞元年间的,但当时人的饭量应该变化不大,可以用来推断开元时期士兵的粮食供给情况。

11余万石,大同军的40屯不够养兵。同样,横野军管兵7 800人,一年养兵需9万余石,而横野军屯田42屯,岁收8万余石,依然供给不足。再考察关内道、河西道、陇右道和河北道诸道,同样会发现诸道军屯基本都不足以养兵。如在《元和郡县志》中提到"军之大者,莫如赤水"的赤水军,管兵3.3万人,马1.3万匹,一年算下来需军粮近40万石。而赤水军的屯田仅36屯,岁收7万余石,远远超出负荷,必须从别处再转运粮食。不仅是赤水军,其他诸道的军屯大抵如此。《新唐书》卷53《食货志三》:"贞观、开元后,边土西举高昌、龟兹、焉耆、小勃律,北抵薛延陀故地,缘边数十州戍重兵,营田及地租不足以供军,于是初有和籴。"因为屯田产粮不足以供军,所以政府需要从别处转运粮食供给军屯。

其实不光军屯,州镇屯田也有类似情况。如河北道的幽州,开元时为范阳节度使理所,范阳节度使管兵9.1万人,马6 500匹,一年需军粮100余万石。而幽州屯田55屯,年收10万余石,即使如《元和郡县志》所载,每年政府赐粮50万石,一年军粮合计60万石,养兵也是捉襟见肘。

通常,一处屯田养兵数在166人左右,如果超出负荷,就需要从别处转运粮草。如《河西节度使判制集》:"建康军请肃州多乐屯。"建康军在甘州境内,有屯田15屯,管兵5 200人,马500匹。因为屯田粮食产量不足以供应屯兵,因此请求临近肃州调拨粮食支援。肃州有屯田7屯,州境内的玉门军有屯田5屯,合计屯田12屯,而玉门军管兵千人,实际常驻仅300人,马600匹①,玉门屯田足以养兵,所以可将多余的粮食调剂给建康军。

唐代屯田受限于土地面积和养兵人数,可突破的空间不大,可结余的粮食有限,甚至不能做到自给自足。但是,若将不行屯田而转输供军的巨额费用考虑进去,则整体效益仍十分明显。古代转输之费往往数倍甚至数十倍于内地谷价,边地军屯即使没有节余或仍须补给,其"省转属、益军储"的作用依然值得肯定。此外,"募民实边、且耕且战"一直是屯田的主要作用。神龙三年右补阙卢俌上疏议屯田,讲到以"屯田积粟",为"蒐乘训兵"提供保障,做到"近战则守家,远战则利货""来则惩而御之,去则备而守之"。②应该说,屯田对于国家稳定的战略意义远大于其经济意义。

① 《通典》卷172《州郡二》。
② 《旧唐书》卷194上《突厥传》。

# 嘉靖初期政局与"叶淇变法说"的兴起

□胡剑波

**摘要**:"叶淇变法说"的兴起与嘉靖初期明王朝的内外政治局势有关。就内部朝堂政治局势来说,"叶淇变法说"走上历史舞台的过程是嵌入议礼新贵集团与杨廷和集团的政治斗争过程中的。王琼提出"叶淇变法说"后,将该说传播给了桂萼作为参考资料。桂萼在两次利用甘肃边疆危机事件打击杨廷和集团的过程中提及"叶淇变法",将"叶淇变法说"推上历史舞台。就外部地缘政治局势来说,嘉靖三年吐鲁番的进攻所引发的甘肃边疆危机,刺激明朝官员反思年例银供边的局限性。"叶淇变法说"迎合了这种需要,对年例银、运司纳银制大加批判,从而为时人广泛接受。

**关键词**:叶淇变法;大礼议;甘肃边疆危机;年例银

**作者简介**:胡剑波,中山大学历史学系博士生

学界习称的"叶淇变法"是指明代弘治五年户部尚书叶淇将开中法变为运司纳银制的盐法改革。[①]因其关涉盐政变革、边饷供应体制变革、白银等诸多重要问题,一直为学界所重。不过有趣的是,在弘治、正德时,并无关于"叶淇变法"的直接记载,而目前学界所能找到的关于"叶淇变法"的最早的记载,是在嘉靖初年产生的。这就不禁让人产生疑问:为什么"叶淇变法"如此重要的变法,在时人的各种记载中皆不见踪影,而在嘉靖初期以后关于它的记载却越来越多?

关于此问题,学者们的解答可概括为两类。一类是质疑说,即质疑"叶淇变法"的真实性,以藤井宏、孙晋浩、罗冬阳等为代表。[②]该说认为所谓的"叶淇变法"并不存在,只不过是嘉靖初期人们将弘治时运司卖盐的行为误以为"叶淇变法"。因为"叶淇变法"并不存在,所以时人才没有相关记载;而嘉靖初期人们产生误解,以为存在"叶淇变法",于是

---

[①] 所谓"开中法"是指商人应官府要求在边疆地区上纳粮食,获得仓钞、勘合等凭证,然后到盐运司换取盐引,支盐贩卖的制度。而在运司纳银制中,商人只需在盐运司上纳银两,就可以获得盐引,支盐贩卖。

[②] [日]藤井宏:《明代盐商的一考察——边商、内商、水商的研究》,刘淼辑译:《徽州社会经济史研究译文集》,黄山书社1988年版,第251、262—281、340页;孙晋浩:《"叶淇改制"辨疑》,《晋阳学刊》1997年第6期;罗冬阳:《叶淇变法与明代两淮余盐开中》,《史林》2016年第5期。

此后相关记载越来越多。另一类是修正说,以徐泓为代表。①该说对传统的"叶淇变法"的含义进行修正,认为所谓的"叶淇变法"是将从成化以来的运司纳银的做法制度化。因为"叶淇变法"只是对已有的事实进行制度化,所以未能引起时人的注意;而在嘉靖初期人们讨论屯田事宜时才发现"叶淇变法"的危害,于是此后相关记载渐渐增多。

两类说法基本都能自圆其说。不过由于一手史料的缺失,现已难以弄清"叶淇变法"的真实面貌。现今所见的关于"叶淇变法"的记载最早来自嘉靖初期。也即,现今所见的"叶淇变法"是嘉靖初期以后人们告诉我们的"叶淇变法"。那么,嘉靖初期以后人们为什么要提及"叶淇变法"呢?就算是误解,嘉靖初期的人们为什么会出现这样的误解?具体的历史情境是什么?就笔者管见,目前学界还没有相关的论著回答这些问题。

本文将"叶淇变法"的相关记载称为"叶淇变法说",并认为"叶淇变法说"的兴起与嘉靖初明王朝的内外政治局势有关。接下来,本文拟从关于"叶淇变法"的最早的记载出发,展开论述。

# 一、"叶淇变法"说四个文本初考察

目前所知,关于"叶淇变法"的最早记载有四种:一是王琼的《双溪杂记》;二是桂萼的《应制条陈十事疏》;三是桂萼的《进哈密事宜疏》;四是霍韬的《哈密疏》。②其实,将这四个文本综合起来考察可知:四个文本之间存在着某些关联。现对四个文本加以考察。

首先是王琼的《双溪杂记》,其文云:

> 弘治初,户部尚书叶淇与内阁徐溥同年最厚。淇,淮安人,盐商皆其亲识,因与淇言:"商人赴边纳粮,价少而有远涉之虞;在运司纳银,价多而得易办之便。"淇遂奏准,两淮运司盐课于运司开中,纳银解户部,送太仓银库收贮,分送各边。盐价银积至一百余万两,人以为利,而不知坏旧法也。盖洪武、永乐以来,天下盐课俱开中各边,上纳本色米、豆,商人欲求盐利,预于近边转运本色,以待开盐报中,故边方粟、豆无甚贵之时。今废商人赴边报中之法,虽曰得价多,而近边米、豆,无人

---

① 徐泓:《明代中期食盐运销制度的变迁》,《台湾大学历史学系学报》1975 年第 2 期。
② 藤井宏将《双溪杂记》和《哈密疏》当作"叶淇变法"说的源头,而孙晋浩则将《应制条陈十事疏》和《进哈密事宜疏》当作"叶淇变法"说的源头。两人都没有将这四个文本综合起来考察。参见[日]藤井宏:《明代盐商的一考察——边商、内商、水商的研究》,刘淼辑译:《徽州社会经济史研究译文集》,第 251、262—281、340 页;孙晋浩:《"叶淇改制"辨疑》。

买运,价遂腾涌。①

上文有几点值得注意。一是变法责任人,叶淇与徐溥共同负责。二是变法原因,叶淇与盐商私人情谊。三是变法所涉对象,两淮运司。四是变法内容,将开中法变为运司纳银。五是变法影响,短期来看,国库充盈;长期来看,边疆粮食价格上涨。王琼的《双溪杂记》成书于何时?据学者考证,此书大概撰于嘉靖元年(1522)至嘉靖六年(1527)之间,此时王琼因罪谪戍绥德。②

接下来是桂萼两疏。其《应制条陈十事疏》曰:

> 臣按盐商之纳边粮,自弘治以后,多准赴运司纳银,遂致边地不耕,廒仓尽废,军士被剥削之苦,商人被加价之累,灶户受抑勒之冤,其苦万状。……我朝自成化以前,未闻有解运司年例之银也。是时商人岁复一岁,相继在边买上粮料,以致耕者趋利,边地尽垦,上纳者不敢有折色之请,收散者无以施剥削之奸。城堡仓廒,增至数万。弘治初,户部尚书某,因与盐商亲识,遂建议以为:就边上料,价少而商人有远涉之虞,不若就运司纳银,价多而商人得易办之便。朝廷误从,遂更旧法。一时运司年例之银充满太仓银库。举朝皆以为利,不知坐是而少耕种之人,道路无买卖之积,城堡为之不守,廒仓为之日倾。③

桂萼此疏有几点值得注意:第一,变法责任人是弘治时的"户部尚书某"。第二,变法原因是"户部尚书"某与盐商的私人情谊。第三,变法内容是将开中法变为运司纳银制。第四,变法影响是运司纳银制实行初期,国库充盈,但是长久以后边储空虚。此疏对"户部尚书某"持批评态度,但并未指明是叶淇。该疏作于何时?笔者曾考订为嘉靖六年正月,且不晚于正月二十日,是应嘉靖帝访问民间疾苦的诏书而上。④

如果说桂萼在《应制条陈十事疏》中描述得较为模糊,还让人难以断定"户部尚书某"就是叶淇的话,那么他在《进哈密事宜疏》中则描述得更加清楚。其疏曰:

---

① 王琼:《双溪杂记》,王琼著,单锦珩辑校:《王琼集》,山西人民出版社1991年版,第22—23页。
② 胡吉勋:《〈双溪杂记〉与嘉靖初年朝政争议关系研究:"蜀党"、"封疆之狱"及王琼复出背景之探讨》,《中国文化研究所学报》2006年第46期;黄阿明:《王琼〈双溪杂记〉的版本及其文献价值》,《晋阳学刊》2006年第3期。
③ 桂萼:《应制条陈十事疏》,陈子龙等编:《明经世文编》卷一七九,中华书局1962年版,第1828—1829页。
④ 胡剑波:《明代叶淇形象变迁考论》,《长江文明》2018年第3期。

故近日霍韬所论,惟言边盐当复旧法一节,则是实事。臣尝考之,宣德、正统间,天下盐商尽在三边输纳本色草料米粟,其价甚轻。而户部并无收银转解之法,此所以边粟益多,边农益增,而天下盐价亦贱,中外咸受其利。所以三边安固而居民充实。自弘治初,徐溥在内阁,叶淇为户部尚书,因与扬州盐商至亲,遂改此法,以致中国盐贵,而年利【例】之银,尽归边官,其三边屯农粮料为之大耗。臣尝建言于灾异本中,而韬之所访,则与臣合,为得其实。①

在此疏中,桂萼明确将弘治初的徐溥、叶淇作为变法责任人,变法的原因是叶淇与扬州盐商的私交,变法的内容是将盐法由开中法变为运司纳银制,并由户部收银转解边疆,变法的影响是造成边储空虚、盐价上涨。前人将此疏所作时间定为嘉靖六年,②而本文定在嘉靖七年十一月以后不久,③因需用到霍韬《哈密疏》,故后面再作论证。

接下来是霍韬的《哈密疏》,其疏曰:

昔我太宗皇帝之供边也,悉以盐利。其制盐利也,盐一引输边粟二斗五升,是故富商大贾,悉于三边自出财力,自招游民,自垦边地,自艺菽粟,自筑墩台,自立保伍,岁时屡丰,菽粟屡盈。至天顺、成化年间,甘肃、宁夏粟一石,易银二钱。时有计利者曰:商人输粟二斗五升,支盐一引,是以银五分,得盐一引也。请更其法,课银四钱二分,支盐一引,银二钱,得粟一石,盐一引,得粟二石,是一引之盐致八引之获也。户部以为实利,遂变其法,凡商人引盐,悉输银于户部。间有输粟之例,亦屡行屡止,且虽输粟,亦非复二斗五升之旧矣。商贾耕稼,积粟无用,辍业而归。墩台遂日颓坏,堡伍遂日崩析,游民遂日离散,边地遂日荒芜。戎虏入寇,一遭兵创,生齿日遂凋落,边方日遂困散。今千里沃壤,莽然蓁墟,稻米一石,直银五两。皆盐法更弊之故也。④

霍韬描述的"变法"可概括为四点:第一,变法责任人是户部;第二,变法原因是官府有利可图;第三,变法内容是盐法从开中法转变为运司纳银;第四,变法影响是边疆荒芜、粮价上涨、边储空虚。值得注意的是,霍韬的描述与王琼、桂萼的描述有三点差别。一是变法时间,桂萼、王琼认为是弘治初年,而霍韬则定在了天顺、成化年间;二是变法主导

---

① 桂萼:《进哈密事宜疏》,《文襄公奏议》卷五,《四库全书存目丛书·史部》第60册,齐鲁书社1996年版,第132—133页。
② 胡吉勋:《〈双溪杂记〉与嘉靖初年朝政争议关系研究:"蜀党"、"封疆之狱"及王琼复出背景之探讨》。
③ 孙晋浩认为此疏写于嘉靖七年年底,但未作出说明。参见孙晋浩《"叶淇改制"辨疑》。
④ 霍韬:《哈密疏》,陈子龙等编:《明经世文编》卷一八六,中华书局1962年版,第1913页。

者,桂萼、王琼确指叶淇,而霍韬则描述为户部,未指明是何人;三是霍韬奏疏多了关于开中法与运司纳银的利益的具体计算。为什么王琼、桂萼的说法与霍韬的说法会有如此大的差别呢？本文认为是因为他们对前人观点的理解不同。对此,后文再作阐述。

霍韬《哈密疏》应当写于嘉靖七年十一月,藤井宏已作考证,不再赘述。①

如前所述,本文认为桂萼《进哈密事宜疏》应作于嘉靖七年十一月以后不久,现展开论述。该疏开头署"少保臣桂萼",则此疏当是其加少保衔之后所作,考之实录,桂萼加少保衔事系于嘉靖七年六月辛丑条,则此疏时间不晚于嘉靖七年六月。②另,桂萼此疏为讨论哈密事宜(即吐鲁番以归还哈密为条件,请求恢复通贡事)而作,而嘉靖八年四月嘉靖帝接受王琼建议准许吐鲁番通贡,哈密事宜基本得到解决,故此疏所作时间当不早于嘉靖八年四月。③再则,如前所引,该疏中有"故近日霍韬所论,惟言边盐当复旧法一节,则是实事""臣尝建言于灾异本中,而韬之所访,则与臣合",这两句提到的霍韬论盐法的奏疏,当为《哈密疏》。因为《哈密疏》与此疏观点相近,都主张盐法应恢复"旧法",且两疏都为探讨哈密事宜而作,联系紧密,而霍韬《哈密疏》写于嘉靖七年十一月,时间也吻合,则此疏当在霍韬上《哈密疏》后不久。故本文认为桂萼《进哈密事宜疏》应作于嘉靖七年十一月以后不久。

将四个文本综合考察,可以发现它们之间存在一些联系。如前所示,综合桂萼的《应制条陈十事疏》和《进哈密事宜疏》,与《双溪杂记》比较,其相似度有些惊人:内容上自不必说——关于"叶淇变法"的责任人、原因、内容、涉及对象、影响皆基本相同,某些字句上更是雷同。前揭《应制条陈十事疏》曰:"弘治初,户部尚书某,因与盐商亲识,遂建议以为:就边上料,价少而商人有远涉之虞,不若就运司纳银,价多而商人得易办之便。"④

前揭《双溪杂记》曰:"弘治初,户部尚书叶淇与内阁徐溥同年最厚。淇,淮安人,盐商皆其亲识,因与淇言:'商人赴边纳粮,价少而有远涉之虞,在运司纳银,价多而得易办之便。'"⑤

通过比较可以发现,两者字句极为相似,应该存在某种联系。如上所考,桂萼的《应制条陈十事疏》作于嘉靖六年正月,桂萼《进哈密事宜疏》作于嘉靖七年十一月以后不久,而王琼的《双溪杂记》作于嘉靖元年到六年之间。从时间上看,似乎桂萼参考王琼的可能

---

① [日]藤井宏:《明代盐商的一考察——边商、内商、水商的研究》,刘淼辑译:《徽州社会经济史研究译文集》,第268页。
② 桂萼:《进哈密事宜疏》,《文襄公奏议》卷五,《四库全书存目丛书·史部》第60册,第128页;《明世宗实录》卷八十九,嘉靖七年六月辛丑,(台)"中央研究院"历史语言研究所1962年,第2005页。
③ 田澍:《嘉靖革新研究》,中国社会科学出版社2002年版,第223—229页。
④ 桂萼:《应制条陈十事疏》,陈子龙等编:《明经世文编》卷一七九,第1829页。
⑤ 王琼:《双溪杂记》,王琼著,单锦珩辑校:《王琼集》,第22页。

性更大。

桂萼在《进哈密事宜疏》中专门提及霍韬《哈密疏》，也暗示它们之间存在隐秘的联系。

四个文本之间具体是如何联系的呢？如果按照时间顺序，将四个文本放回到具体的历史场景中，可以发现：这四个文本和嘉靖初以张璁、桂萼为代表的议礼新贵集团与杨廷和集团的政治斗争有关。

## 二、嘉靖初政争与"叶淇变法说"的提出

### （一）《双溪杂记》《应制条陈十事疏》与"封疆之狱"

所谓"封疆之狱"，是指嘉靖六年议礼新贵集团借甘肃边疆危机打击杨廷和集团的政争事件。①该事件属于"大礼议"所引发的长期政争过程中的重要一环，但因事涉隐秘，以前未引起学界足够的重视。②该事件起因是正德时期吐鲁番占领哈密，对明代西北边疆造成巨大压力，明廷多次派彭泽等人前往经营，但是未见成效，反而招致嘉靖三年吐鲁番入侵甘肃，引发严重的甘肃边疆危机。嘉靖六年正月原锦衣卫百户王邦奇两次上疏，以此事攻击杨廷和（原为内阁首辅，时已致仕）、彭泽（原任兵部尚书，时已致仕）、费宏（时为内阁首辅）、石瑶（时为内阁大学士）等人，挑起关于甘肃边疆危机事件的争论。

姚胜认为，王邦奇的上奏可分为两个阶段：第一阶段是王邦奇个人的上奏，主要攻击杨廷和、彭泽等人；第二阶段是张璁、桂萼等人主使王邦奇攻击政治对手费宏、石瑶袒护杨廷和等人。③胡吉勋则敏锐地注意到《双溪杂记》和王邦奇第一次奏疏的关系，认为第一阶段王邦奇的上奏得到了王琼的帮助。④不过，姚、胡二人在重建第一阶段王邦奇上奏史实时，都未注意到桂萼的《应制条陈十事疏》。实际上，如果将嘉靖六年正月的《应制条陈十事疏》纳入第一阶段王邦奇上奏事的考察中，关于"封疆之狱"的叙事或许需要一定程度地改写。

---

① 胡吉勋：《〈双溪杂记〉与嘉靖初年朝政争议关系研究："蜀党"、"封疆之狱"及王琼复出背景之探讨》。
② 关于"封疆之狱"研究的学术梳理，参见姚胜：《明代吐鲁番与"大礼议"研究》，九州出版社2019年版，第15—16页。
③ 姚胜：《明代"大礼议"与"封疆之狱"关系初探》，硕士学位论文，中央民族大学历史文化学院，2003年，转引自胡吉勋：《〈双溪杂记〉与嘉靖初年朝政争议关系研究："蜀党"、"封疆之狱"及王琼复出背景之探讨》。
④ 胡吉勋还注意到《双溪杂记》与《进哈密事宜疏》的联系，不过因为他对《进哈密事宜疏》成书时间考证有误，所以他认为王琼是在王邦奇上奏之后，才与桂萼产生联系的。参见胡吉勋：《〈双溪杂记〉与嘉靖初年朝政争议关系研究："蜀党"、"封疆之狱"及王琼复出背景之探讨》。

如前所述,桂萼《应制条陈十事疏》与王琼《双溪杂记》存在联系,而王琼《双溪杂记》又与王邦奇第一次奏疏存在联系,这不由得让人怀疑其实桂萼、王琼、王邦奇等人从王邦奇第一次上疏时便已经预谋好了。严从简《殊域周咨录》卷13保存了王邦奇的奏疏,方便我们认识三者之间的关系。其一是王琼《双溪杂记》与王邦奇奏疏的关系。将王琼《双溪杂记》关于吐鲁番事的记载与王邦奇奏疏做对比,可以发现,两者意思大概相同。①值得注意的是,王邦奇奏疏称:他在嘉靖四年十月十九日便已经上过类似的奏疏,只是被杨廷和之子杨惇拦下来了,②而王琼《双溪杂记》所记甘肃边疆危机事件止于嘉靖四年六月兵部尚书金献民致仕事。③也就是说,王琼在嘉靖四年写好关于甘肃边疆危机事件的记载后不久就交与王邦奇,由其上疏攻击杨廷和、彭泽等人。其二是《应制条陈十事疏》与王邦奇奏疏的关系。我们已知桂萼《应制条陈十事疏》是嘉靖六年正月二十日之前应嘉靖帝诏书而上,而据姚胜考证,王邦奇第一次奏疏上疏时间在嘉靖六年正月十九日之前,④也是应"求直言"的诏书而上。⑤王邦奇奏疏攻击彭泽等处置边事失当而杨廷和包庇彭泽并矫诏妄杀吐鲁番使者写亦虎仙,桂萼《应制条陈十事疏》中也批评该事,不过未直呼杨廷和名,而以"某"代之。⑥也即是说,嘉靖六年正月时,王邦奇、桂萼两人同时上疏攻击杨廷和等人,一个明言,一个暗指,这似乎是一次有组织的行动。综合来说,嘉靖四年十月王琼、王邦奇便已合作以甘肃边疆事攻击杨廷和、彭泽等人,不过被杨廷和集团阻拦下来,后来议礼新贵集团加入,在嘉靖六年正月时,趁着嘉靖帝诏求直言的时机,王琼、王邦奇、桂萼等人合作上疏再次以甘肃边疆危机事攻击杨廷和、彭泽等人。

不过,值得注意的是,嘉靖六年正月时,杨廷和、彭泽等人已经致仕,王邦奇、王琼、桂萼等人为何还要穷追猛打呢?

王邦奇原为锦衣卫百户,正德十六年在杨廷和主持的裁革冗员行动中被削级,后试图复职,又为彭泽所阻,因此对杨廷和、彭泽怀恨在心,一直伺机报复,并试图恢复旧职。王琼在正德时期以哈密事件构陷政敌彭泽,为舆论所不容,正德十六年与杨廷和政争失

---

① 严从简著,余思黎点校:《殊域周咨录》,卷十三《土鲁番》,中华书局1993年版,第454—456页;王琼:《双溪杂记》,王琼著,单锦珩辑校:《王琼集》,第32—38页。
② 严从简著,余思黎点校:《殊域周咨录》,卷十三《土鲁番》,第456页。
③ 胡吉勋:《〈双溪杂记〉与嘉靖初年朝政争议关系研究:"蜀党"、"封疆之狱"及王琼复出背景之探讨》;《明世宗实录》卷五十二,嘉靖四年六月丁酉,第1302页。
④ 姚胜:《明代吐鲁番与"大礼议"研究》,第22页注1。
⑤ 严从简著,余思黎点校:《殊域周咨录》,卷十三《土鲁番》,第454页。
⑥ 严从简著,余思黎点校:《殊域周咨录》,卷十三《土鲁番》,第454—455页;桂萼:《应制条陈十事疏》,陈子龙等编:《明经世文编》卷一七九,第1828页。

利,流成绥德,一直通过各种途径攻击杨廷和集团,并试图重回政坛。在流成期间,其写作了政治偏向性极强的《双溪杂记》,里面充斥了对杨廷和集团的批评。①王琼两次通过王邦奇挑起甘肃边疆危机事件的争论,也存在为自己翻案,重回政坛的动机。

不过,桂萼等议礼新贵此时已渐居显位,似乎没有必要再对杨廷和等人穷追不舍,其应当另有目的。实际上,经过嘉靖三年杨廷和致仕及"左顺门"事件后,尽管杨廷和集团受到打击,但是朝中"抗礼"势力仍然强大。②以费宏为首辅的内阁,一方面对"抗礼"众臣诸多回护,另一方面对张璁等大礼新贵并无好感,处处抑制,而张璁、桂萼等也多次弹劾费宏,双方矛盾尖锐,王世贞甚至认为桂萼、张璁"恨(费)宏甚于恨杨廷和"。③所以桂萼等人此时的目标应该是费宏等内阁中的反对势力,而他们借甘肃边疆危机事件攻击杨廷和、彭泽等人,更像是围点打援的政治预谋,醉翁之意不在酒。

实录载王邦奇上奏事曰:

> 锦衣卫带俸署百户王邦奇,以传升千户,遇诏削级。邦奇以诏出大学士杨廷和手,深怨望之;及奏复旧职,又为兵部尚书彭泽所抑,故又怨泽。乃上疏陈边事言:"今哈密失国,番夷内侵,由泽总督甘肃时赂番求和,邀功启衅及廷和草诏论杀写亦虎仙所致。宜诛此两人,更选大臣兴复哈密,则边事尚可为。"疏下兵部勘状,部议未具。邦奇复上言:"大学士费宏、石瑶,俱廷和奸党,得奏欲为弥缝,尝夜过杨一清问计,议论不合而出;而廷和之子兵部主事惇,藏匿旧牍,令前后奏词皆不得验;其义男侍读叶桂章、塙修撰余承勋,及彭泽弟彭冲等,又为交通请托。"时章册封府未还。上命下惇等狱,令廷臣会鞫之,桂章等械系来。④

王邦奇第一次上奏主要以甘肃边疆危机事件攻击杨廷和、彭泽,当兵部还未对此作出回应之时,其便连忙第二次上奏攻击试图救护杨廷和的费宏、石瑶等人,并称他们为"廷和奸党"。王邦奇的攻击抓住了甘肃边疆危机、杨廷和、朋党等敏感词汇,引起了嘉靖帝极大的兴趣而下令彻查。杨廷和、彭泽的亲友也因此受到冲击。

实录未载嘉靖帝如何处置费宏、石瑶、杨一清等人。不过,王邦奇第二次上疏后,杨

---

① 胡吉勋:《〈双溪杂记〉与嘉靖初年朝政争议关系研究:"蜀党"、"封疆之狱"及王琼复出背景之探讨》。
② 关于嘉靖"大礼议"斗争经过,参见李洵:《"大礼议"与明代政治》,《东北师大学报》(哲学社会科学版)1986年第5期。
③ 王世贞:《嘉靖以来首辅传》卷一《费宏》,景印文渊阁《四库全书》第452册,台湾商务印书馆1986年版,第432页。关于双方争斗的详细梳理,参见王蕊:《费宏二次入阁研究》,硕士学位论文,西北师范大学历史文化学院2016年,第66—84页。
④ 《明世宗实录》卷七十三,嘉靖六年二月己未,第1644—1645页。

一清连上三疏撇清关系,其中反映了一些信息。杨一清《论王邦奇指斥大臣奏对(一)》曰:

> 昨日,伏蒙发下锦衣卫百户王邦奇奏本。内开:本月二十日,大学士费宏、石瑶夜间到于臣一清家内,商议伊本内事情。……切缘王邦奇先次本下之时,臣等四人公同拟票,上请定夺。公事公处,岂有私言。且臣等每日午后,出阁回家,抵暮,辄将宅门锁闭,不接宾客,并无夤夜往来之事。况秘阁严密,日逐聚会,若有所论,尽可尽言,何必夤夜相遇,自涉嫌疑。各官一出,跟随承差、官吏、皂隶人等数多,众目所睹,岂能相掩。王邦奇所言,委无根据,臣不敢不从实具奏。……伏望皇上,天地包容,乞敕三法司、锦衣卫,止将甘肃夷情官员人犯鞫问,其费宏等私家事情免行提究,以全优待辅臣之体。费宏幸甚,臣等幸甚!①

此疏是杨一清于正月二十九日与另一内阁成员贾泳所上。②从中可知,王邦奇指控费宏、石瑶于正月二十日到杨一清家中,商议其第一次上疏指控杨廷和、彭泽事,意图救护。杨一清于正月二十九日上奏,坚决否认此事,并请求嘉靖帝不要追究"费宏等私家事情"。其后,杨一清《论王邦奇指斥大臣奏对(二)》中提到:"又闻将费宏、石瑶本月十九日、二十日跟随承差、皂隶人等严刑鞫问,未审曾问出何情"③,可知嘉靖帝并未应允杨一清的请求,而是将费宏、石瑶的跟班人员拿来严刑拷问。杨一清因此再上两疏澄清,为费宏、石瑶辩护,并委婉地以辞职相威胁。④费宏、石瑶等人也因王邦奇之奏而上疏"乞休"。⑤也即,王邦奇第二次上奏,将费宏、石瑶牵连进来,嘉靖帝已经对此二人有所怀疑并拷问其跟班人员,另外两名内阁成员杨一清和贾泳为费宏、石瑶辩白,也卷入其中,而当时的内阁由这四人组成。

费宏、石瑶到底有无夜过杨一清家与之商议救护杨廷和等人事,或者他们到底有没有采取过相关措施?限于史料且事涉幽秘,现已不得而知。不过,费宏等人此前对"抗礼"众臣诸多回护,同时对议礼新贵集团并无好感,不愿看到议礼新贵对杨廷和集团穷追

---

① 杨一清:《论王邦奇指斥大臣奏对(一)》,《阁谕录》卷一《奏对》,杨一清著,唐景绅、谢玉杰点校:《杨一清集》,中华书局2001年版,第827—828页。
②③ 杨一清:《论王邦奇指斥大臣奏对(二)》,《阁谕录》卷一《奏对》,杨一清著,唐景绅、谢玉杰点校:《杨一清集》,第828页。
④ 杨一清:《论王邦奇指斥大臣奏对(二)》,《阁谕录》卷一《奏对》,杨一清著,唐景绅、谢玉杰点校:《杨一清集》,第828—829页;杨一清:《论王邦奇指斥大臣奏对(三)》,《阁谕录》卷一《奏对》,杨一清著,唐景绅、谢玉杰点校:《杨一清集》,第830—831页。
⑤ 《明世宗实录》卷七十三,嘉靖六年二月癸亥,第1647页。

猛打的情况出现,似在情理之中。所以议礼新贵集团才能开展围点打援的政治行动,将费宏、石瑶与杨廷和列为"奸党",使嘉靖帝疑忌二人。

此案历经曲折,最终费宏、石瑶于嘉靖六年二月致仕,杨惇等人也受到惩罚,而杨廷和、彭泽等人却暂时未受到冲击。[1]同时,因为王琼在此案中贡献了自己《双溪杂记》中的一些材料,议礼新贵集团投桃报李,在嘉靖六年五月以后多次举荐王琼,[2]王琼也于嘉靖六年七月复职听用,并于嘉靖七年二月出任提督三边兵部尚书,处理甘肃边疆危机。[3]

此案是议礼新贵集团与杨廷和集团势力消长的转折点,此前张璁是兵部左侍郎、桂萼是詹事府詹事;此后,张璁、桂萼相继入阁,内阁中已无"抗礼"之臣。正如姚胜所说,"封疆之狱"刷洗了"'抗礼'内阁,建立拥护皇帝主张的新内阁"。[4]同时,此案为议礼新贵集团今后清理杨廷和集团残余势力提供了一个模板,即以甘肃边疆危机事件打击对手,霍韬《哈密疏》和桂萼《进哈密事宜疏》也可以放在这个脉络来理解。

(二)《哈密疏》《进哈密事宜疏》与户部尚书邹文盛的致仕

邹文盛,弘治六年进士,正德十六年上疏反对嘉靖帝为其生父兴献帝加"皇"号,为杨廷和集团成员。[5]其于嘉靖六年四月接替秦金任户部尚书。[6]

如前所考,《哈密疏》和《进哈密事宜疏》两疏写作时间在嘉靖七年十一月左右,此时议礼新贵集团在政治上已处上风。在此之前的嘉靖七年初,议礼新贵集团已经利用甘肃边疆危机事件清洗了彭泽、陈九畴等四十多位官员。[7]嘉靖七年六月,《明伦大典》纂成,嘉靖帝对"大礼议"事件中的"抗礼"诸臣议罪,盖棺定论,议礼斗争暂告一段落。[8]张璁、桂萼、方献夫、霍韬等人则因议礼之功,身居高位。[9]

邹文盛为杨廷和集团成员,但因"才器老成"而受到嘉靖帝的信赖,[10]暂时未受到冲击。不过,可以想见,身处嘉靖七年这样的政治环境中,邹文盛处境较为尴尬,难以展开

---

[1] 姚胜:《明代吐鲁番与"大礼议"研究》,第22—26页。
[2] 关于桂萼、霍韬、张璁等人举荐王琼事,参见胡吉勋:《〈双溪杂记〉与嘉靖初年朝政争议关系研究:"蜀党"、"封疆之狱"及王琼复出背景之探讨》。
[3] 《明世宗实录》卷七十八,嘉靖六年七月庚寅,第1729—1740页;《明世宗实录》卷八十五,嘉靖七年二月丙辰,第1929页。
[4] 姚胜:《明代吐鲁番与"大礼议"研究》,第19页。
[5] 《明世宗实录》卷九,正德十六年十二月乙巳,第352—355页。
[6] 《明世宗实录》卷七十五,嘉靖六年四月丙辰,第1677页。
[7] 该事件经过,参见牟复礼、崔瑞德编:《剑桥中国明代史》,中国社会科学出版社1992年版,第495页。
[8] 李洵:《"大礼议"与明代政治》。
[9] 《明世宗实录》卷八十九,嘉靖七年六月辛丑,第2005—2006页;《明世宗实录》卷八十九,嘉靖七年六月甲子,第2043—2044页。
[10] 《明世宗实录》卷九十五,嘉靖七年十一月己未,第2118页。

手脚。《明世宗实录》评价他"内持风节而外踆踆若庸人"①,实录从性格出发而有此论,但恐怕在当时的政治环境中,他也不得不如此。邹文盛于嘉靖七年多次上疏乞休。②嘉靖七年九月邹文盛犯了一个严重的政治错误:其上奏中提及嘉靖帝生父仍称"兴献帝"。其实早在嘉靖三年三月嘉靖帝已将自己的父亲升格为"恭穆献皇帝",并于嘉靖七年七月改为"恭睿献皇帝"。③结合邹文盛曾经反对为"兴献帝"加"皇"号的事实来看,颇疑其是故意为之,变相表达自己的不满。不过令人意外的是,嘉靖帝并未严惩,只是罚俸二月了事。随后邹文盛又接连上疏乞休,仍未获准。④总的来看,嘉靖七年的邹文盛因"抗礼"之臣的身份,已经十分不安其位了。

另外,嘉靖七年十一月,甘肃边疆危机事件也有了变化。自嘉靖三年九月吐鲁番入侵甘肃后,明廷采纳陈九畴、金献民等人的建议,对吐鲁番采取闭关绝贡的政策。其后吐鲁番主动求和,愿归还哈密以求通贡,明廷疑惧,未能应允。嘉靖七年二月,王琼出任提督三边兵部尚书后,力主开关通贡之策。嘉靖七年十一月,王琼将吐鲁番悔罪求和的文书译本送至朝廷,并请求朝廷批准吐鲁番"照旧通贡",引发群臣讨论。⑤霍韬《哈密疏》和桂萼的《进哈密事宜疏》正是因此而上。

霍韬《哈密疏》态度谨慎,怀疑吐鲁番并非真心求和,同时分析了甘肃边疆防卫力量薄弱的原因。⑥概而言之,霍韬认为当时哈密之所以失而不得,是因为甘肃边防力量薄弱,甘肃边防力量薄弱的原因在于甘肃粮价昂贵,边储空虚,"军士空腹",边储空虚的原因则在于"户部变法"改开中法为运司纳银制,以致商屯破坏,而开中法难以恢复的原因则是户部贪图运司纳银所得的"耗银之利",即"输粟于边,利归边民,输银于户部,利归户部",户部诸人"下自吏胥皂卒,上而郎署卿佐"纷纷"蚕食饵利"⑦。霍韬此论,将甘肃边疆危机与当时户部实行的运司纳银制联系在一起,而对户部提出尖锐的批评。

桂萼《进哈密事宜疏》则认为甘肃边疆危机事件的主要问题"不在关门闭与不闭,惟在内治修与不修",主张恢复通贡,为重振边备提供和平的环境。⑧桂萼分析了甘肃边备的

---

① 《明世宗实录》卷二〇二,嘉靖十六年七月己巳,第4235页。
② 《明世宗实录》卷八十五,嘉靖七年二月丁巳,第1933页。《明世宗实录》卷九十一,嘉靖七年八月乙丑,第2103页。
③ 《明世宗实录》卷三十七,嘉靖三年三月丙寅,第917页;《明世宗实录》卷九十,嘉靖七年七月己卯,第2059页;《明世宗实录》卷九十二,嘉靖七年九月己卯,第2114页。
④ 《明世宗实录》卷九十二,嘉靖七年九月辛巳,第2115页;《明世宗实录》卷九十五,嘉靖七年十一月己未,第2118页。
⑤ 《明世宗实录》卷九十五,嘉靖七年十一月丙午,第2206—2207页。
⑥ 霍韬:《哈密疏》,陈子龙等编:《明经世文编》卷一八六,第1911—1914页。
⑦ 霍韬:《哈密疏》,陈子龙等编:《明经世文编》卷一八六,第1913—1914页。
⑧ 桂萼:《进哈密事宜疏》,《文襄公奏议》卷五,《四库全书存目丛书·史部》第60册,第128—133页。

情况,认为甘肃边事存在"地方疲敝""粮储空虚""兵马寡弱"三个难题,并提出了"屯田积粮"、恢复开中法的建议。其中,他批判"叶淇变法",支持霍韬关于"边盐当复旧法"的看法,并认为"今日所欲议拟兴修,莫有大于此者。而复之亦有渐,则在户部得人计处而已"。①桂萼同样将哈密事件与"叶淇变法"、户部联系在一起,暗示户部现在不"得人",需要换人"计处"。

如是观之,桂萼所谓"韬之所访,则与臣合"之语,恐怕别有深意:霍、桂二人一起将矛头对准户部,直指时任户部尚书邹文盛。随后,邹文盛上疏乞休,嘉靖帝批准了。②而继任的户部尚书梁材,嘉靖初一直外任地方,未卷入"大礼议"中。③

简言之,整个过程是霍韬《哈密疏》、桂萼《进哈密事宜疏》利用甘肃边疆危机事件,通过甘肃边疆危机—边备薄弱—边储空虚—"叶淇变法"\"户部变法"——户部的逻辑关系,将甘肃边疆危机与当时的户部连在一起,批评户部,以此攻击杨廷和集团残余势力户部尚书邹文盛,使嘉靖帝批准其致仕。

从总体上看,"叶淇变法说"走上历史舞台的过程是嵌入嘉靖初议礼新贵集团与杨廷和集团的政治斗争过程中的,即王琼在流戍绥德、写作政治目的性极强的《双溪杂记》时,提出了"叶淇变法说"。此后,王琼参与到议礼新贵集团与杨廷和集团的政争中,将自己的"叶淇变法说"传播给了桂萼作为参考资料。桂萼在两次利用甘肃边疆危机事件打击杨廷和集团的过程中提及"叶淇变法",将"叶淇变法说"推上历史舞台。不过,本文并不认为"叶淇变法说"是王琼等人为了进行政争而编造出来的。实际上,最先提出"叶淇变法说"的王琼,正德时曾受命整理两淮盐法,其后又出任户部尚书,对盐政相当熟悉,其说当有其依据,不宜轻易否定。

在以上的分析中,本文回答了"叶淇变法说"是如何走上历史舞台的问题。不过,"叶淇变法说"为什么会被人们广泛接受呢?本文认为与甘肃边疆危机对明王朝的刺激有关。

## 三、甘肃边疆危机与"叶淇变法说"的兴起

所谓的甘肃边疆危机是指嘉靖三年吐鲁番三万骑兵包围肃州城、抢掠甘州事件所引发的边疆危机。甘肃边疆危机又是与哈密之争联系在一起的。具体来说,哈密地区作为瓦剌、明王朝、吐鲁番三者的缓冲地带,自明初起便一直间接地掌握在明王朝的手中。永

---

① 桂萼:《进哈密事宜疏》,《文襄公奏议》卷五,《四库全书存目丛书·史部》第60册,第133页。
② 《明世宗实录》卷九十六,嘉靖七年十二月辛巳,第2239页。
③ 张廷玉等:《明史》卷一九四《梁材传》,中华书局1974年版,第5149页。

乐时期，明王朝在哈密地区设置哈密卫，并封其首领为忠顺王，实行羁縻统治。正统以后，随着瓦剌、吐鲁番不断强大，三方在哈密地区的争夺日渐激烈，其中尤以明王朝与吐鲁番的争夺最为持久和激烈。正德以后，吐鲁番在与明王朝的哈密之争中逐渐占据优势，控制了哈密地区，并且以此为跳板，不时地进攻明王朝的西北边疆。①嘉靖三年吐鲁番进攻甘肃镇就是其中最严重的事件。

嘉靖三年吐鲁番进攻甘肃镇的事件引起朝野震动和反思。官员们意识到甘肃边疆危机不仅是因为吐鲁番的强大，同时也是因为甘肃镇的防御能力比想象中薄弱很多。嘉靖三年处理甘肃边疆危机的杨一清说："今甘肃地方兵马寡少，钱粮空乏，城堡无金汤之固，战马无充厩之良。原额戎伍，逃亡接踵，而其名徒存；见在军人，饥寒困惫，而其形徒在。己且未治，何以治人？内之不安，何能攘外？"②甘肃镇兵马寡弱、粮草缺乏的现状使得官员们纷纷反思其原因。而当时甘肃粮价高涨是一个严重的问题，使得官员们对用年例银籴粮的局限性有了深刻的认识。杨一清便道："朝廷间发内帑给之，亦不过即籴所在之粟入所在仓廪而已，而境内布种不广，别无辇致，虽有官银无从籴入，以故谷价腾踊，日异月殊。"③

因此，官员们对年例银如何兴起以及年例银的缺陷等问题极为感兴趣，而"叶淇变法说"正提供了一个答案。王琼的"叶淇变法说"认为，年例银是成化八年余子俊巡抚山西时开始的，但在叶淇变法前，"数皆不多"。自叶淇变法实行运司纳银制后，"盐价银积至一百余万两"，使得年例银的规模大大扩张。王琼因此对叶淇变法进行猛烈批判，认为叶淇变法前"天下盐课俱开中各边，上纳本色米、豆，商人欲求盐利，预于近边转运本色，以待开盐报中，故边方粟、豆无甚贵之时"，而叶淇变法后，"废商人赴边报中之法，虽曰得价多，而近边米、豆，无人买运，价遂腾涌"，并感叹道"六部政本少有差错，贻弊如此"。④王琼主张禁止运司纳银制，维护开中法。嘉靖六年正月和嘉靖七年十一月以后不久，桂萼在两次讨论甘肃边疆危机事件中，承袭了王琼的看法，对叶淇变法提出尖锐批评，认为当时甘肃"粮料之贵数倍于旧"主要是因为叶淇变法，主张恢复开中法。⑤相较于王琼，

---

① 关于哈密之争的来龙去脉，参见田卫疆：《论明代哈密卫的设置及其意义》，《西北民族学院学报》（哲学社会科学版）1988年第1期；刘国防：《明朝的备边政策与哈密卫的设置》，《西域研究》1998年第4期；田澍：《明代哈密危机述论》，《中国边疆史地研究》2002年第4期。
② 杨一清：《为传报回贼声息事》，《关中奏议》卷十三《提督类》，杨一清著，唐景绅、谢玉杰点校：《杨一清集》，第489页。
③ 《明世宗实录》卷八十四，嘉靖七年正月丙申，1903页。
④ 王琼：《双溪杂记》，王琼著，单锦珩辑校：《王琼集》，第22—23页。
⑤ 桂萼：《应制条陈十事疏》，陈子龙等编：《明经世文编》卷一七九，第1828—1829页；桂萼：《进哈密事宜疏》，《文襄公奏议》卷五，《四库全书存目丛书·史部》第60册，第132—133页。

桂萼更加极端,在《应制条陈十事疏》论及"叶淇变法"时,其气愤地指斥道"始为年例之银者,其无后乎"。①

其实,批判运司纳银、以年例银籴粮的做法并不始于王琼等人。明初以来实行开中法,商人一般在近边地区买粮然后到边疆地区上纳,以换取官府的支盐凭证,然后到盐运司支盐。成化以后,逐渐兴起运司纳银的做法,即商人只需在盐运司纳银便可获得支盐凭证,而无需再经过边方纳粮的程序,盐运司将商人上纳的银两上交户部,由户部转运给边镇以供籴粮之用。运司纳银的做法因为手续简便,大受盐商们的欢迎。随着运司纳银制的推行,官员们对于运司纳银、以年例银籴粮的批判也逐渐出现。弘治元年时,校尉胡余庆便上疏批判"运司纳银",认为该做法容易导致边镇地区"饥寒之时,虽富有银货"而无用武之地的困境。②其后,弘治十四年,巡盐御史冯允中上疏再次批判"运司纳银",认为边方开中,无人报纳,都是因为"运司纳银",因此请求禁止"运司纳银"。③王琼本人在正德二年奉命整理两淮盐法时也认为,"边饷不可不预为之备,欲备边饷不可不开中本色粮草",因此上疏请求既将开中法常态化,且禁止运司纳银,"申明定制,示以永久",防止商人观望而不参与开中。④不过,当时王琼还未将叶淇与运司纳银制联系起来。由此可见,王琼的"叶淇变法说"是对弘治以来反对运司纳银制的政治主张的继承和发展。

至此,本文可以回答前文提到的问题:为什么王琼、桂萼对于"叶淇变法"的论述与霍韬的论述有些区别呢?可能是因为在官员中间一直存在着对于运司纳银制的各种批判,王琼所提"叶淇变法说"只是其中的一种说法,霍韬继承了前人的一些说法并形成了自己的看法。相比较而言,前人和霍韬的说法比较模糊,只知道成化、弘治时期兴起了运司纳银制,但并不清楚是由谁制定的。而王琼则明确地将运司纳银制的兴起归结为叶淇变法。

正因为王琼的"叶淇变法说"提供了明确的批判对象,因此"叶淇变法说"大受人们的欢迎而被人转录。嘉靖时陈洪谟的《继世纪闻》、万表的《灼艾别集》便抄录了此说。⑤

同时也因为"叶淇变法说"的兴起,朝廷形成了禁止运司纳银制,维护开中法的共识。嘉靖八年朝廷规定"今后各边开中淮浙等引盐,俱要查照旧例,召商上纳本色粮料草束,

---

① 桂萼:《应制条陈十事疏》,陈子龙等编:《明经世文编》卷一七九,第1828页。
② 王琼:《户部奏议》,《原国立北平图书馆甲库善本丛书》第218册,国家图书馆出版社2013年版,第39页。
③ 王琼:《户部奏议》,《原国立北平图书馆甲库善本丛书》第218册,第39页。
④ 王琼:《户部奏议》,《原国立北平图书馆甲库善本丛书》第218册,第37—40页。
⑤ 陈洪谟:《继世纪闻》卷二,《元明史料笔记丛刊》,中华书局1985年版,第82—83页;万表:《灼艾别集》卷二,《续修四库全书》第1188册,上海古籍出版社1996年版,第317页。

不许折纳银两"。①这次规定取得了一些效果,《明史·食货志》记载"嘉靖八年以后,稍复开中"②。

当然,明中后期年例银的增加是一个复杂的问题,原因众多,不仅包括开中法的折银,还包括粮食市场的发展、民运粮的改折、屯田制度的败坏等等。③复兴开中法,并没有阻止年例银的急剧增加。不过,王琼等人将叶淇变法和年例银联系起来的做法被后世广为接受和传播。④随着年例银的日渐增加,"叶淇变法说"的流传也越来越广。⑤而随着"叶淇变法说"的广为流传,叶淇的形象也逐渐污化:从赠"太子太保"而光荣辞世的户部尚书,逐渐变为犯有"误国之罪"的"国之蠹"。⑥

## 四、结　语

明中后期国家社会发生的变化历来是学者们所关注的重大问题。"叶淇变法"因其与白银、财政、边政等诸多问题相关,对于阐释明中后期国家、社会的变化,具有重要的意义,经常被学者们关注和提及。不过,"叶淇变法"的一个有趣之处似乎没有引起学者们足够的重视:弘治、正德时并没有材料记载"叶淇变法",无论是弘治十四年李东阳为叶淇所作墓志铭,⑦还是《明武宗实录》对叶淇的记载,抑或是正德《大明会典》,皆是如此,甚至嘉靖初提出"叶淇变法说"的王琼,在正德二年的奏疏中也未提及此次变法;在嘉靖初,王琼、桂萼才明确提及"叶淇变法",此后"叶淇变法说"广为流传,朝野尽知,并进入正史当中。因为缺乏直接材料,实际上现已难以还原"叶淇变法"的真实面貌,这也是自藤井宏

---

① 申时行等:《明会典》卷三十四《盐法三》,中华书局1989年版,第242页。
② 张廷玉等:《明史》卷五十六《食货志四》,中华书局1974年版,第1943页。
③ 参见全汉昇:《明代北边米粮价格的变动》,《中国经济史研究》下册,稻乡出版社1991年版,第680—689页;[日]寺田隆信:《山西商人研究》,山西人民出版社1986年版,第12—118页;万明:《明代白银货币化与制度变迁》,《暨南史学》第2辑,暨南大学出版社2003年版,第291页。
④ 如《皇明史窃》便说:"户部尚书叶淇,淮人也。盐商多淇婚媾,为奏改输银运司,司以解部,部以饷边,以为年例。于是塞上耕夫投耒散归,边地尽空,粟价日踊,西北之士待饷东南,日索年例之馈几于充栋,主计亡以应,益以各关诸缗犹不足,至倾天子内帑之。……故今天下财力竭也。"(尹守衡:《皇明史窃》卷十二《军法志第四》,《续修四库全书》第316册,上海古籍出版社1996年版,第620—621页)
⑤ 后世的"叶淇变法说"多是一方面杂糅了王琼、桂萼、霍韬等人的记载,另一方面自己发明创造,综合而成的。相关的梳理,参见胡剑波:《不存在的变法？——明代"叶淇变法"相关问题研究》,硕士学位论文,武汉大学历史学院2019年,第23—32页。
⑥ 关于叶淇形象的变化,参见胡剑波《明代叶淇形象变迁考论》。
⑦ 李东阳:《明故资政大夫太子少保户部尚书赠太子太保叶公墓志铭》,李东阳著,周寅宾点校:《李东阳集》卷三,岳麓书社1984年版,第359—360页。

以来,不少学者对于是否存在"叶淇变法"、何为"叶淇变法"等问题,争论不休的原因。

既然难以还原"叶淇变法"的本来面貌,那么退而求其次,本文力求还原"叶淇变法说"兴起的过程和原因。本文认为"叶淇变法说"的兴起与嘉靖初期明王朝的内部朝堂政治局势和外部地缘政治局势有关。

一方面,"叶淇变法说"走上历史舞台的过程是嵌入嘉靖初议礼新贵集团与杨廷和集团的政治斗争过程中的。本文认为王琼继承了自弘治以来批判运司纳银制的政治主张,并在流戍绥德、写作政治目的性极强的《双溪杂记》时,不知出于什么原因,将叶淇当作运司纳银制的始作俑者,形成了"叶淇变法说"。此后,王琼参与到议礼新贵集团与杨廷和集团的政争中,将自己的"叶淇变法说"传播给了桂萼作为参考资料。桂萼在两次利用甘肃边疆危机事件打击杨廷和集团的过程中提及"叶淇变法",将"叶淇变法说"推上历史舞台。

另一方面,"叶淇变法说"之所以被人们广泛接受,与甘肃边疆危机对明王朝的刺激有关。具体来说,嘉靖三年吐鲁番对甘肃的进攻,暴露了甘肃镇兵马寡弱、粮草缺乏的现状,使得朝野大为震惊。官员们纷纷反思边饷供应体制的问题,其中,甘肃粮价高涨现象使得官员们意识到了年例银供边的局限性。官员们进而对年例银如何兴起以及年例银的缺陷等问题极为感兴趣,而"叶淇变法说"正提供了一个答案。此说将年例银的兴起与盐政中运司纳银制的兴起联系在一起,并认为运司纳银制的兴起是由叶淇变法造成的。因此,对运司纳银制、对年例银,甚至对叶淇的批判,正符合了当时官员们的认识,从而被广泛接受。随着这种说法的兴起,朝廷形成了禁止运司纳银制,维护开中法的共识,并制定了相关规定,使得开中法得以复兴。

同时,王琼等人建立的"叶淇变法"和年例银的增长之间的联系,被后世所接受,在年例银大幅度增长造成财政危机的背景下,"叶淇变法说"满足了人们寻找罪魁祸首的心理需求,从而在后世被广泛而持续地传播。

[本文为国家社会科学基金青年项目"清代淮南盐的交易形态及其演变研究"(项目编号:21CZS083)阶段性成果]

## 古代文化史

# 《汉书·艺文志》总序意涵疏理：
# 以刘歆《移书让太常博士》为证明

□孙振田

**摘要**：《汉书·艺文志》总序的意涵是先王之道："昔仲尼没而微言绝，七十子丧而大义乖"述先王之道因"仲尼没""七十子丧"而缺损与变异；"战国从衡，真伪纷争；诸子之言，纷然殽乱"，述先王之道因"战国从衡""诸子之言"而受到影响与冲击；"至秦患之……以愚黔首"，述先王之道因秦火灭而不存；"汉兴"至"诏光禄大夫刘向校经传"，述汉兴以来对经书进行收集、整理与研读，通过收集、整理与研读探求先王之道。"（刘向）校诸子诗赋……侍医李柱国校方技"，也与先王之道有关。弄清《汉志》总序的意涵为先王之道，有助于正确地把握《汉志》的性质、认识《汉志》的学术价值等。

**关键词**：《汉书·艺文志》；总序；先王之道；《移书让太常博士》

**作者简介**：孙振田，西安工业大学文学院教授

《汉书·艺文志》（下称《汉志》）是中华学术经典，是从事中华传统学术研究必备的入门书、参考书与工具书，有着永恒的学术价值与无尽的学术魅力。正因为此，长期以来，不断有学者对《汉志》展开研究，成果可谓洋洋大观，汗牛充栋。①然而，即便如此，《汉志》仍有不少问题，尤其是一些基本问题，并未得到较好的解决。例如，刘向、刘歆图书整理最初的起因究竟是什么？是为了整理六艺经书，还是为了整理包括诸子、诗赋、兵书、数术、方技在内的全部学术类型的书籍？《汉志》的编撰旨趣究竟是什么？是单纯为了记载书籍，还是另有深意？《汉志》的思想旨趣又是什么？是单纯的总结六艺学说、百家学术、诗赋兵书等还是另有所指？《汉志》总序所述，究竟是以书籍或书籍整理为核心与线索，或者是以别的什么为核心与线索？或者说，其意涵究竟是什么？《汉志·六艺略》的大序所谓的"至于五学犹五行之更用事焉"，及《诸子略》儒家类的序文所谓的"唐虞之隆……已试之效者

---

① 详可参傅荣贤：《〈汉书·艺文志〉研究源流考》，黄山书社2007年版。

也",究竟又该如何解读?① 诸如此类,都影响到了《汉志》的研读与利用。

基于是,本文谨对《汉志》总序进行疏理,以明其本以先王之道为核心与线索,即其意涵本为先王之道,而非书籍或书籍整理,并以刘歆《移书让太常博士》(下称《让博士书》)为证明。《让博士书》全文以先王之道为核心与线索,意涵正是先王之道。《汉志》为据刘歆《七略》改编而来,《让博士书》又为刘歆所亲撰,且总序与《让博士书》之间又存在着对应关系(参后),故以《让博士书》为证明能够成立。②

# 一、《汉志》总序意涵疏理

1. 昔仲尼没而微言绝,七十子丧而大义乖。

疏理:述因"仲尼没"及"七十子丧",人们不再知道经书(《春秋》)之"微言",对经书之大义的理解也与孔子当初编订经书时经书之大义不相一致,实为述先王之道——不再知道经书(《春秋》)之"微言",也就是不再知道"微言"所保存的先王之道,先王之道有所缺损;③对

---

① 笔者已撰写相关文章,其中一篇发表于《西北民族大学学报》(哲学社会科学版)2023年第1期。
② 之前对《汉志》总序进行全面疏通、解读的有李致忠先生,然其重点在于文句的注释、解读而非意涵的疏理,详可参李致忠:《三目类序释评》,北京图书馆出版社2002年版,第1—9页。
③ "微言绝"之"微言",李奇注为"隐微不显之言",颜师古注为"精微要眇之言"(班固《汉书》,北京,中华书局1962年版,第1701页)。以李注更为接近原义。"微"有隐义,许慎《说文解字》释云:"隐行也。"(许慎撰,徐铉校定:《说文解字》,北京,中华书局2013年版,第37页)据此,微言可理解为言约而义丰,言语或文辞之外另有他义,言语或文辞之外另有言语或文辞,等等。则核之总序"故《春秋》分为五"及《春秋》类的序文"有所褒讳贬损,不可书见,口授弟子,弟子退而异言"(班固《汉书》,第1715页)云云,可知"微言绝"之"微言"指的当为言语或文辞之外另有言语或文辞,具体即孔子"口授弟子"之"口授"。"口授"的内容究竟如何,只有孔子本人知道(孔子的弟子既然"退而异言",则所理解的已与孔子之本意不同),当孔子没去,自然也就无人知道了,也就是"微言绝"。"微言"既绝,导致人们对《春秋》的理解出现分歧,《春秋》学也就因之而"分为五"了。苏舆先生注董仲舒《春秋繁露》"《春秋》之好微与? 其贵志也"云:"《春秋》之微有二旨。其一微言,如讥季氏言又雩,逢丑父宜诛、纪季可贤,及诡词移词之类是也。此不见于经者,所谓七十子口授传指也。其一则事别美恶之细,行防纤芥之萌,寓意微眇,使人湛思反道,比贯连类,以得其意,所以治人也。如劝忠则罪盾,劝孝则罪止是也。《荀子·劝学篇》:'《春秋》之微也。'《儒效篇》:'《春秋》言是其微也。'杨倞注:'微,谓儒之微旨趣。一字为褒贬,微其文,隐其旨。'正此文'微'字之意,实则皆大义也。近人好侈微言,不知微言随圣人而徂,非亲炙传受,未易有闻,故曰'仲尼没而微言绝'。若微旨则固可推而得之,而一以进善绝恶为主,非必张皇幽渺,索之隐怪也。"(苏舆义证,钟哲点校:《春秋繁露义证》,中华书局2019年版,第33页)其中"其一微言"对"微言"的解释,所谓"此不见于经者,所谓七十子口授传指也",就是指言语或文辞之外另有言语或文辞,符合"微言绝"之"微言"的特点;"微言随圣人而徂,非亲炙传受,未易有闻",就是指"微言"随孔子没灭而不存,后人不再知道孔子当初"口授"的内容究竟是什么,符合"微言绝"之"绝"的实际("其一则事别美恶之细……以得其意",释"微[言]"为言语之外别有寄托,近于言约而义丰或言语或文辞之外另有他义,亦能成立)。顾实先生认为"微言绝"之"微言"是指《论语》(顾实:《汉书·艺文志》讲疏,上海古籍出版社2009年版,第2页),不确,仅就"故《春秋》分为五……《易》有数家之传"只涉及六艺经书即可知,"微言"不大可能是指《论语》。

· 096 ·

经书之大义的理解与孔子当初编订经书时经书之大义不相一致,也就是对经书之大义所保存的先王之道的理解与孔子当初编订经书时经书之大义所保存的先王之道不相一致,先王之道发生了变异。理解经义是理解先王之道的前提,理解先王之道必须从理解经义入手,因此,不能正确地理解经书之大义,也就意味着不能正确地理解经书之大义所保存的先王之道。孔子是经书的编订者,是经书之"微言"及其大义的讲授者,对"微言"及大义所保存的先王之道最为清楚。七十子曾亲听孔子讲学,对经书之大义及其所保存的先王之道的理解最能代表孔子之原貌。"昔仲尼没而微言绝,七十子丧而大义乖"表明总序必不以书籍或书籍整理为核心与线索,否则,为何要以"微言绝""大义乖"为论述的切入点?

"昔仲尼没而微言绝,七十子丧而大义乖"又表明,人们理解及探求先王之道必以孔子当初编订经书时经书原本所保存的先王之道为准,也就是《史记·孔子世家》所说的"自天子王侯,中国言六艺者,折中于夫子"[①]。理解、探求先王之道不以孔子为标准,无意义。

2. 故《春秋》分为五,《诗》分为四,《易》有数家之传。

疏理:述因"微言绝"及"大乖义",《春秋》有五家解说,《诗》有四家解说,《易》也有数家解说,亦为述先王之道——先王之道因"微言绝"及"大乖义"而发生缺损与变异,导致学者对先王之道的解读出现了不同:《春秋》有五家解说,即对《春秋》所承载的先王之道有五种理解;《诗》有四家解说,即对《诗》所保存的先王之道有四种不同的理解;《易》有数家解说,即对《易》所保存的先王之道有数家不同的解说。"故《春秋》分为五……《易》有数家之传"也表明总序必不以书籍或书籍整理为核心与线索,"分为五""分为四""数家之传",所述均非书籍或书籍整理问题。

3. 战国从衡,真伪纷争;诸子之言,纷然殽乱。

疏理:述战国时期,因诸侯崇尚战争("从衡"),变诈权谋之术("伪")大受推崇,导致先王之道("真")受到冷落,也就是变诈权谋之术对先王之道造成了冲击与影响;诸子学术应时而兴,也对先王之道造成了冲击与影响。"战国从衡……纷然殽乱"同样表明总序必不以书籍或书籍整理为核心与线索,"真伪纷争""纷然殽乱"所述均非书籍或书籍整理问题。

4. 至秦患之,乃燔灭文章,以愚黔首。

疏理:述秦焚毁六艺经书,亦为述先王之道——先王之道因经书被焚毁灭而不存。

---

[①] 司马迁:《史记》(点校本二十四史修订本),中华书局2014年版,第2356页。

此句前承"昔仲尼没而微言绝,七十子丧而大义乖""故《春秋》分为五……《易》有数家之传""战国从衡……纷然殽乱",故所述之核心与线索只能是先王之道而非书籍或书籍之整理,"至秦患之"的"之"指的正是三者所述的先王之道。"燔灭文章",以"文章"称而不以"书籍"称,也表明总序必不以书籍或书籍整理为核心与线索。"文章"指礼乐制度,所关乎的正是先王之道。《论语·泰伯》:"巍巍乎其有成功也,焕乎其有文章!"邢昺释"焕乎其有文章"云:"言其立文垂制又著明也。"①即将"文章"解为礼乐制度。《史记·秦始皇本纪》载李斯语:"今诸生不师今而学古,以非当世,惑乱黔首。"又载公子扶苏语:"天下初定,远方黔首未集,诸生皆诵法孔子,今上皆重法绳之,臣恐天下不安。"②合之可知,使黔首不愚的是儒家学者所主张的孔子学说(先王之道),这证明"燔灭文章,以愚黔首"之"文章"不指通常意义上的多种学术类型的书籍。

5. 汉兴,改秦之败,大收篇籍,广开献书之路。迄孝武世,书缺简脱,礼坏乐崩,圣上喟然而称曰:"朕甚闵焉!"于是建藏书之策,置写书之官,下及诸子传说,皆充秘府。

疏理:述汉兴至武帝时期的经书收集活动,仍为述先王之道——收集经书的目的是用于研读,研读的目的则是探求先王之道。先王之道既然灭而不存,就需要进行探求,方法就是收集与研读六艺经书,通过研读六艺经书探求先王之道。

6. 至成帝时,以书颇散亡,使谒者陈农求遗书于天下。

疏理:述成帝时使陈农搜求经书于天下,亦为述先王之道——经书虽经收集,但仍不完善,不利于先王之道的探求,故需进一步收集。"汉兴……皆充秘府"及"至成帝时……使谒者陈农求遗书于天下"前承"至秦患之……以愚黔首",与之构成相反相对的关系,故其中的"篇籍""献书""书缺简脱""藏书""写书""书颇散亡""遗书"指的均为经书("诸子传说"指的是"诸子"为经书所作之"传说"),即所述必为以先王之道为核心与线索,而不以通常意义上的书籍或书籍整理为核心与线索。

7. 诏光禄大夫刘向校经传诸子诗赋,步兵校尉任宏校兵书,太史令尹咸校数术,侍医李柱国校方技。每一书已,向辄条其篇目,撮其指意,录而奏之。会向卒,哀帝复使向子侍中奉车都尉歆卒父业。歆于是总群书而奏其《七略》,故有《辑略》,有《六艺略》,有《诸子略》,有《诗赋略》,有《兵书略》,有《术数略》,有《方技略》。

疏理:述成帝诏刘向整理书籍及刘向、刘歆整理书籍的情况。其中,"校经传"所述仍为先王之道,仍以先王之道为核心与线索。经书经流传及秦火等,与孔子当初编订经书

---

① 何晏等注,邢昺疏:《论语注疏》,影印阮元刻《十三经注疏》本,上海古籍出版社1997年版,第2487页。
② 司马迁:《史记》(点校本二十四史修订本),第325、329页。

时经书的原貌不再相符,给探求先王之道带来不利,非校理而不可。"校经传"的目的是探求先王之道。"校经传"由成帝"方精于《诗》《书》,观古文"(《汉书·楚元王传》)引起,而成帝研读《诗》《书》、观古文的目的正是为了探求先王之道,故"校经传"的目的必然是探求先王之道。校诸子、诗赋、兵书、数术、方技,则为"校经传"的扩展与延伸(既然"校经传"是由成帝"方精于《诗》《书》,观古文"而引起,校诸子、诗赋、兵书等就必然是其的扩展与延伸),然也与先王之道有关:"校经传"的目的是探求先王之道,探求先王之道的目的又是为了国家治理(先王以道治国,成效卓著,今王效法先王,亦以道治国,并期通过以道治国实现人民和睦,社会稳定,国家长治久安);校诸子、诗赋、兵书等的目的是对之进行清理、总结与评价,以明其对于国家治理的作用、所长及蔽短等,即在国家治理这一层面上,"校经传"与校诸子、诗赋、兵书等是相通的,也就是先王之道与诸子、诗赋、兵书等学或术是相通的,先王之道是国家治理的主要原则与依凭,诸子、诗赋、兵书等学或术是国家治理的辅助手段与方法。①

8. 今删其要,以备篇籍。②

疏理:述《汉志》的编撰过程。"篇籍"指《汉志》自身,不是指《汉志》所著录的书籍,③即"以备篇籍"与认为总序以先王之道而非以书籍或书籍整理为核心与线索并不矛盾。

## 二、《让博士书》意涵疏理

《让博士书》全文可分为五段。

第一段疏理如下:

1. 昔唐虞既衰,而三代迭兴,圣帝明王,累起相袭,其道甚著。

疏理:述先王之道之所起及其流行。

2. 周室既微而礼乐不正,道之难全也如此。

疏理:述先王之道之衰毁。

---

① 就图书整理工作而言,校经传为"主",校诸子、诗赋、兵书等为"副";就国家治理的功能而言,先王之道为"主",诸子、诗赋、兵书等学术为"辅";就《汉志》的结构而言,《六艺略》为其唯一,《诸子略》等另外五略为《六艺略》之"附庸"。详可参笔者《〈汉书·艺文志〉编撰旨趣考疏》一文,待刊。
② 班固《汉书》,中华书局1962年版,第1701页。
③ 《汉书·律历志》:"故删其伪辞,取正义,著于篇。"《汉书·五行志》:"是以揽仲舒,别向、歆,传载眭孟……所陈行事,讫于王莽,举十二世,以传《春秋》,著于篇。"(班固《汉书》,第955、1317页)其中的"著于篇"可证"篇籍"指的是《汉志》自身而非汉志所著录的书籍。

3. 是故孔子忧道之不行,历国应聘。自卫反鲁,然后乐正,《雅》《颂》乃得其所;修《易》,序《书》,制作《春秋》,以纪帝王之道。

疏理:述孔子游历各国,"答礼行谊",①宣扬先王之道,及通过编订六艺经书保存先王之道。

4. 及夫子没而微言绝,七十子终而大义乖。

疏理:述因"仲尼没"及"七十子终"而"微言绝""大义乖",人们不再知道"微言"所保存的先王之道,对经书之大义所保存的先王之道的理解也与孔子之当初不相一致。

5. 重遭战国,弃笾豆之礼,理军旅之陈,孔氏之道抑,而孙吴之术兴。

疏理:述战国时期,因人们崇尚战争,诸侯国之间战争不断,先王之道进一步受到抑制与削弱。

6. 陵夷至于暴秦,燔经书,杀儒士,设挟书之法,行是古之罪,道术由是遂灭。

疏理:述秦焚书坑儒,禁止携带经书,终致先王之道灭而不存。

第二段疏理如下:

1. 汉兴,去圣帝明王遐远,仲尼之道又绝,法度无所因袭。

疏理:述因先王之道之不存,国家治理无所依凭,需要对先王之道进行探求。既然《让博士书》开篇言"昔唐虞既衰……其道甚著","去圣帝明王遐远"就必然是指去圣帝明王之道遐远。《让博士书》又言孔子编订六艺经书的目的是"以纪帝王之道",故"仲尼之道"指的就是先王之道。法度,狭隘地理解,可解为礼乐制度;宽泛地理解,可解为教化百姓、治理国家的方法、制度及规范等。无论是礼乐制度还是教化百姓、治理国家的方法、制度及规范等,实质均是先王之道。方法、制度及规范等为先王之道的外在表现。② 法度

---

① 班固:《汉书》,第 3589 页。
② 《荀子·劝学》:"礼者,法之大分,类之纲纪也,故学至乎礼而止矣。"以礼为法之大分,实质就是以礼为法。《荀子·修身》:"礼者,所以正身也;师者,所以正礼也……故非礼,是无法也;非师,是无师也。"所谓"故非礼,是无法也",也是以礼为法。《荀子·大略》:"国将兴,必贵师而重傅;贵师而重傅,则法度存。国将衰,必贱师而轻傅;贱师而轻傅,则人有快;人有快则法度坏。"核之"师者,所以正礼也",知所谓"法度"指的就是礼,"法度存"即礼存,"法度坏"即礼坏。《荀子·大略》:"言味者予易牙,言音者予师旷,言治者予三王。三王既以定法度,制礼乐而传之,有不用而改自作,何以异于变易牙之和,更师旷之律?无三王之法,天下不待亡,国不待死。"既然"制礼乐而传之"的是法度,实质就是以礼乐为法度。《荀子·性恶》:"古者圣王以人之性恶,以为偏险而不正,悖乱而不治,是以为之起礼义,制法度,以矫饰人之情性而正之,以扰化人之情性而导之也。始皆出于治,合于道者也。""圣人积思虑,习伪故,以生礼义而起法度,然则礼义法度者,是生于圣人之伪,非故生于人之性也。""故圣人化性而起伪,伪起而生礼义,礼义生而制法度。然则礼义法度者,是圣人之所生也。"(王先谦《荀子集解》,中华书局 2016 年版,第 14、39、604、612、514、517—518 页)所谓"起礼义,制法度""生礼义而起法度""礼义生而制法度",就是以法度为礼义的延伸或外化。"定法度""制法度""起法度"的目的,就是为了以先王之道教化及约束百姓,从而更好地治理国家。《汉书·董仲舒传》:"臣愚以为诸不在六艺之科孔子之术者,皆绝其道,勿使并进。然后统纪可一而法度可明,民知所从矣。"(班固《汉书》,第 2523 页)其中"法度可明"之"法度",也可以理解为礼乐制度或教化百姓、治理国家的方法、制度及规范等。

无所因袭的根本原因,正是先王之道之不存。"汉兴……法度无所因袭"前承"昔唐虞既衰……道术由此遂灭",又明称"法度无所因袭",故之后所有的内容,诸如叔孙通制定礼仪、惠帝除挟书律、文帝使晁错从伏生受《尚书》、武帝时对经书的研读及经书的残缺不全,及古文《逸礼·尚书》、古文《春秋左氏传》的发现、特点、收藏与研读情况,包括成帝闵学残文缺命刘向校理经书等,也必然是以先王之道为叙述的出发点与落脚点,也就是以先王之道为叙述的核心与线索。

"汉兴……法度无所因袭"是理解《让博士书》全文核心与线索的关键。

2. 时独有一叔孙通略定礼仪,天下惟有《易》卜,未有他书。

疏理:述高祖时叔孙通制定礼仪及六艺经书的存世情况,亦为述先王之道——叔孙通制定礼仪是为了践行先王之道。"礼仪"对应的是《礼》经。叔孙通制定与践行礼仪的过程就是搜求与践行《礼》的过程,也就是探求先王之道的过程。司马迁称叔孙通"卒为汉家儒宗"[1]。儒者的主要任务就是解读、保存与传播先王之道。叔孙通所定礼仪为"颇采古礼与秦仪杂就之"[2],本就包含有先王之礼也就是先王之道在内。"天下唯有《易》卜,未有他书",意先王之道残缺不全,唯有《易》道而已。

3. 至于孝惠之世,乃除挟书之律,然公卿大臣绛、灌之属咸介胄武夫,莫以为意。

疏理:述惠帝虽废除挟书律,经书的收集、研读等并未受到重视,亦为述先王之道——惠帝废除挟书律的目的是为了探求先王之道;经书的收集、研读等并未受到重视,即先王之道的探求并未受到重视。

4. 至孝文皇帝,始使掌故晁错从伏生受《尚书》。《尚书》初出于屋壁,朽折散绝,今其书见在,时师传读而已。《诗》始萌芽。天下众书往往颇出,皆诸子传说,犹广立于学官,为置博士。在汉朝之儒,唯贾生而已。

疏理:述文帝时经书的授受、重出及研读等情况,亦为述先王之道——授受、研读均以探求先王之道为目的,经书的重出则使探求先王之道成为可能。

5. 至孝武皇帝,然后邹、鲁、梁、赵颇有《诗》《礼》《春秋》先师,皆起于建元之间。当此之时,一人不能独尽其经,或为《雅》,或为《颂》,相合而成。《泰誓》后得,博士集而读之。故诏书称曰:"礼坏乐崩,书缺简脱,朕甚闵焉。"时汉兴已七八十年,离于全经固已远矣。

疏理:述武帝时的经书研读情况,及经书残缺不全之现状,亦为述先王之道——研读经书目的是为了探求先王之道,而经书不全,则不利于先王之道的探求。"离于全经,固

---

[1] 司马迁:《史记》(点校本二十四史修订本),第3301页。
[2] 司马迁:《史记》(点校本二十四史修订本),第3296页。

已远矣",既为承前之语——对汉高祖以来的经书的收集与研读活动进行总结,又为启后之语——既然经书残缺不全不利于探求先王之道,就需要进一步收集经书,唯有经书收集全备,才能更好地探求先王之道。

第三段疏理如下:

1. 及鲁恭王坏孔子宅,欲以为宫,而得古文于坏壁之中,《逸礼》有三十九篇,《书》十六篇。天汉之后,孔安国献之,遭巫蛊仓卒之难,未及施行。及《春秋》左氏丘明所修,皆古文旧书,多者二十余通,藏于秘府,伏而未发。

疏理:述古文《逸礼》三十九篇(孔壁所出《礼古经》五十六篇除去与鲁高堂生所传《士礼》相同的十七篇)、古文《尚书》十六篇、古文《春秋左氏传》的发现、特点、收藏与研读情况。亦为述先王之道——古文《逸礼》三十九篇、古文《尚书》十六篇因出于孔壁,本为孔氏用书,具有权威性,且篇卷上为今文《礼》、今文《尚书》所不备,文字上没有经过由古至今的转变,保存了原貌,也就是篇卷与文字上最接近孔子当初所编订的《礼》《书》之原貌,对于探求先王之道极具价值,至少能够在一定程度上弥补相关今文经篇卷上的不全及文字经过了古今改变之不足;古文《春秋左氏传》,因"《春秋》所贬损大人当世君臣,有威权势力,其事实皆形于《传》,是以隐其书而不宣,所以免时难也"①,故而无论是篇卷或文字均保存了原貌,对于解读、理解孔子当初编订《春秋》时《春秋》的原本之义也就是先王之道具有公羊、谷梁、邹、夹四家之传所不具备的价值。② "及鲁恭王坏孔子宅……伏而未发",与"离于全经,固已远矣"存在着后先呼应的关系。

2. 孝成皇帝闵学残文缺,稍离其真,乃陈发秘藏,校理旧文,得此三事,以考学官所传经,经或脱简,传或间编。传问人间,则有鲁国桓公、赵国贯公、胶东庸生之遗学与此同,抑而未施。此乃有识者之所惜闵,士君子之所嗟痛也。

疏理:述成帝命刘向校理经书之起因,古文《逸礼》、古文《尚书》、古文《春秋左氏传》的发现,及学官所传相关今文经没有古文《逸礼》三十九篇、古文《尚书》十六篇、古文《春秋》(古文《春秋左氏传》所载)完备——今文《礼》缺少古文《逸礼》三十九篇,今文《尚书》较古文《尚书》缺少十六篇,今文《春秋》较古文《春秋》的篇卷(或简)亦为缺少(《汉志》著录《春秋古经》十二篇、今文《春秋》十一卷。"得此三事,以考学官所传",对于《春秋》而言,只能是以经考经,具体就是《春秋左氏传》所载的古文《春秋》经考校学官所传的今文《春秋》经,而不可能是以古文《春秋左氏传》考校今文《春秋》经或《春秋公羊传》《春秋谷梁传》),否则便无意义。此古文《春秋》经只能是来自古文《春秋左氏传》所载,否则其考

---

① 班固:《汉书》,第1715页。
② 孙振田:《〈汉书·艺文志〉不著录中〈古文易经〉,古文〈诗〉考论》,《南京师范大学文学院学报》2022年第1期。

校同样无意义。这说明《汉志》著录的《春秋古经》十二篇应的确来自古文《春秋左氏传》，为古文《春秋左氏传》所载。亦为述先王之道——"学"，据《汉书·叙传》"六学既登"云云，可知所指为孔子之学，具体地说，就是六艺经书，而孔子编订六艺经书的目的又在于保存先王之道，故"学"最终又可解为先王之道；"文缺"，指经书存在着残缺，导致不能较好地探求先王之道，因而就需要对经书进行校理；古文《逸礼》三十九篇、古文《尚书》十六篇、古文《春秋传》既然或为相应的今文经所不备，或篇卷（或简）较今文经为完备，在探求先王之道上也就必然具有不可替代的价值。

3. 往者缀学之士不思废绝之阙，苟因陋就寡，分文析字，烦言碎辞，学者罢老且不能究其一艺。信口说而背传记，是末师而非往古，至于国家将有大事，若立辟雍、封禅、巡狩之仪则幽冥而莫知其原。

疏理：批评"往者缀学之士"错误的研读经书的方法："往者缀学之士不思废绝之阙，苟因陋就寡"，指"往者缀学之士"抱残守缺，以残缺不全的今文经为研读经书之依据；"分文析字，烦言碎辞"，指"往者缀学之士"研读经书时过度关注于文字的解释，流于繁琐，而忽略了对经书大义也就是先王之道的探求；"信口说而背传记……若立辟雍、封禅、巡狩之仪则幽冥而莫知其原"，指"往者缀学之士"研读经书以孔子之"口授"经弟子之"异言"衍化而来的"口说"（孔子撰《春秋》时"有所褒讳贬损，不可书见，口授弟子"，"弟子退而异言"，"异言"最终又衍化形成"口说"）为准，而不以传记（《春秋左氏传》）为准。所述以先王之道为核心与线索，"往者缀学之士"错误的解读经书的方法不利于先王之道的探求。

4. 犹欲保残守缺，挟恐见破之私意，而无从善服义之公心，或怀妒嫉，不考情实，雷同相从，随声是非，抑此三学，以《尚书》为备，谓左氏不传《春秋》，岂不哀哉！

疏理：批评今文经学者错误的研读经书的态度："犹欲抱残守缺……而无从善服义之公心"，指今文经学者罔顾今文经残缺之现实，抱持私意，固步自封，不能公平对待古文经；"或怀妒嫉……岂不哀哉"，指今文经学者出于妒嫉之心，不加考察，罔顾古文经客观存在的现实，认为今文《尚书》为完备之本，左丘明未曾为《春秋》作传（即以《春秋左氏传》为伪）。所述亦以先王之道为核心与线索，错误的研读经书的态度同样不利于先王之道的探求。

第四段疏理如下：

1. 今圣上德通神明，继统扬业，亦闵文学错乱，学士若兹，虽昭其情，犹依违谦让，乐与士君子同之。故下明诏，试《左氏》可立不，遣近臣奉指衔命，将以辅弱扶微，与二三君子比意同力，冀得废遗。

疏理：述哀帝对古文《春秋左氏传》持包容与支持的态度，亦为述先王之道——哀帝对古文《春秋左氏传》持以包容与支持的态度的原因,正是因为古文《春秋左氏传》有助于探求先王之道。

2. 今则不然,深闭固距,而不肯试,猥以不诵绝之,欲以杜塞余道,绝灭微学。夫可与乐成,难与虑始,此乃众庶之所为耳,非所望士君子也。且此数家之事,皆先帝所亲论,今上所考视,其古文旧书,皆有征验,内外相应,岂苟而已哉!

疏理:批评今文经学家固步自封、排斥古文经,并以"先帝"的名义,再次强调古文经的真实可靠,亦关乎先王之道——古文经得不到认可与研读,尤其是不能以官学的身份进行研读与推广,对于探求先王之道自然十分不利;古文经真实可靠,对于探求先王之道自然具有不可忽略的价值。"杜塞余道,绝灭微学",与"汉兴……法度无所因袭"相呼应——"法度无所因袭"要求学者积极探求先王之道,"杜塞余道,绝灭微学"则阻碍先王之道的探求。这也表明"汉兴……法度无所因袭"之前及之后的论述,必然是以先王之道为核心与线索。

第五段疏理如下:

1. 夫礼失求之于野,古文不犹愈于野乎!

疏理:引孔子语说明古文经不可偏废,古文经对于探求先王之道具有重要的价值。

2. 往者博士《书》有欧阳,《春秋》公羊,《易》则施、孟,然孝宣皇帝犹复广立《谷梁春秋》、《梁丘易》、大小夏侯《尚书》,义虽相反,犹并置之。何则?与其过而废之也,宁过而立之。

疏理:再次强调将古文经立于学官的必要性,唯有立于学官,古文经才能得到足够的重视,也才能更有助于探求先王之道。

3. 传曰:"文武之道未坠于地,在人,贤者志其大者,不贤者志其小者。"今此数家之言,所以兼包大小之义,岂可偏绝哉!

疏理:明确指出古文经对于探求先王之道具有重要价值,不可偏废。所引"传曰"所称"文武之道……不贤者志其小者"云云,与之前的"汉兴……法度无所因袭"之间也存在着明显的呼应的关系,这同样表明,《让博士书》全篇均为以先王之道为核心与线索。

4. 若必专己守残,党同门,妒道真,违明诏,失圣意,以陷于文吏之议,甚为二三君子不取也。[①]

疏理:劝告今文经学者抛弃成见,务必以客观、公正的态度对待古文经,唯有如此,才

---

① 班固:《汉书》,第1968—1971页。

能更好地探求先王之道,更好地继承及发扬先王之道。①

总序与《让博士书》之间的对应关系可疏理如下:1.总序"昔仲尼没而微言绝,七十字丧而大义乖"与《让博士书》"及夫子没而微言绝,七十字终而大义乖"相对应(前者为据,后者引用而来)。2.总序"战国从衡,真伪纷争"与《让博士书》"重遭战国……而孙吴之术兴"相对应(前者为据,后者改写而来)。3.总序"至秦患之……以愚黔首"与《让博士书》"陵夷至于暴秦……道术由此遂灭"相对应。4.总序"汉兴……皆充秘府"与《让博士书》"时独有一叔孙通……离于全经固已远矣"相对应——前者主要叙述经书的收集情况,后者也以经书的收集作为叙述的重要内容;前者有"书缺简脱,礼坏乐崩,圣上喟然而称曰:'朕甚闵焉'"云云,后者则有"故诏书称曰:'礼坏乐崩,书缺简脱,朕甚闵焉'"云云。5.总序"至成帝时……使谒者陈农求遗书于天下"与《让博士书》"传问人间……抑而未施"相对应——前者之"书颇散亡"专门针对经书而言,指经书的亡失及篇卷之残缺等;后者之"传问人间"指刘向整理古文经时征求民间所有,以与所整理的古文经相比勘。倘陈农所求并不止于古文经,则"传问人间"所求得的"鲁国桓公、赵国贯公、胶东庸生之遗学"就当是其所求之一部分。6.总序"诏光禄大夫刘向校经传、诸子、诗赋……侍医李柱国校方技"与《让博士书》"孝成皇帝闵学残文缺……校理旧文"相对应。

总序与《让博士书》之间存在着对应关系,《让博士书》又以先王之道为核心与线索,

---

① 《让博士书》"昔唐虞既衰……以记帝王之道"后接"及夫子没而微言绝,七十字丧而大义乖",证明《汉志》总序"昔仲尼没而微言绝,七十字丧而大义乖"之前本当有关于孔子编订六经的论述,而班固所以省之,当是因为孔子编订六经的内容必须于《易》等六类的小序中予以论述,且总序又需与之避免重复。在《汉志》总序"夫子没而微言绝,七十字丧而大义乖"之前补充进孔子编订六经的内容,则《汉志》总序也就是《汉志》以六艺经书为唯一的编撰旨趣(实质就是以先王之道为意涵)即一目了然。《隋书·经籍志》总序"暨夫周室道衰,纪纲散乱,国异政,家殊俗,褒贬失实,隮紊旧章。孔丘以大圣之才,当倾颓之运,叹凤鸟之不至,惜将坠于斯文,乃述《易》道而删《诗》《书》,修《春秋》而正《雅》《颂》。坏礼崩乐,咸得其所。自哲人萎而微言绝,七十子散而大义乖,战国纵横,真伪莫辨,诸子之言,纷然殽乱。圣人之至德丧矣,先王之要道亡矣。陵夷蹐驳,以至于秦。秦政奋豺狼之心,划先代之迹,焚《诗》《书》,坑儒士,以刀笔吏为师,制挟书之令。学者逃难,窜伏山林,或失本经,口以传说。汉氏诛除秦、项,未及下车,先命叔孙通草绵蕝之仪,救击柱之弊。其后张苍治律历,陆贾撰《新语》,曹参荐盖公言黄老,惠帝除挟书之律,儒者始以其业行于民间。犹以去圣既远,经籍散逸,简札错乱,传说纰缪,遂使《书》分为二,《诗》分为三,《论语》有齐、鲁之殊,《春秋》有数家之传。其余互有蹐驳,不可胜言。"(魏徵等:《隋书》,中华书局1973年版,第904—905页)这段话:1."暨夫周室道衰……咸得其所"后接"哲人萎而微言绝,七十子散而大义乖",同样证明《汉志》总序"昔仲尼没而微言绝,七十字丧而大义乖"之前本当有孔子编订六经的论述;2.据"战国纵横……先王之要道亡矣",可知《隋志》的撰者正是从先王之道的角度理解《汉志》总序"战国从衡……纷然殽乱"的;3.据"陵夷蹐驳……口以传说",可知《隋志》的撰者也是将《汉志》总序"至秦患之……以愚黔首"理解为了仅仅针对经书而言,也就是秦焚毁经书导致先王之道进一步残亡;4.据"惠帝除挟书之律……其余互有蹐驳,不可胜言",可知《隋志》的撰者将《汉志》总序"汉兴……广开献书之路"理解为了专门针对六艺经书而言,惟所理解的经书的范围有所扩大,除《易》等六经外,包括了《论语》等。

证明总序必然是以先王之道作为核心与线索,也就是其意涵是先王之道。

弄清《汉志》总序本以先王之道为核心与线索,其意涵本为先王之道,至少有这样几个方面的意义:1.有助于正确地把握《汉志》之性质,即《汉志》并非单纯以记载书籍——包括诸子、诗赋、兵书等各种学术类型的书籍——为目的,而是以探求先王之道为目的,这点尤为重要。2.有助于正确地认识《汉志》的学术价值,既然总序以先王之道为核心与线索,则《汉志》本质上就当为专门的经学著作——称名"艺文志"且"艺文"与《六艺略》的大序"六艺之文"相对应也说明《汉志》当为经学著作——而非综合性的学术著作,即其价值更多地当在经学方面而非其他方面。①3.有助于正确地研读《汉志》文本,既然《汉志》不以记载书籍为目的,研读《汉志》尤其是对《汉志》进行深入解读时就不当以所著录的书籍为主体,而当以其诸大、小序文为主体——著录的书籍毕竟只是"材料"与"过程"而已,诸大、小序文才是"观点"与"结果"。4.有助于更好地认识《汉志》的结构:总序与《六艺略》的《易》等小类的序文及《六艺略》的大序之间存在着"总—分—总"的关系,总序概述自"孔子没""七十丧"以来先王之道之遭际,《易》等小类的序文分述《易》等经书(先王之道)的产生、流传、焚毁、研读、重出等,《六艺略》的大序总论先王之道的用途、特点及其学习的态度、方法等。

[本文为2021年度国家社科基金"《汉书·艺文志》解题新撰"(编号:21BTQ095)的部分成果]

---

① 《汉志》本质上为专门的经学著作,《六艺略》为其唯一,《诸子略》等另外五略为《六艺略》之"附庸",笔者在《〈汉书·艺文志〉编撰旨趣考疏》一文中有更为详细的论述,待刊。

# 略述北齐"搜扬好人"之出现

□ 严耀中

**摘要:** 北朝后期出现了身份性名称"搜扬好人",以往的研究将其理解为官职。"好人"一词在隋唐之前,"好"多作动词解,而"人"作名词解,不胜枚举。而名词"好人"比较罕见。魏晋南北朝时期"好人"渐渐地成为甄别时所常用的褒义词,使用率上升,作为褒义词更为通俗化。"搜扬"也是在魏晋南北朝大为流行的用语,包含搜罗(搜)、察举(扬)之义,是政治性用语,一般用于官场。北齐时"搜扬"与"好人"两个词的内涵已经成熟到能够彼此相通而复合成为一个职责明确的官名,由此"搜扬好人"从一般官责中分立出来,独当一面。但由于多种原因导致如此官职不属于传统职官制度里的序列,甚至亦为正史所不载,而仅见于北朝碑铭。自中古时代起,"好人"一词作为对人褒义的评价使用得越来越普遍,而且其含义也朝着注重德行的趋势发展。

**关键词:** "搜扬好人";身份名称;北齐

**作者简介:** 严耀中,北京师范大学历史学院教授

制度中的新名词之出现或原有的词汇被赋予新的含意不仅是当时话语发展的一个方面,而且意味着社会的文化意识发生了一定的变化,其中一些特殊的名词之产生也是当时社会政治形态的一种标识。

在北朝后期,出现了一个身份性的名称"搜扬好人"。如邹城北铁山刻经的题记拓本中有"齐搜扬好人平越将军周任城郡主簿大都维那间长嵩"。于此,张广存先生的解读是,前者句中"均列的是间长嵩的官职:北齐时为搜扬好人、平越将军,在北周为任城郡主簿、僧职大都维那"[1]。此前,清代考据大家阮元在《山左金石志》中说:"搜扬好人乃北齐所设官,即征求遗逸之意"。北齐的如此职官名虽然前无先例,但必有原因。

"好人"作为一个组合语词早已有之,如《诗·魏风·葛屦》:"纠纠葛屦,可以履霜?掺掺女手,可以缝裳?要之襋之,好人服之。好人提提,宛然左辟,佩其象揥。"又如《管子·侈靡》云:"不择人而予之,谓之好人;不择人而取之,谓之好利。"不过在隋唐之前"好"与"人"搭配的语句里,多数情况之下"好"是动词而"人"是名词。如《后汉书·许劭

---

[1] 张广存:《铁山北朝刻经新考四题》,《北朝摩崖刻经研究(三)》,内蒙古人民出版社2006年版,第225页。

·107·

传》说他"少峻名节,好人伦,多所赏识"。又如《晋书·张华传》云其"性好人物,诱进不倦,至于穷贱侯门之士有一介之善者,便咨嗟称咏,为之延誉"。再如史称十六国时的慕容宝"少而轻果,无志操,好人佞己。及为太子,砥砺自脩,朝士翕然称之"①等,不胜枚举。而将"好"与"人"合成一个名词"好人"则是比较罕见的。

魏晋南北朝期间连续不断的社会政治动乱,自我防范的需求促使人们对时人有一个正邪好坏进行区别和分类②,"好人"就渐渐地成为甄别时所常用的褒义词,且越到后来用得越多。如"北齐高祖常宴群臣,酒酣,各令歌。武卫斛律丰乐歌曰:'朝亦饮酒醉,暮亦饮酒醉。日日饮酒醉,国计无取次。'帝曰:'丰乐不谄,是好人也'"③。又如范阳卢斐指控《魏书》不实,北齐文宣帝高洋让他和魏收辩论。史载"斐曰:'臣父仕魏,位至仪同,功业显著,名闻天下,与收无亲,遂不立传。博陵崔绰,位止本郡功曹,更无事迹,是收外亲,乃为《传》首。'收曰:'绰虽无位,名义可嘉,所以合传。'帝曰:'卿何由知其好人?'收曰:'高允曾为绰赞,称有道德'"④。可见此时"好人"也主要是指其道德高尚。然而被指认为道德的内容广泛而复杂,若北齐文宣帝"谓侍中裴英起曰:'卿识河间王郎中孟业不?一昨见其国司文案,似是好人。'对曰:'昔与臣同事魏彭城王元韶。其人清忠正直,世所希有'"⑤。又若隋炀帝大业五年"诸郡计账,进丁二十四万三千,新附口六十四万一千五百。帝临朝览状,谓百官曰:'前代无好人,致此罔冒。今进民户口皆从实者,全由裴蕴一人用心。古语云,得贤而治,验之信矣'"⑥。这其实是将业务能力对应于清忠正直,从而也包含在"好人"的范围内。如此可以说贯通于整个社会,这样一来,所谓好人的社会存在就带有普遍性。与此不无关联的是,在两晋南北朝期间的佛教典籍中,"好人"一词也普遍出现。如鸠摩罗什所译《大智度论》有偈云:"若有十方天地中,诸有好人清净者,我今归命稽首礼!"及"不别好人,不知言语"⑦等。再如《譬喻经》云:"佛与阿难,到河边行见五百饿鬼歌吟而行,复见数百好人啼哭而过"⑧。又如《经律异相》有"好人忽便无常"⑨之

---

① 《魏书》卷九五《慕容庼传附慕容宝传》,中华书局1974年版,第2068页。
② 如汤用彤先生《读"人物志"》说刘邵的这部著作是"鉴人序材之书"(载其著:《魏晋玄学论稿及其他》,北京大学出版社2010年版第16页)。玄谈中的清议影响到整个社会,应当也是"好人"一词较后被普遍使用的原因之一。
③ 《酉阳杂俎》续集卷四引《谈薮》,方南生点校本,中华书局1981年版,第233页。
④ 《北齐书》卷三七《魏收传》,中华书局1972年版,第489页。
⑤ 《北史》卷八六《孟业传》,中华书局1974年版,第2875页。
⑥ 《隋书》卷六七《裴蕴传》,中华书局1973年版,第1575页。
⑦ 《大智度论》卷十一《释初品中檀相义》、卷三十三《释初品中到彼岸等》,台北财团法人佛陀教育基金会2000年印本,第434、435、1294页。
⑧ 引自《法苑珠林》卷六十二,周叔迦、苏晋仁校注本,中华书局2003年版,第1843页。
⑨ 僧旻、宝唱等撰集:《经律异相》卷二十三《莲花淫女见化人间说法意解》,上海古籍出版社2011年印本,第124页。

说,《续高僧传》中亦有"君诚净行好人,特相容耳"①的说法。这些应用无疑使"好人"作为褒义词更为通俗化。鉴于佛教在两晋南北朝社会的广泛流行,故而也有助于作为评论或判别人的好人概念自北朝后期开始更加流行和丰满起来。

北齐显现的"搜扬好人"是一个含有"搜扬"与"好人"的二元结构的词汇。关于"搜扬",也是一个在魏晋南北朝大为流行的用语,是当时的热词。如魏文帝驾崩后曹植追颂其兄:"思良股肱,嘉昔伊吕。搜扬侧陋,举汤代禹。拔才岩穴,取士蓬户。惟德是索,弗拘祢祖。"②再如晋哀帝隆和元年十二月诏中表示要"搜扬隐滞,蠲除苛碎"③。又如北凉沮渠蒙逊曾下令要求"内外群僚,其各搜扬贤隽,广进刍荛,以匡孤不逮"④。还如北魏太武帝拓跋焘亦于延和元年十二月"诏州郡搜扬隐逸,进举贤俊"⑤。北齐也曾"密令搜扬贵游子弟,发敕用之"⑥。可见当时"搜扬"一词包含搜罗(搜)、察举(扬)之义,是政治性用语,一般用于官场。由此成了官员职责的一部分,如萧梁刘孝仪《为江仆射礼荐士表》曰:"臣鉴非止水,职豫搜扬,前竭谀闻,先自乡曲。"⑦又如十六国时郭抚"为吏部尚书,与郎姚范清心虚求,搜扬俊义,内外称之,以拟魏之崔、毛"⑧。

这也就是说北齐时"搜扬"与"好人"两个单词的内涵已经成熟到能够彼此相通而复合成为一个职责明确的官名,由此"搜扬好人"从一般官职中分立出来,独当一面。但如此官职不属于传统职官制度里的序列,甚至亦为正史所不载,而仅见于北朝碑铭。那么这种现象说明了什么?其原因大致有这么几点:

第一,"搜扬好人"颇为口语化,故而从传统官制的角度看是一个显得很不专业化的官衔,但它所负责任却直接而明确,非常容易被大家所理解。十六国北朝期间进入中原的各少数民族纷纷乘永嘉之变后的乱局建立自己的政权,在学习华夏传统政治制度的同时,还有意无意地保留着他们原有的习制。如北魏道武帝"欲法古纯质,每于制定官号,多不依周汉旧名,或取诸身,或取诸物,或以民事,皆拟远古云鸟之义。诸曹走使谓之凫鸭,取飞之迅疾;以伺察者为候官,谓之白鹭,取其延颈远望。自余之官,义皆类此,咸有比况"⑨。表明这些官名所承担之职责直截了当而又生动,使人容易理解。鉴此,搜扬好

---

① 《续高僧传》卷二十六《梁荆州沙门释慧简传》,郭绍林点校本,中华书局2014年版,第991页。
② 《曹植集》卷二《文帝诔》,赵幼文校注本,人民文学出版社1984年版,第342页。
③ 《晋书》卷八《哀帝纪》,中华书局1974年版,第207页。
④ 《晋书》卷一二九《沮渠蒙逊载记》,第3193页。
⑤ 《魏书》卷四上《世祖纪上》,第81页。
⑥ 《北齐书》卷三八《元文遥传》,第504页。
⑦ 载《艺文类聚》卷五三《政治部下》"荐举",汪绍楹校本,中华书局1965年版,第960、961页。
⑧ 《太平御览》卷二一四《职官部》"吏部尚书"引崔鸿《十六国春秋》,中华书局1960年印本,第1021页。
⑨ 《魏书》卷一一三《官氏志》,第2973、2974页。

人一职所具有的直观性和明确性正与此雷同。

第二,由于在职官制度中,"北齐创业,亦遵后魏"①。在北魏的官制里杂有大量的游牧民族称号,即使是经过孝文帝的改革,还有着一些遗存。如《隋书·礼仪志》载北魏、北齐的太子属官中有"太子内坊察非吏";又如《北齐书·上党王涣传》中的"库真都督破六韩伯升"等,都"可以明显地看到它们是带有鲜卑色彩的"②。特别到了北齐,由于胡汉斗争的反复,在北齐"朝野弥漫一种大鲜卑主义的气氛"③,有些约定俗成的语汇在游牧气息浓厚的北齐找到了显露的机缘。在如此氛围之下,一些带着游牧社会观念的职衔之重新出现,若"搜扬好人"之类被推陈出新,词义由熟而俗也不足为怪了。与此可能有关联的是,在游牧社会里以好人为管理者可能是一种有着长远传统的认知。若清康熙、乾隆年间,位于西天山地区的布鲁特(满文:burut)人屡屡受到准噶尔汗国的攻击和侵占,不少人被俘为奴。其中一位名叫"博罗特(bolot),布鲁特地方'好人'(sain niyalma)之子"。关于"好人",陈柱先生注释道:"此处所谓'好人',并非指道德意义上的'好人',而是指有身份地位之人,相当于贵族阶层,类似蒙古'诺颜',以区别于平民百姓和奴仆贱民"④。由于游牧民族里的这种身份地位,其实已经具有汉语中"官"的意义,犹如北齐的"搜扬好人"。如此符合着词的性质,即"作为活的言语的现实存在的单位,则适应人的实际经验的单位、历史的单位、艺术的单位"⑤。而"搜扬好人"作为词的个案也说明语词上的关联在游牧文化中之存在应该由来已久,是一个长期积淀的结果,即使彼此时间相隔颇远,被蕴藏在深处的语言基因依旧不会轻易消失。

第三,起自南北朝的门阀衰落,尤其是在北朝后期。如在东魏北齐"于时鲜卑共轻中华朝士"⑥,由此严重地打击了北方士族的社会地位和精神优越感,也间接地使得道德标准逾越了对君子行为之界定而普遍化。这应该是"好人"内涵被扩展的原因之一,中古时期所谓"搜扬仄陋"⑦及较后"搜扬士庶,尚虑遗逸,更宜精访,以副虚怀"⑧等之所以有实行的需要与可能,当皆本于"好人"范围之增大。另一方面,以儒家为代表的传统文化十分讲究名与实的关系,故而"失于'正名'与树立道德法则及生活和谐的不可能

---

① 《通典》卷十九《职官典序》,中华书局1984年印本,第106页。
② 严耀中:《述论唐初期的库真与察非掾》,载《史林》2003年第一期。
③ 周一良:《北朝的民族问题与民族政策》,载其著《魏晋南北朝史论集》,北京大学出版社2010年版,第107、108页。
④ 陈柱:《准噶尔汗国对布鲁特的征战、防守与汗国内部的布鲁特人》,载《欧亚学刊》新九辑,商务印书馆2019年版,第195页。文中的拉丁拼音系陈先生用满文转写。
⑤ 爱德华·萨丕尔:《语言论》第二章,陆卓元译本,商务印书馆1985年版,第29页。
⑥ 《北齐书》卷二一《高乾传附高昂传》,第295页。
⑦ 《魏书》卷六《显祖纪》,第131页。此语虽晋时已有,但出于皇帝之诏则在北朝。
⑧ 《唐大诏令集》卷四《改元天宝赦》,闵丕谟、张伯元、沈敖大点校本,学林出版社1992年版,第19页。

性之间有不可分的联系"①。这倒过来说也一样,当名词中产生新的含义,或者新的语汇涌现于时行的话语中,即代表着社会意识和通用话语的演变,游牧文化里的好人概念对士族精英之冲击,致使搜扬超越士人范围之外的好人成为官员之常务则是其中的一例。

第四,它仅是当时地方上的中下级官吏的一个头衔。如有"搜扬好人"之衔的闾长嵩在北齐时的另一个头衔是平越将军,北齐与越地相隔甚远,所以"平越"是一个沿袭下来的虚号,应该被列入级别较低的散号将军,在北齐官制中与殄夷将军同属正八品之下阶②,被置于卑官之列,只可穿着"谓之从省服"③的低档公服。后来闾长嵩在北周也仅任郡主簿,可做辅证。加之自北魏末期至北齐"官司文簿,散弃者多,往时编户,全无追访。……州郡创改,随而注之,不知则阙"④。所以一个郡吏之兼职职名被佚失而不为后人所知也属于正常。

第五,这种现象的产生还有一种可能,即此"搜扬好人"仅是地方衙门里一个非正式的头衔。因为当时有这样的现象:"魏自孝昌之后,天下多难。刺史、太守皆为当部都督,虽无兵事,皆立佐僚,所在颇为烦扰。……自军国多事,冒名窃官者,不可胜数,(高)隆之奏请检括,旬日获五万余人。而群小谨嚣,隆之惧而止"⑤。据《北齐书·高隆之传》所载高隆之奏请检括,事在东魏孝静帝天平年间之后。由于高隆之被迫将检括工作半途而废,如此官衔混乱泛滥的现象当然会延续到北齐。该搜扬好人之职称正史不载而仅见于墓志,且是孤例,故而也不排斥系地方主官自立僚佐时擅自给予的一个职名。

虽然作为北齐地方中级官吏职名的"搜扬好人"仅是偶尔见之,且后来被传统官制所遗弃,但知道它曾经存在过,也是有一定意义的。因为这种现象使吾人明白:其一,社会中语词是动态的,其含义和应用场合不会固守不变,当与时俱变。其二,制度上的各种变异是当时政治混乱的一种反映,一旦恢复常态,为应付不稳之时局而采取的各种措施和规制被随之淘汰的概率是非常大的。其三,在华夏,至少是始自两汉政治制度和儒家观念是合为一体的。从这个角度来看,"搜扬好人"作为官职显得十分低俗而不合体统,后世官制里当然无它容身之地,虽然荐举才俊名宿继续是各级主官的一项任务。其四,"好人"概念的扩展实际上意味着汉族与诸少数族、社会精英和普通民众,乃至宗教与世俗之间在道德行为准则上取得了一定程度的共识。可以说,自中古时代起,"好人"一词作为

---

① 胡适:《先秦名学史》,学林出版社1983年版第28页。
② 《通典》卷三八《职官二十》,第220页。
③ 《隋书》卷十一《礼仪志六》,第242页。
④ 《魏书》卷一百六上《地形志序》,第2455页。
⑤ 《北史》卷五四《高隆之传》,第1945页。

对人褒义的评价使用得越来越普遍,而且其含义也朝着注重德行的趋势发展,当然这种现象在儒家思想影响的范围内才比较凸显。不过这样一来,以如此普通的概念来作为专职的官衔就显得更加不合适,当然不会被正统的官制所接受,因此它只好孤零零地出现在北朝的石刻铭文上。

# 陈寿祺、梁章钜之往来与失和
## ——兼考道光《福建通志》删毁、《文选旁证》撰者两公案

□宋一明

**摘要**：陈寿祺与梁章钜俱为清嘉道间闽中著述丰富之学者，二人往来甚密，晚岁乃因故生隙。陈寿祺殁后，其主纂之道光《福建通志》为梁章钜等人所删毁，据各家记载考其详情。又据梁氏《文选》著述稿本、批校本等及二人治《文选》之差异，辨梁章钜《文选旁证》窃取陈寿祺稿本传闻之不实。

**关键词**：地方史；清史；陈寿祺；梁章钜；道光《福建通志》；《文选旁证》

**作者简介**：宋一明，福建人民出版社副编审

清嘉道间闽中著述丰富者，有陈寿祺与梁章钜二家。陈氏邃于经学，梁氏擅场笔记，虽著述取径不同，然俱多可传之作。陈、梁二氏以年少相知、科第相继、里居相邻而往来甚密，晚岁乃因故失和，颇涉《福建通志》删毁、《文选旁证》撰者两公案。兹考二人之往来与失和情形，兼辨两公案之实情云。

## 一、陈、梁二氏早年之往来

陈寿祺（1771—1834）字恭甫，一字介祥、苇仁，号左海，又号梅修，晚号隐屏山人，福建闽县人。嘉庆四年（1799）进士，选庶吉士，散馆授编修。十五年丁忧归，历主福建仙游书院、泉州清源书院、福州鳌峰书院。著述甚富，已刻者有《五经异义疏证》三卷、《尚书大传定本》五卷《序录》一卷《辨讹》一卷、《左海文集》十卷、《左海乙集骈体文》二卷、《绛跗草堂诗集》六卷、《左海经辨》二卷、《东越儒林后传》一卷、《东越文苑后传》一卷、《洪范五行传》三卷、《东观存稿》一卷等，汇编为《左海全集》，嘉道间陆续刊行。

梁章钜（1775—1849），字闳中，又字茝林、芷林、芷邻，晚号退庵。祖籍长乐，清初徙居福州。嘉庆七年（1802）进士，以翰林院庶吉士用教习。曾主浦城南浦书院讲席。历官

军机章京,仪制司员外郎,湖北荆州府知府兼荆宜施道,江南淮海河务兵备道,山东按察使,江苏布政使,广西、江苏巡抚等。撰有《夏小正经传通释》《三国志旁证》《文选旁证》《楹联丛话》《制义丛话》《称谓录》《退庵随笔》《归田琐记》《浪迹丛谈》等数十种。

  陈寿祺与梁章钜结识甚早,上海图书馆藏稿本《退庵文存·陈恭甫太史传略》谓"余与君少即相知"①,盖以同受业于孟超然(瓶庵)。《制义丛话》卷五谓"余在鳌峰书院肄业时,掌教者为孟瓶庵师超然。师本吾乡名解元"②云云。孟超然为秦蕙田弟子,《制义丛话》卷九:"孟瓶庵师曰:吾师金匮秦文恭公蕙田,素不喜谈时文,每侍坐间有论及,辄以他语乱之。"③孟超然又以时文名家,陈寿祺从游所得多义理之学,而梁章钜则多得其制艺时文,故《制义丛话》卷十六云:"吾乡近日论时文者,必首推孟瓶庵师。师由拔贡中副榜,旋中解元,成进士,入词馆,改部曹,典试粤西,督学四川,以乞养归。年甫四十,遂不复出,凡士人荣进之阶无不周历。"④

  然陈、梁二人结识之初来往不多。陈寿祺嘉庆初游幕闽南、岭南、浙中时,与梁章钜之交往均无迹可寻。迨嘉庆四年中式,同科有梁运昌(曼云),即梁章钜之从兄。《退庵自订年谱》记载乾隆五十五年庚戌与三兄梁运昌同在鳌峰书院二贤祠读书⑤,友于之情甚笃。《归田琐记》卷二《曼云先兄家传》述其交游云:"归里未数月,值满州文远皋少宰督浙学,招之入幕。时抚浙者为仪征阮相国,皆座主也。公往来两节署,请业请益,所学愈进。"⑥以时推之,当未与陈寿祺同在浙抚阮元幕中。《家传》又云"在京师时,惟其同年萧山汤敦甫金钊、高邮王伯申引之、涿州卢厚山坤、通州白小山镕、桐城吴春麓赓枚、武威张介侯澍为道义文字之交。归里后,亦断绝音问"。《浪迹丛谈》卷一谓张惠言"皋文与曼云先兄同成进士,同入翰林,余曾于庶常馆数晤接,承其青睐"⑦,卷三谓许宗彦"周生与曼云先兄同成进士,余曾相见于京师"⑧云云,许宗彦朝考后即分兵部主事,仅两月即归里⑨,其相见当在梁章钜嘉庆四年会试下第时。此数人者,亦多与陈寿祺交好,然终未提及陈寿祺,且《左海文集》《绛跗草堂诗集》亦无及于梁运昌者,盖二人虽谊属同年而秉性不合,殊少交往。

---

① 梁章钜:《退庵文存》,《清代诗文集汇编》第515册,上海古籍出版社2010年版,第360页。
② 梁章钜:《制义丛话》卷5,上海书店出版社2001年版,第77页。
③ 梁章钜:《制义丛话》卷9,第169页。
④ 梁章钜:《制义丛话》卷16,第311页。
⑤ 梁章钜:《退庵自订年谱》,《归田琐记》附录,中华书局1997年版,第181页。
⑥ 梁章钜:《归田琐记》卷2《曼云先兄家传》,第34页。
⑦ 梁章钜:《浪迹丛谈》卷1,中华书局2007年版,第9页。
⑧ 梁章钜:《浪迹丛谈》卷3,第40页。
⑨ 《清史列传》卷69《儒林传下二·许宗彦》:"授兵部主事。就官两月,以亲老遽引疾归,亲殁卒不出。"中华书局2016年版,第5571页。

梁章钜晚陈寿祺一科,甫中嘉庆七年进士,即以丁忧归里。嘉庆十年二月服阕入京,散馆改礼部主事,秋间以病归。此年二人曾同在京师,然其往来之迹亦无从考实。嘉庆十二年,梁章钜掌浦城南浦书院讲席,次年为福建巡抚张师诚延入幕中。此后数年,则出入书院、张幕之间。至嘉庆十六年,陈寿祺自翰林院归里,亦入张幕,与梁章钜分纂《御制全史诗注》,为可考二人密切往来之始。《退庵自订年谱》云:"辛未,三十七岁,复入张抚部幕,与陈恭甫分纂《御制全史诗注》六十四卷。是春闻先考妣合葬,祖芳斋师为之志铭,事毕仍赴南浦讲席,校补《仓颉篇》三卷,选辑《闽文典制钞》四卷。"①此时梁章钜倡议,约陈登龙、游光绎、萨玉衡、赵在田等同人常集于许德树嫣红小院。德树字大滋,又作逮孜,号荫坪,又号春甸,道光六年进士,曾任漳州府学、台湾府学教授,兼主海东书院讲席。②嫣红小院即其居处,有园亭之胜。陈寿祺初时未与,数集后亦来会。梁章钜《许春甸嫣红小院第六集先期赋赠同人各一首依次和之》云:

  太邱蓬池老(陈恭甫编修),体质复彪文。易服返乡里,阐幽复勤勤(君近撰吾乡《儒林》、《文苑传略》,上之史馆)。比当读乐始,恰值联吟群。如何惜壶汁,迟我钧天闻。(君入吟榭稍后,而诗出亦迟,故戏索之。)③

近人吴守礼《陈恭甫先生父子年谱》据《左海文集》卷五《与方彦闻令君书》,考《东越儒林》《文苑后传》撰成在为张师诚注《仁庙圣制全史诗》之次年,即嘉庆十七年,由诗中小注可知梁章钜此诗亦作于此年。④

十七年秋后,梁章钜归自南浦书院,"开藤花吟馆,集里中诸名流觞咏,其中有《藤花吟馆画卷》,阳湖李申耆邑侯兆洛、歙县程春海侍郎恩泽并为之记。"⑤所集酬唱同人中亦有陈寿祺。次年,梁章钜还主南浦书院讲席,陈寿祺乃主泉州清源书院讲席。年内俱返福州,同人麇集,陈寿祺有《藤花吟馆诗为梁茝林仪曹作》,云:

  藤花有屋在帝乡,居者芝麓朱周黄。吾乡亦传米友后,以庵名集诗琅琅(侯官许不弃有《紫藤花庵诗钞》)。风流犹为树爱惜,草木自与人辉光。百年胜韵已销歇,接迹乃见江田梁(仪曹族系在长乐江田)。君家太仆温且良,后先金马三鸾翔

---

① 梁章钜:《退庵自订年谱》,《归田琐记》附录,第183页。
② 民国《闽侯县志》卷84《许懿善传》附德树传。原谓嘉庆丙戌进士,嘉庆无丙戌,此据光绪《台湾通志》。
③ 梁章钜:《退庵诗存》卷5,《清代诗文集汇编》第515册,第73页。
④ 吴守礼:《陈恭甫先生父子年谱坿箸述考略》,《台北帝国大学文政学部文学科研究年报》第三辑,1937年。
⑤ 梁章钜:《退庵自订年谱》,《归田琐记》附录,第183页。

(君叔父九山太仆、从兄曼云编修与君先后并登词垣)。籍咸览举得门内,君尤藻笔腾文昌。晋安风雅今谁张,堂堂吟社招壶觞。坐中健者雁门萨(檀河明府),游(彤卣侍御)、陈(秋坪同知)尊宿骖两襄。其馀鱼雅各矫矫,余亦追逐趋鸡坊。不知杏馆开西庄,但闻萧赉呼青杨。幽斋兰竹交密幄,架棚蘦蔓三寻长。缭垣滴青细雨滑,疏寮摇紫春风香。诗成长啸酒亦狂,帘前落花云半床。翠红翦刻未足贵,径欲霞想凌扶桑。看君尚友登三唐,东南峤外罗文章(君顷辑闽中唐集,为《东南峤外诗文钞》)。山川香草千古在,彼何人哉纕蕙纕。吾侪努力崇令德,久久芝室无渝芳。①

诗中述及梁章钜辑录闽中唐人集为《东南峤外诗文钞》事,此书今不见传本,盖编成而未刻②,惟陈寿祺所撰《东南峤外诗文钞序》载《左海文集》卷六,云:

> 嘉庆壬申春,余初校定唐莆田林蕴遗文,及福清王棨《麟角集》,爰考唐、宋《艺文志》,慨然于吾闽文献之不足。然窃念零珪断璧,犹可求什一于千百,惜世无有冥搜而博讨之者,故湮沉弥甚。已而长乐梁茝邻仪曹以《东南峤外诗文钞》示余,则由五代上溯三唐六朝,攟摭殆备,又各具其爵里事迹,于是叹仪曹用心深至,俾学者诵读古人诗书,有以知人论世而不迷于途也。

此时陈寿祺已成《东越儒林后传》《文苑后传》,与梁章钜一史一集,皆有功于闽省之文献,故序中又云:

> 比余撰次清兴以来闽儒林、文苑传略,上之史馆,稽访经岁,又以痛故乡艺文之散弃,远者百年,近或不及数十年,大半烟销露灭,即其子孙莫能守,何况千载以上。呜乎,此诚乡士大夫后起者之责也。仪曹既成斯编,行由两宋、元、明而至我朝,次第排纂,以汇山渊,其亦汲汲无息于甄录之劳,且怂恿有志与力者卒其业而谋其久,然后愉快乎。余虽驽钝,将欣然怀椠以从之。③

其间往来未久,梁章钜即以嘉庆十八年冬,自闽北上入都。赠别之时,陈寿祺为作

---

① 陈寿祺:《绛跗草堂诗集》卷2,《续修四库全书》第1496册,第511页。括号内文字,皆系原诗小注。
② 梁章钜:《归田琐记》卷6《已刻未刻书目》条云:"《东南峤外诗文钞》三十卷,陈恭甫编修序,皆录五代以前作,未刻。"第120页。
③ 陈寿祺:《左海文集》卷6《东南峤外诗文钞序》,《续修四库全书》第1496册,第258页。

《送梁苣林仪部入都》一首,谓"锦橐西望掖闱高,画省需君洒彩毫。著述自娱梁叔敬,淹通谁并孔仪曹。冲寒鸿鹄心犹壮,满目关山首重搔。凭语蓟门新柳色,和烟和月照宫袍"①。据《退庵自订年谱》,是年冬梁章钜挈眷进京,在浦城度岁,次年八月方抵京。②诗中"冲寒鸿鹄"正切其北上节候,"凭语蓟门新柳色"乃料其当于春日抵达也。

## 二、陈、梁二氏道光间之往来及晚岁失和

嘉庆十九年八月,梁章钜抵都销假,仍在礼部仪制司行走。次年,始从翁方纲学诗。《退庵自订年谱》:"乙亥,四十七岁。同刘芙初、吴兰雪、陈石士、李兰卿谒翁覃溪师,为苏斋诗弟子者三年。"③嘉庆二十二年中秋,翁氏为梁章钜诗作题词,评骘其诗作得失,谓"余与海内才士以诗相切劘者垂五十年,其就吾斋学诗称著录弟子者,亦不下百十辈,苣林最后至,而手腕境界迥异时流,又最笃信余说。尝与刘芙初、吴兰雪、陈石士、李兰卿诸子分题角胜,每一稿出,必就余点定之"云云。④于梁章钜多所称赞,《续修四库全书总目提要》以为推许不免太过。⑤沈津《翁方纲年谱》谓此为《藤花吟馆诗钞》而题⑥,不知何据。因《诗钞》刻于道光五年,所收系道光三年"为官河务道以前作"⑦,此时尚未编定也。刻《藤花吟馆诗钞》时,陈寿祺为撰跋文,后移作《退庵诗存》题词,又收录《左海文集》卷七。跋云:

> 覃溪学士之序苣邻按察诗曰:不名一家而能奄有众家之美,曰沉着按切,一时才隽莫能近。数言足以尽苣邻矣。同时诸公所以交口称苣邻者甚至,然莫如覃溪之简而尽。余虽欲赞一词,卒无以加之也。虽然,覃溪诧苣邻笃信其说,意欲纳为学诗弟子,则余未敢谓然。覃溪论诗多精诣,然如元遗山绝句之"沧海横流"显指苏黄末失,而以为主论时政,此岂遗山之意哉。覃溪所奉者眉山,所宗者渔洋,而其所为诗,瘦硬槎枒乃于涪翁为近,去眉山、渔洋若风马牛之不相及。假令强附之眉山、渔洋之苗裔,其可乎哉。非惟覃溪为然,眉山多自比香山,其诗非香山也;渔洋自谓石仓后身,其诗非石仓也。非惟眉山、渔洋为然,昌黎论诗于东野、玉川,不

---

① 陈寿祺:《绛跗草堂诗集》卷5,第546页。
②③ 梁章钜:《退庵自订年谱》,《归田琐记》附录,第184页。
④ 梁章钜:《退庵诗存》卷首题词,《清代诗文集汇编》第515册,第21页。
⑤ 东方文化事业总委员会:《续修四库全书总目提要》第21册,第296页。
⑥ 沈津:《翁方纲年谱》,(台)"中央研究院"中国文哲研究所2002年版,第483页。
⑦ 袁行云:《清人诗集叙录》卷55《退庵诗存》条,人民文学出版社2016年版,第1987页。

以其同己也而昵之；于秘书、水部二张，不以其异己也而摈之，曾入主出奴之是私乎哉。师古人者以神不以形，执一而掩百，徇目而废心，则明人门户之见，而其弊卒不免为后世讥者也，君子奚取焉。芷邻之诗，自嘉庆癸酉入都以后从覃溪游，间效其体云耳，其才力之雄，固自足深造古人之堂室，恶在其为墨守覃溪也。余惧不知芷邻者，误据覃溪一语以为宗派口实也，故相为明之，芷邻其亦知之矣。同里陈寿祺跋。①

《退庵诗存》卷首所载，惟删去"师古人者以神不以形，执一而掩百，徇目而废心，则明人门户之见，而其弊卒不免为后世讥者也，君子奚取焉"一句，其余皆同。陈寿祺盛赞梁章钜诗作，又举覃溪论诗之误，谓其诗作之瘦硬槎枒，盖有意贬抑也。又劝梁章钜直追古人，勿墨守覃溪之诗说，或以嘉庆中与翁氏交互论争，至此犹未释怀。②

道光三年，梁章钜授江南淮海河务兵备道，是其仕履平步青云之始。陈寿祺亦由清源书院转主省垣鳌峰书院，虽身居学府而萦怀庙堂，故常替膺封圻者谋虑，致书当道论吏治之弊，以期有所用世也。《左海文集》中有致其时闽省、会垣当事者之书甚多，如卷四与陆我嵩、孙尔准论福州水利、州邑行政不善等，卷五与汪志伊论治闽之法，与孙尔准论运外省之米赈济闽省，与程祖洛论闽地之患等。又有致林则徐、梁章钜二人之书数通，俱论吏治及桑梓利弊者。此年致函梁章钜云：

> 吾乡百年以来，先达具经世济时之略者盖尠，近若何念修侍郎、张惕庵太史、龚海峰观察，其才地阔达，足以语此，而惜皆未竟其用。今独阁下与少穆按察，为时而出冠伦魁，能宏此远谟，是鄙人之所区区厚望耳。虞升卿有言，不遇盘根错节，无以别利器。合下当及时振奋功名，而勿以时事之难嗒然自馁也。③

可知梁、林二人，俱以"为时出而冠伦魁"而得陈寿祺推重，屡屡致书，甚望二人能从其建言，借大吏之手而施其行政理想。

自梁章钜至江苏，数年间当稍有函札来往，故其任内之政绩为陈寿祺所熟知。道光七年，梁章钜时任江苏按察使，在苏州募资修葺园林沧浪亭。此风雅善举为其得意之事，晚年返闽，犹名其居处景观为小沧浪亭，以寄所怀。又以沧浪亭之新葺，征集题咏，陈寿

---

① 陈寿祺：《左海文集》卷7《藤花吟馆诗钞跋》，《续修四库全书》第1496册，第307页。
② 参见宋一明：《述陈寿祺与翁方纲之争》，《国学季刊》第2期，山东人民出版社2016年版，第150—164页。
③ 陈寿祺：《左海文集》卷5《答梁芷林兵备书》，《续修四库全书》第1496册，第217页。

祺遂作《梁芷林藩伯新葺沧浪亭征诗却寄》应之：

> 姑苏有苏亭，得名七百载。峦壑更废兴，烟霞亦色改。君来驻千旗，觞咏恣荡骀。希古思振缨，方壶绘王宰。意图榱桷新，山灵如有待。及兹总藩条，泉石舒光采。诗心小谢山，践修前诺在。岫幌空翠来，波奁浮绿汇。枫柳与凫鹥，为君悦幽垲。重成长史祠，崇冈均峭嶵。小志续商丘，纪年在丁亥。东吴佳丽地，台榭纷磊磊。况邻舆骑场，传舍逼凡猥。熙熙城市闲，畴暇歌欸乃。大雅蹑前贤，留芳及蘅茝。风月同古今，履綦判葰倍。吁嗟沧浪清，庶协心冰曒。君诚柱石材，风猷动僚寀。薪荛力障淮，粳稻急帆海。角牙销滞冤，刀布饬财赇。淞江水利长，疏浚日无怠。所舍成甘棠，讴颂棃珠琲。勋业齐灵岩，岂惟此亭嵬。伟略涵泱漭，雄文拔嵬巊。吴蔷肩苏宋，直当踵元凯。馀事付诗人，长资艺林采。①

诗中称述梁章钜在任之德政，如疏浚淞江、海运苏米以纾闽中之困等。次年，沧浪亭修竣，梁章钜又辑成《沧浪亭志》四卷。②

道光九年，梁章钜在江苏布政使任上，曾将七年所刻《沧浪亭题咏》等，托人转递陈寿祺，又赠钱若干，以助刊行《左海文集》。陈寿祺覆书云：

> 叶上舍归，远奉答示，寄赐诗集及《沧浪亭题咏》数种，光彩焕发，若锡百朋。复蒙惠贶多金，助锓鄙草。感荷，感荷。阁下政学闳通，固宜传播宇内，慰争睹星云之愿。若下走学步邯郸，不足以及前人踵武，岂意君子欲诱而进之著作之林，俯仰怀惭，曷由仰酬盛意。沧浪亭名迹阅年十百，得阁下重葺而新之，风雅勃兴，它日继绵津而拥节旄，高风胜韵，益可知也。许不弃《紫藤花庵集》从其家索借一卷，乃游粤时家山杂忆诗百馀首，此外渺不可得。沧浪亭游燕之作，末由搜访矣。寿祺比年采辑石斋黄先生文集，自康熙间郑虚舟刻本外，得见郑白麓编次本、洪石秋元编本，并借录副墨，益以逸文、逸诗，凡数十册。先生能为秦汉魏晋之文，虎跃鲸铿，为海内不传之秘，陆莱臧县尹劝鸠赀付锓，寿祺尝言之孙宫保，忻然许诺。今拟求同志集数百金，明春开雕，公布天下，使知先生绝学雄文，百世不可磨灭，是亦后学之责也。吾乡重建贡院与恤嫠二事，盖千载盛举，寿祺皆幸得从事其间。贡院物材充实，罕有漏卮，恤嫠则报明人户，详悉察访，城中绅衿之家，茕独困穷指不胜屈，且有仕宦未久而

---

① 陈寿祺：《绛跗草堂诗集》卷1，《续修四库全书》第1496册，第496页。
② 梁章钜：《退庵自订年谱》，《归田琐记》附录，第187页。

其妻妾女媳无以自存者。此事诚斯须不可缓,赖叶次幔县尹捐银八百两,复先垫金钱二千四百贯,专心经营,不遗馀力。今夏闰月,乃克举行,其始散给嫠妇百七十人,洎冬已二百人矣。阁下于此二事,捐助千金,桑梓沐膏饮泽,垂诸无穷。大丈夫得志,行其所为,不当如是耶。贡院合诸郡县劝捐,得洋镪十馀万,计工费亦略相抵。惟恤嫠经费,犹未充裕,愿阁下顺风而呼于同里之仕外者,广为怂恿,功德益无涯涘,幸蚕图之。①

其后又论江南漕运利弊,兹不赘引。由札中可知,梁章钜编辑《沧浪亭题咏》,拟汇辑文士游览之题咏,并倩陈寿祺代为搜访许不弃之作。陈寿祺又告以商集印资,编刻《黄漳浦全集》事,并有请梁章钜欷助之意。《左海文集》卷六《重编黄漳浦遗集序》记编辑之经过,云:

> 文集十三卷,则康熙甲午龙岩郑虚舟取石秋所编刻之,近又重刻于漳,非全集也。余往在京师,尝得其一部。既归里,始闻公之遗书厓藏漳州一士人家,寤寐求之。嘉庆丙子,属友人展转假其藏本以来,乃海澄郑白麓中书所编,文三十六卷,诗十四卷,视虚舟本增多数倍,字句间有小异。余以虚舟本所遗缮写十馀册,人间始有副墨矣。又钞得石秋及庄起俦所撰黄子年谱各一卷,又购得《易本象》二册、《邺山讲义》一册、近体五七言诗一册、逸诗一册,又《骈枝别集》二册,公蚕岁刻;《大涤函书》二册,门下士陈卧子刻,皆昔已行世而今始见之。顷嘉兴沈鼎甫大理督闽学,闻其得公全集钞本数十册于漳人,急假校对,则倍于虚舟本而不及白麓本四之一。其文有剌取已刻者,题有点窜者,盖石秋与公季子子平编次原本。然有五十篇为白麓所遗,将白麓未睹此本耶。余悉录补,而益以它时所见卷册遗文遗诗数十,汇为一编,重定目录,而仍存洪、郑数家旧次。盖积十有馀年,然后公之遗集乃得揽其全,以慰平生饥渴矣。②

此序作于道光六年夏四月,其时已经编就,刻资虽得孙尔准、陆莱臧之许诺,然尚未全备,正待力谋鸠集。梁章钜亦曾搜集漳浦逸稿,如所得《弘光元年六月讨贼檄草》及《上皇太后请迎圣驾笺》,均为文集所不载者。梁章钜以此两稿示陈寿祺,陈寿祺遵嘱考其始末,成《黄石斋先生逸稿跋》,后附两稿,并依郑亦邹"白麓本"增注其阙文,载《左海文集》

---

① 陈寿祺:《左海文集》卷5《与梁茝林藩伯书》,《续修四库全书》第1496册,第230页。
② 陈寿祺:《左海文集》卷6《重编黄漳浦遗集序》,《续修四库全书》第1496册,第250页。

卷七。至于陈寿祺倡议重建贡院与恤嫠事,梁章钜则赠与千金,以赞其成。整修贡院所剩节馀,则拟用以编纂《福建通志》。

道光九年,陈寿祺与闽浙总督孙尔准等商议修《福建通志》,中经曲折后由陈寿祺出任总纂,次年由孙氏上书朝廷,博搜图书,借钞文献,以为修志之需。《左海文集》卷六《闽都记序》云:"疏闻于朝,独慨文献零落,旧闻坠湮,因博搜前代载籍,近者假之士大夫,远者借钞于越中文澜阁及天一阁。于是桑梓遗文雅记,往往颇出。"梁章钜虽远宦吴中,亦代志局搜集乡梓文献,颇得罕传秘本,明王应山《闽都记》即其一也。《闽都记序》又谓"吴中梁芷林藩伯,遂以明王应山《闽都记》来。是书康熙末吾乡谢又绍阁学所藏钞本也,文字讹脱不可胜举,又缺其中第七卷。余展转复假得东郊王氏残刻本,其第七卷适具,亟令人繕录,且订正诸卷舛漏,补卷首陈价夫等城图数篇及锓板姓氏,而是编始完。久之,督府衙官卜君鸠赀付剞劂,尚书乃属寿祺序之"云云,知修志之初,梁章钜亦有所助焉。

道光十一年,江淮水灾,梁章钜时任江苏布政使。《退庵自订年谱》道光十一年辛卯:"江淮大水成灾,流民蔽江而来,每日以万计。乃率属捐廉,出示募捐。一面给船咨送,一面设厂留养。计自初秋至冬孟三月馀日,资送出境者六十馀万人,自初冬至次年春季在厂留养者四万馀人,复自捐棉衣万袭,以为厂中御寒之具,于三月末陆续资送北返,沿途颇有颂声。何竹芗郡丞士祁为作《目送归鸿》画卷,高雨农舍人澍然为之记。"①《福建文献集成初编》影印复旦大学图书馆藏清侯官杨氏冠悔堂钞本《抑快轩文集乙编》卷十五、影印福建省图书馆藏周凯评清抄本《抑快轩文集》卷十均收《江苏布政使梁公抚流民记》②,即《退庵自订年谱》所云者。此次赈灾之事,亦梁章钜为官得意之举,撰述中屡屡道及。因请山阴何士祁为绘《目送归鸿图》,或名《安集归鸿图》,持以遍征师友题咏,陈寿祺为作《题芷林藩伯安集归鸿图》,其诗云:"道光辛卯秋,江淮儆洪泽。千万哀其鱼,提携塞舳舻。号呼风波中,声若殷雷哄。蜚鸿悲满野,谁暇问耕穫。仁人视如伤,餐粥逮咸戢。恢闳卅七厂,嘉泽流淙淙。何须移粟劳,泛舟接雍绛。中吴义行丰,全琮盈里巷。自非董劝先,安被甘雨降。""天灾国流行,其患自唐虞。所倚大吏贤,为民爱毛肤。苇间拾螺蜯,沙汭招鸥凫。馁者施饘粥,冻者分袴襦。疾者给医药,稚者保穀雏。男女各区别,岁时咸煦濡。章条既井井,穷黎庶其苏。四郡与一州,抚绥沛江湖。赍送六十万,收养四万馀。经营八阅月,潦涸归川涂。"与通篇颂扬德政者不同,陈寿祺由此而念及闽中民生之困,云:

吾闽本贫瘠,常病珠玉餐。夏愁旱潦积,秋患台风寒。鸠鹄加饥馑,豺虎增凋

---

① 梁章钜:《退庵自订年谱》,《归田琐记》附录,第188页。
② 见《福建文献集成初编》集部第38册,福建人民出版社2020年版,第157页;集部第41册,第407页。

残。延建逼钞略,行旅不得安。泉漳困斗哄,民力亦已殚。榕城下户广,救死在壶箪。孰拈田家句,念彼心肉剜。朝廷去讳饰,痛痒咨衣冠。吾侪切桑梓,岂惑讹言端。去冬海外警,幸早释橹干。下游请漕急,飞挽烦越官。所忧盖藏少,义仓成亦难。雨旸未时若,焉料新禾穱。天恩讵再觊,岁事期少宽。因兹感嗷雁,蒿目虚长叹。①

由《左海文集》上诸总督、巡抚、布政使等书,多议运米入闽以济民困,严禁械斗之事,可知诗中所述俱属实情。

道光十二年四月,梁章钜因病奏请开缺,奉旨俟林则徐到任后再行开缺回籍调理。于六月卸篆,八月抵福州,入住黄巷新宅。"是年修葺宅右小楼,榜曰黄楼。与同里诸耆旧以诗酒相往来,辑《三山唱和集》十卷。"②梁章钜迁入黄巷,适与陈寿祺比邻而居。黄巷在今福州城内南后街东侧,与杨桥巷、郎官巷、安民巷、塔巷、宫巷、吉庇巷及西侧之衣锦坊、文儒坊、光禄坊共称"三坊七巷",为明清以来名人故宅聚集之地。黄巷之得名,或谓源于晋永嘉时,中原黄氏避乱入闽,定居于此;又传为唐末文士黄璞居此,黄巢兵入闽,闻璞有儒行,灭炬而过其门,故有"唐黄璞故居"之匾额悬于巷内。梁章钜所营黄楼,或即黄璞旧居故址。陈寿祺所居名"小嫏嬛馆",在梁宅东邻,近人林家溱《福州坊巷志》云:"父老相传,寿祺与梁章钜因争购黄璞故居宅址,竟至失感。梁故富于赀,乃终归其所有。"③所记有所失实。《绛跗草堂诗集》中与梁章钜唱和之诗,作于道光十二年者甚多,乃至一和再和者。如《芷林藩伯乞退还里承示吴中留别同人长句四首次韵》其一有"急流真觉抽身勇,安步何贪拾级连。留得夔龙卧邱壑,便因鲈鲙亦翛然"之句,咏其不恋官位,奏请开缺之事。其三云:

> 文采风流迥冠时,经纶福履共绥宜。亭祠考献多修古,江海筹粮尽入诗(在吴中修建沧浪亭、梁伯鸾祠最著。两遇河决水灾,豫筹海运与截漕事宜,咸符谕旨)。书为奉公挥翰少,酒缘忧国举杯迟(公自言案牍劳形,裁答鲜暇,又言勤勚之馀,酒户亦减)。黍苗膏雨东南远,想见吴侬去后思。④

则赞其在苏省之惠政。然陈寿祺诗兴犹未尽,又有《前诗意有未尽再叠元韵呈芷林

---

① 陈寿祺:《绛跗草堂诗集》卷1,《续修四库全书》第1496册,第497页。
② 梁章钜:《退庵自订年谱》,《归田琐记》附录,第189页。
③ 林家溱:《福州坊巷志》卷3,福建美术出版社2013年版,第104页。
④ 陈寿祺:《绛跗草堂诗集》卷5,《续修四库全书》第1496册,第551页。

藩伯》,咏早岁交往之迹,及旧雨凋零之感:

> 吟社当时会月泉,夔蚿心迹最相怜。遨游自爱登山屐,健饮何须种秫田。名位廿年问唐举,海波一曲溯成连。故园松菊应无恙,回忆藤阴亦惘然(藤花吟馆,君昔家居,联诗事于此)。
>
> 归来闾巷访烟萝,老辈楹书慨叹多。著述二林淹梓里(林畅原教授,著述甚富,身后稿已售人;林钝邨教谕,撰《周礼私记》六十巨册,采摭极博,余屡索之其后人,稿幸仅存),风骚一代失檀河(谓萨葱如县令)。西湖诗社销沉久,少谷柴门寂寞何。凭仗扶轮资大雅,讵夸驷马耀鸣珂。①

可知此年二家结邻而居,往来协洽,故屡有唱和之作。如陈寿祺作《次冯笏轩舍人饯春诗韵兼呈芷林藩伯》云:"黄楼有嘉招,白社同故侣。"《题芷林藩伯灯窗梧竹图》自注云:"嘉庆丙子,苏斋与芷林、兰卿论诗,落句有'多少窗灯梧竹响,欲凭旧雨为传神'之句。芷林、兰卿因先后绘此图。"诗凡两首,皆咏梁章钜、李兰卿从翁方纲覃溪学诗事,其诗云:

> 诗老门庭晚最亲,苏斋得士契无邻。妙龄李峤呼才子(谓李兰卿郡守)。高咏梁鸿迈古人。意味应从皮骨别,兴观直取性情真。疏帘梧竹窗灯夕,弹指流光一怆神(苏斋归道山,距绘图时已十七年)。
>
> 苏黄尽处寂求音,杜法千秋证寸心("苏黄尽处途逾骋","我于杜法叩元音",皆苏斋诗语)。丹篆瓣香参已许,词源浩荡涉逾深(苏斋后题芷林藩伯此图绝句云:瓣香果许参丹篆。前题五言古诗云:浩荡极词源,问涉津与渚)。笔谈自昔兼虞广,含吐如君妙沈任。漫道对床诗事合(苏斋昔与谢蕴山、冯鱼山论诗,蕴山作《对床听雨图》),绣丝谁尽度鸳针(谢、冯皆苏斋入室高足,而藩伯以后起之雄为词坛帅,众谓风雅之宗归海峤矣)。②

翁覃溪以乾隆年间得苏轼真迹《嵩阳帖》及宋嘉定刻本《施注苏诗》,而名其居处为"宝苏斋",每值苏轼生日,辄邀同人聚集斋中,以为祭苏之会。梁章钜宗奉翁氏诗说,此为东坡作生日之雅会,梁章钜亦于闽中邀集同人效仿,陈寿祺曾与之,故有《梁藩伯芝南山馆作东坡生日有诗属和》之作。

---

① 陈寿祺:《绛跗草堂诗集》卷5,《续修四库全书》第1496册,第551页。
② 陈寿祺:《绛跗草堂诗集》卷5,《续修四库全书》第1496册,第552页。

此年梁章钜与陈寿祺唱和各诗皆存《退庵诗存》卷二十中,如为陈寿祺题《恋云图》诗。案此图为嘉庆十九年甲戌重九日,闽县陈登龙仿黄公望笔意绘,道光间为闽浙总督孙尔准所得,题诗后转赠陈寿祺。除孙氏外,图后又有十一家题咏、跋文。其中梁章钜诗二首,在道光己丑嘉平望后三日姚莹题诗后,云:"道本名山贵,情尤爱日殷。此间真可恋,无憾孰如君。已惬循陔志,方成誓墓文。我归何所托,惶恐说闲云。""廿载归来客,披图感慨多。苔岑馀宿草(自注:图为秋坪丈所作),棠舍易移柯(自注:谓孙宫保)。所喜论文细,频容问字过。闽川犹有巷,老屋对牵萝。恭甫老前辈大人正题,侍梁章钜呈稿。"原图最末为近人梁鸿志跋,谓梁章钜诗作于道光十二年壬辰,"越二年而陈寿祺下世"。此年梁章钜又有《琅琊师子炉歌为陈恭甫作》。"琅琊王师子铜炉"为唐天祐四年所铸,道光八年出土于仙游保福院故址,陈寿祺闻讯访求半载得之,以稍有残损,倩工依旧式铸补,乃成完物。《左海文集》卷三《唐天祐四年琅邪王师子铜炉铭释文》载其铭云:"弟子盐铁出使巡官主福建院事检校尚书礼部郎中赐紫金鱼袋王延翰,奉为大王及国夫人铸造师子香炉壹口,舍入保福院,永充供养。天祐四年九月四日题。"陈寿祺考铭中所谓"盐铁出使巡官"即盐铁巡院官,"主福建院事",即侯官之监院,又云"此铭云天祐四年九月,是时唐已亡矣,盖琅琊及延翰后自王皆犹禀唐正朔也"①。此为陈寿祺珍视之宝器,曾示梁章钜而征题咏。梁章钜乃作《琅琊师子炉歌》,其诗颇类翁覃溪,以考证入诗,谓"三山吉金此第一,恰值志乘搜残丛。天将此物助载笔,团团宝月围晴虹"云云,注谓"时恭甫为福建通志局总裁,适获此物",②亟称此炉铭文可补志乘之阙,可为修《福建通志》之助。

唱和之外,又以所藏先贤遗墨等互为题跋,如陈寿祺为梁章钜跋明人翁正春廷试卷,云:"余求公遗集久之,从其族人假得《奏疏》四卷、《杂文》一卷,亟缮录藏之。公旧宅在洪塘,洪塘余门人以公书诸葛武侯《诫子书》,张横渠、周濂溪二先生与司马温公语长卷诒余,而卷末无款识。然审其笔力瘦硬,风骨天成,深得欧阳信本行书法,非公莫克为也。又访知公有廷试卷,在西郭外人家,欲购之而未果。道光壬辰秋八月,梁茝林藩伯归自吴门,甫数日,有持此卷求售者,得之甚廉,因以告余。余亦出公前卷相示,藩伯曰,是可互为题识,以相证也。"跋中述翁氏书法外,又赞梁章钜退居之事,云:"藩伯由词垣移仪曹,扬历外台,勤劳民事,齿未及耆,一引疾而蒙俞允,其迟速虽殊,而勇退之情一也。然而朝廷体下而使之以礼,视前代不判若霄壤乎哉。"③

是年闰重阳日,梁章钜曾召集赵在田、林春溥等十馀人同游乌石山文昌祠,陈寿祺以事未能应招,仍依韵作诗二首,有"但使年年同此会,金罍何日不重阳"之句,可知其时二

---

① 陈寿祺:《左海文集》卷3《唐天祐四年琅邪王师子铜炉铭释文》,《续修四库全书》第1496册,第117页。
② 梁章钜:《退庵诗存》卷20,《清代诗文集汇编》第515册,第214页。
③ 陈寿祺:《左海文集》卷7《跋翁文简公廷试卷》,《续修四库全书》第1496册,第317页。

人尚未有隙,《黄楼诗和梁芷林藩伯》二首最能观其往来之乐。其一云:

> 黄巷门庭忆德温,黄楼新构面梅轩。但教地踵兰成宅,何事名争谢傅墩。白社人开九老会(公辞官适符白香山归洛之年,朋旧过从无虚月,亦与香山同),绿杨春接两家园(白乐天《欲与元八卜邻》诗:绿杨宜作两家春。余宅与藩伯隔垣,前后亦有两小楼,然不如公文采风流远甚,愧无以张之也)。买邻百万因君重,付与云仍细讨论。①

以白居易、元稹比拟二家之隔垣而居,诗中明言"黄楼新构",知陈寿祺与梁章钜并无争购黄楼事。

二人以营造宅第失和事当在道光十三年。《退庵自订年谱》云:"是岁修葺宅左小园,榜曰东园,分为十二景,有诗纪之。"②可知梁宅分东西两院,道光十二年所葺名"黄楼"者居西侧,道光十三年所葺名"东园"者居东侧,与陈寿祺宅隔垣者乃"东园"。此园遗迹尚存,今经修复,虽有损原貌,仍可追想当日景象。园内十二景为藤花吟馆、榕风楼、百一峰阁、荔香斋、宝兰堂、曼华精舍、潇碧廊、般若台、宾月台、澹囷沼、小沧浪亭及浴佛泉,《退庵诗存》卷二十三《东园落成杂诗十二首索同人和作》各系一诗咏之。由各处名目可知,其巨丽美富,已非寻常之宅,故陈寿祺曾作书规之。陈寿祺弟子张际亮亨甫《题鳌峰载笔图》诗注云:"方伯昔与师无隙,因大起园亭,侈入霄汉,师贻书规之,遂成嫌怨。"③二人虽以此事失和,然陈寿祺次年即病卒,故集中并无怨怼之语。《退庵诗存》卷二十一《寒食日集黄楼笏耕用韩公寒食日出游韵索和》有"安计邻家歌哭并,(自注:陈恭甫新逝。)古今行乐须及时"一联,可见梁章钜于陈寿祺之逝颇为漠然。

## 三、陈寿祺主纂道光《福建通志》为梁章钜等删毁始末

陈寿祺逝后,其总纂之《福建通志》规模虽具,然尚未定稿。梁章钜于《通志》之删毁中所扮角色不甚光彩,当时即召高澍然、林昌彝、张际亮等与修者之异议。至光绪间,谢章铤又据所闻,详记其事原委,梁章钜毁志之行愈显。近人萨士武撰《记道光〈福建通志〉

---

① 陈寿祺:《绛跗草堂诗集》卷5,《续修四库全书》第1496册,第553页。
② 梁章钜:《退庵自订年谱》,《归田琐记》附录,第189页。
③ 张际亮:《题鳌峰载笔图》自注,谢章铤辑:《陈乡贤鳌峰载笔图纪事辑录》,《福建文献集成初编》史部29册影印福建省图书馆藏稿本,第174页。

稿被毁事》，俾人人尽知光绪间重修之志已非陈寿祺总纂之本。兹据各家记载，参稽考核，考述其始末如下。

梁章钜与陈寿祺失和及删毁《福建通志》原稿事，其时外间亦多不详。唯高澍然与陈寿祺弟子张际亮、林昌彝、刘存仁等与修《通志》者周知原委，其中又以张际亮亨甫《题鳌峰载笔图》七言古诗所记最称翔实。谢章铤《鳌峰载笔图跋》谓"建宁张亨甫孝廉之七古，叙述尤悉，句下夹注详而确。图外尚有录本，读其诗，考其注，于兹事了然矣"。然观福建博物院藏《鳌峰载笔图》中虽有张际亮七古长诗，句下并无夹注，夹注实载于"图外录本"，即谢氏辑《陈乡贤鳌峰载笔图纪事辑录》所据者。谢氏所辑，皆摘录前人所记有关毁志之事，凡六篇：首为高澍然《与郑方伯王观察论通志兼辞总纂书》；次为林昌彝《射鹰楼诗话》卷三所载驳正梁章钜《公请闽中各大府颁示新修省志条例启》等，俱一一录之；三为何则贤《蓝水书塾笔记》论《福建新通志经籍》一条；四为林则徐《题鳌峰载笔图》诗及跋；五为张际亮《题鳌峰载笔图》七古诗，句下夹注俱在，天头有谢氏批注一条；末为刘存仁《有询余通志稿者感赋》六首，诗中亦有夹注记当时情形。近人沈觐宸字笋玉者，为谢氏弟子，撰有《卷阿馆随笔》，内《陈左海鳌峰载笔图注释》乃据各家记载所注，卷首识语云："陈恭甫侍御有三图，一《恋云图》，一《西湖讲舍校经图》，一《鳌峰载笔图》，均归陈几士公子。余今冬病中，医戒出户，几士携借一观，以遣郁闷。兹录《鳌峰载笔图》跋语，以见嘉道人文之盛，又于修志毁志一事，援引各家纪载，特为注释。此闽中一大公案也。"①自各图归藏螺洲陈氏，友人得从观览，近人始得了然毁志情形。近人萨士武《记道光福建通志被毁事》亦谓自陈氏处得观《鳌峰载笔图》，又得谢氏《鳌峰载笔图辑录纪事》原钞本，方能考其始末。

张亨甫之诗《思伯子堂集》中未载，仅见图中所题，及谢氏所录夹注详尽者。以此逸诗确为关乎陈寿祺之重要史料，又为亨甫本集所不载，萨氏纪事亦未详录，故全录于此：

朔方既定收江东，百战兵力安闽中。至人偃武习文教，造士始见承平风。金鳌峰下千盘石，先朝半是骚人宅。少谷亭悬海月清，通津门绕江潮白。当时清恪开讲堂，洛闽绝学心旁皇。蔡家父子相继逝，谁与朱（梅崖）孟（瓶庵）相颉颃。高楼犹是藏书地，白掷剧饮宁师意。大臣本为惜英才，多士翻劳腾谤议（故院长霞浦游侍御掌教十余年，成就科第甚众。然以言事谪官，颇寄情饮博，诸生遂有效之者。巡抚上元叶公乃有易掌院意，且仿清恪故事，举本郡品行学问优者为上舍生。于是福州物议纷起，且集矢于师矣）。岂知物望在人师，再辞乃促登皋比。诸生鹿洞能流涕（师著

---

① 沈觐宸：《卷阿馆随笔》，民国间稿本，福建省图书馆藏。

《义利辨》《知耻说》以示诸生),太史龙门不厌奇。纷纭谁解思名实,孙复谭经(惠安孙君经世)差第一。叹我才空数百年,到处驰书誉无匹(今春偶于家繁露教授家见师手书,言亨甫诗数百年所未有也云云)。匡刘枚马皆英多,惜惜绛帐春风和。虚怀旷郎若皓月,光气不掩秋星罗(师于课文外,复月课诸生以经解、史论、古歌诗,于是一时高才好学之士并起,师为诱掖成就之甚众)。自余北行更三岁,再来喜见群贤在。是时节度解好文,尚书倡议乡人采(余以丙戌入都,己丑以事至会垣。先是戊子师倡捐修贡院,有馀资,故尚书望坡陈公自京寄书,属制府孙文靖修《福建通志》。乡之士大夫皆喜,于是聘外省外郡知名士为纂修,故余至而沈梦塘、高雨农、家怡亭、王怀佩俱在此)。先生名与鳌峰高,先生笔挟沧海涛。画接元亭频载酒,夜烧官烛对挥毫。可怜荐士原碎琐(志局既开,而学使、制府各荐士为纂修,内三四人实无才学能称是选),况逢当事仍么么(先是学使陈石士侍郎与制府及师意见不合,其后盐道王耀辰复以庇护监局同乡宋炳垣与诸纂修不合,宋卒以贪墨见劾,流落闽中)。苦费收罗文献心,转成攻击文章祸。乌乎开府富贵人,微时亦是门庭宾。生无一语能匡谏,死有千言恣怒嗔。强将遗稿纷删定,仓颉夜泣谁堪听(先是有同乡今任中丞者,时以方伯家居,于甲午岁先生卒后,要同乡宦七人于督抚、学使、方伯处具呈词,力诋师所修《通志》阙失,其言至狼戾。诸宪寝其词。时制府歙人程祖洛亦与师不合,会奉上查方伯家居何状,乃助其入奏,言师原稿办理未善,方请某方伯订正。方伯旋起用巡抚,携其稿之半之桂林;半留闽中,属前编修魏敬中删削。魏,其长子师也。又时时分散于七乡宦之手,任意涂抹,至今无成书。幸其中如高雨农、陈扶雅、王怀佩诸稿皆各有抄本,将来孰得孰失,必有能辨之者。中丞先为江苏方伯,称"量不满",程时为中丞,称"程咬金",故二人极相得也)。不贪鸡肋颇知几(庚寅岁三月,余以受当事聘,在局纂修至十月,即谢去),但恋鲈乡真托兴(先是师力辞总纂,文靖以延毘陵李申耆明府不至,乃再三强以属之师。其后知师非无先见,而李亦儵然远矣)。孤峰未改旧时青,过客凄凉上鉴亭。巧宦儿曹争显赫,多才弟子半凋零。池上荷花心若苦(甲午师卒之岁,书院鉴亭旧种荷花无一花者),绿玉玖琤咽凉雨。万口方思读郭碑(师既新书院学规、严课程,辟徐氏绿玉斋故址为课士院,如学使者栅式,日入毕投卷,诸生多怨其严。既二三年而人心服,今十数年间,则人人无不思师者矣),千秋应共嘲郿坞(方伯昔与师无隙,因大起园亭,侈丽入霄汉,师诒书规之,遂成嫌怨。故于师没后,为此无赖之举。其七人者,亦与师无嫌,但素忌师名高,又趋方伯势,遂复尔尔)。先生此笔鸣熙朝,凤鸟得路辞云霄。传世岂容同里并(所谓中丞者,著《退庵随笔》,极力诬诋师,又著《藤花吟馆诗抄》,皆芜陋不堪),爱才未觉古人遥。即令岭海烽烟久,谁将忠孝相师友。忧时想见九原悲,弹铗仍怜四方走。栖神长望隐屏间(师晚号隐屏山人,濒卒有诗,若悟前因者),慷慨周侯亦不还(图为周芸皋观察所作,周卒于台湾)。独有圣明修养泽,转因图画重三山。

先是己亥庚子两岁,树滋世大兄屡以见属。余以感知抚事,下笔辄慨然而止,顾终念一时实事,非余无知之而敢言者。故于病中勉成此诗。其细注颇繁未及录,要诸无一字不可见天日,览者亦可揣而知也。是日为莲花生日,师于甲申年此日以此命题课院中诸生。余赋七律四首,拔置第一。迨甲午岁,师游道山,鉴亭池荷无一花者。故书此诗竟,不禁反复怆恨云。际亮又识。①

据前引诗注,陈寿祺以诒书规劝梁章钜大起园亭事,乃构嫌怨。迨其逝世后,高澍然继任《福建通志》总纂,又入陈寿祺于《儒林传》中,此当时以为不朽之事,而梁章钜以旧怨衔之,遂约同乡官宦七人,联名条举《通志》稿不善五事诉诸当事者,终致志稿之散逸。光绪二十一年,谢章铤跋《鳌峰载笔图》云:

恭甫先生经术文章,人所共仰,无庸言矣。其主鳌峰讲席,扶植士类,众所争仰,更无庸言矣。先生先有《恋云》、《校经》二图,题词殆满。《载笔图》则专为修《福建通志》而作,关系颇巨,再阅数十年,恐无有知其始末者。志告成矣,方将迻写校刻,而先生弃宾客。某中丞者,素以文学自结于先生,里居相望,因筑室微有违言,而芥蒂未能忘也,乃乘隙修怨,倡言新志乖义法,众绅之不学者闻而和之。时总纂分纂诸君子尚在局,不以所拟议商之局中,竟缕列公牍鸣之官,当路亦有讶其不情者。而中丞方柄用,有权势,弗敢质也,乃捆载全稿归之,阳推中丞为删定,而事诚繁重,中丞方营营富贵,实亦无暇及此。迟之又久,委托非其人,以钞胥为作者,毁新返旧,新稿全付一炬,令旁观无从校证,吁可怪也。章铤虽未及先生门,而其高第弟子多相知,辄以遗事诏我。其中最可惜者,如《职官表》综核可参《六典》,《经籍志》派别可寻家法,《方言考》通转可悟小学,其馀类此者尚多,今则不遗一字矣。②

谢章铤(1820—1903),字枚如,号藤阴客、药阶退叟,福建长乐人。光绪二年进士,官内阁中书。主讲陕西关中、江西白鹿洞、福建致用诸书院,著述甚富,编为《赌棋山庄全集》行世。与陈寿祺弟子刘家谋芑川、刘存仁炯甫等交极厚,集中与二刘往来诗文甚多。所述陈、梁失和志毁事,盖自二刘得之,不当视同闻诸道路者也。

---

① 张际亮:《题鳌峰载笔图》,谢章铤辑:《陈乡贤鳌峰载笔图纪事辑录》,第171页。括号内文字原为双行小注。
② 见《鳌峰载笔图》,福建博物院藏。

谢氏跋谓梁章钜以"因筑室微有违言,而芥蒂未能忘"而诋毁陈寿祺,盖述其所闻外,依据即张际亮《题鳌峰载笔图》诗注。然陈寿祺生前,梁章钜尚未发难,"故于师没后,为此无赖之举。"①亨甫所述仅其一端,又有数事或亦其因。

一为陈寿祺撰《东越儒林后传》不录梁章钜外舅郑光策,高澍然继纂《福建通志》,亦未入之《儒林》。《归田琐记》卷四谓"郑苏年师讳光策,字琼河,又字苏年,闽县人。与先大夫为读书社至交,余之妻父也",又云:

> 近陈恭甫编修撰次《东越儒林》、《文苑传》,近人如林钝村、官志斋、郑在谦、陈贤开辈,皆厕名其间,而先生独不与,因详为论列,以为捃逸搜沉之助。或曰编修为孝廉时,曾修后进谒见之礼,先生素仰其文名,而欲进之于道,毅然以乡先达自居,勉之以修己之学,济物之功,而戒其毋以风流自赏,适中编修之忌,遂衔之不释。果尔则编修亦褊人耳,所论撰又足据乎哉。②

谓陈寿祺性偏狭,并非徒事诬蔑之语,陈寿祺自述亦曾道及此种性格。《左海文集》卷五《与林少穆兵备书》云:"寿祺比者憎兹多口,反躬循省,固由平日褊衷戆直,不能容物所招,惟有内讼自修而已,岂敢尤人。"③然梁章钜以其人之偏狭,遂谓其论撰不足据,则失之太过。梁章钜著述虽富,率多述见闻、事钞撮,与陈寿祺等从事辑录、考证者不同。故近人张舜徽《清人笔记条辨》卷六谓梁章钜"所营虽广,而于经史朴学,实非所长,宜其言之无物,徒拾人牙慧而已。余不暇一一辨之也。其或自出心裁,有所论断,则又是非多谬,不可为准"云云④。陈寿祺撰《东越儒林后传》既不录郑氏,高澍然继任《通志》总纂,又入陈寿祺于《儒林》,摒郑氏于《文苑》,梁章钜心理之失衡,可想见也。郑光策为乾隆四十五年进士,返闽后主讲泉州、龙岩等地,嘉庆二年主讲鳌峰书院。撰有《西霞丛稿》,梁章钜选刻为《西霞文钞》二卷。陈寿祺中举在乾隆五十四年,其就学鳌峰时,郑氏任教他处,迨其主讲鳌峰,陈寿祺已游幕闽南,故二人殊少往来,仅如梁章钜所述"修后进谒见之礼"。《左海文集》中除代撰《福州凤池书院碑记》称其为鳌峰书院名师外,亦无一语提及。梁章钜所述二人龃龉故事,当属不诬。《东越儒林后传》不收光策,抑或有此因素。然《东越儒林后传》所列郑开极、陈迁鹤、郑亦邹、蓝鼎元、雷鋐等,多富著述,或兼事功,官献瑶、张甄陶、孟超然等亦于经义多所阐发,泽被闽省学人匪浅。附传之林一桂、万世美、谢震

---

① 张际亮:《题鳌峰载笔图》,谢章铤辑《陈乡贤鳌峰载笔图纪事辑录》,第174页。
② 梁章钜:《归田琐记》卷4,第74页。
③ 陈寿祺:《左海文集》卷5《与林少穆兵备书》,《续修四库全书》第1496册,第216页。
④ 张舜徽:《清人笔记条辨》卷6,华中师范大学出版社2004年版,第231页。

三人,俱与陈寿祺熟稔之学人,谢章铤《课馀续录》卷三云:"殖社同人闽县林钝村一桂广文、侯官谢甸男震孝廉、瓯宁万虞亭世美中书俱精礼学。钝村有长编,甸男有案语,虞亭有《万氏礼笺》。近所刻甸男《礼案》,出于后人之掇拾,非其至也。"①然郑氏并无专门著述,梁章钜为之精选搜辑,只得文二卷,皆论记碑铭状传书序之文,论学之文,几无一篇。②如若跻身儒林,实有未当。

二为梁章钜尝从游翁覃溪为诗弟子。陈寿祺以覃溪信口臧否段懋堂、阮芸台等而作书斥之,虽驳论精湛,终以意气充盈,颇失厚道而不见容于时人。③以此数故,梁章钜心怀怨怼,陈寿祺健在,尚有所忌惮,一旦逝世,则煽动多人,肆其诋毁。

三为梁章钜友人与陈寿祺不睦者,或亦从中怂恿。如前述嘉庆间梁章钜召集同人会于许春甸嫣红小院,中有霞浦游光绎,曾任鳌峰书院掌院,以故被摈而陈寿祺继任。于是谤议遂起,矢集陈寿祺。其时尚未闻梁章钜有所异议,然陈寿祺殁后,不睦者或又煽腾。据张亨甫《题鳌峰载笔图》诗注,梁章钜"于甲午岁先生卒后,要同乡宦七人,于督抚、学使、方伯处具呈词,力诋师所修《通志》阙失,其言至狼戾"。《陈乡贤鳌峰载笔图纪事辑录》稿本天头有谢氏批语云:"此所谓七绅也。芑川曾备举其姓名及公呈案语。"前引谢氏《鳌峰载笔图跋》亦谓"众绅之不学者闻而和之",咸与梁章钜同声相应也。

"所谓七绅"虽不详谁何④,然梁章钜邀七人同具呈词,而手自执笔所作二文俱载上海图书馆藏稿本《退庵文存》中。《公致郑梦白方伯祖琛启》云:"伏思省志为一方掌故,必应集思广益,悉秉至公。前此金呈所陈体例醇驳之处,不过欲成一部完书,毫无争名喜事之意。今既蒙责成覆阅,谊不容辞,当与各绅士公同商酌。金谓既有一番覆阅,自有一番增删,因拟事例十二条录呈左右。"其要者云:

一、省志新稿既须覆阅,应请于各绅士中,专交一人总阅,并令总阅者转请数人分阅。

一、新稿专讲考订,亦不可没其所长,惟有诋斥旧书之浮词及无庸增添之传语,似尚可酌删。大抵全书至多以一百二十本为断。

一、旧书中"理学"一门应请循旧,以顺舆情。实缘理学莫盛于宋,亦莫盛于闽,故在他史可无,而《宋史》则应有,在他志可无,而《闽志》则应有。惟既据《宋史》为

---

① 谢章铤:《课馀续录》卷3,沈云龙主编《近代中国史料丛刊》续辑第15辑第149册(二),台北文海出版社1975年影印本,第3146页。
② 郑光策:《西霞文钞》,《清代诗文集汇编》第437册,上海古籍出版社2010年版,第649页。
③ 参见宋一明:《述陈寿祺与翁方纲之争》,《国学季刊》第二期,第150—164页。
④ 同治《重纂福建通志》卷首有"道光十五年续修职名",总纂魏敬中,协修郑嘉玉等五人,校录林廷相等十三人,其中或有名列"七绅"者。

例,自应将"理学"二字仍改"道学",以免两歧。

一、《儒林传》中,必文行兼优者方可列入,其有文名素播、著作衷然,而生前非尽洁修,身后不无遗议,昭昭在人耳目者,宁移入《文苑传》,以符名实而谢谤议。

一、"经籍门"所列书目,毋论已刻未刻,均须实有其书,且所论撰亦必不谬于古,不戾于时,实可问世者,方与列入,否亦宁缺毋滥。

一、"金石门"所录必注明现存某处,及现有拓本可征者,闽中吉金尤少,凡人家私藏古铜器与乡土掌故无涉者,不宜充数滥登。

《退庵文存》又有《公请闽中各大府颁示新修省志条例启》,列举陈寿祺总纂省志之不善,与《公致郑梦白方伯祖琛启》大要相同而加详焉,尤于乾隆旧志颇多回护,以为新不及旧。虽梁章钜等人以私怨而构陷志局,然陈寿祺总纂之志,确有可摘议者,则不能为之讳言。如梁章钜《公致郑梦白方伯祖琛启》云:"新稿卷帙过繁,恐将来缮写红格本及刊刻颁送,筹款益难为力。……大抵全书至多以一百二十本为断。……查各直省通志卷数,以浙江二百八十卷、山西二百三十卷为最多,馀皆不过百卷内外。今以百二十本计之,每本约三卷,已有三百数十卷,似断不宜再多。""'经籍门'所列书目,毋论已刻未刻,均须实有其书。""'金石门'所录私藏古铜器与乡土掌故无涉者,不宜充数滥登。"①《公请闽中各大府颁示新修省志条例启》所云:"旧志不过七十八卷,续志亦不过九十二卷,侧闻新稿将有四百本之多。……闽中土地人民政事,自李唐始详纪载,六朝以前,可以数纸尽之。"②皆中《通志》之弊。

然纵有卷帙过繁之瑕,径行删省可也,斥其体例不善,则有刻意求疵之嫌。《公请闽中各大府颁示新修省志条例启》云:"'经籍'、'金石'等门,似应□有确据也。侧闻新稿所录经籍,仿朱竹垞《经义考》,分□、存、佚、未见,其例诚善。但竹垞当日自发家藏八万卷,又借阅徐昆山传是楼、黄俞邰千顷堂,及吾闽徐兴公汗竹巢、林吉人朴学斋诸家藏书,其时复有毛西河、惠定宇诸通儒同襄搜讨,始克据为存佚之分。而乾隆年间开《四库》馆,于朱考所注缺佚者,往往其书尚存。此在一人之私著,固难求全,而在全省之公书,岂宜率尔。至朱考所注未见,亦特就竹垞一人为断,竹垞所未见,自不妨为人之所见。今局中有采访,有纂修,有分修,有□校,是合众人而断为未见,设使别有所见,将何以免反唇之讥,未知局中于此等有何把握。"③竹垞《经义考》注明存、阙、佚、未见,体例之善,人所共知,后来之目录家多取为法则,偶存疏漏,亦不足为病。梁章钜以此病之,实有不当,且所举例

---

① 梁章钜:《退庵文集·公致郑梦白方伯祖琛启》,《清代诗文集汇编》第515册,第314页。
② 梁章钜:《退庵文集·公请闽中各大府颁示新修省志条例启》,《清代诗文集汇编》第515册,第316页。
③ 梁章钜:《退庵文集·公请闽中各大府颁示新修省志条例启》,《清代诗文集汇编》第515册,第317页。

证亦有疏误,上海图书馆藏稿本《退庵文集》上有佚名眉批云:"定宇不与竹垞同时。"惠栋时代晚于竹垞七十馀年,竹垞以高年卒时,惠氏方十二三岁,梁章钜之粗疏,由此可见。

陈寿祺弟子林昌彝所撰《射鹰楼诗话》卷三,驳斥梁章钜之肆意诋諆,云:

> 道光己丑重修新志,闽县陈恭甫先生总其事,至甲午书成,先生已归道山。未几,乡先生某某共十人,有以重纂通志稿之不善者五条,见于公牍。一曰"儒林"混入,二曰"孝义"滥收,三曰"艺文"无志,四曰"道学"无传,五曰"山川"太繁。由是删改付之杂家,而刊赀尚在巨室,良可叹也。志稿为草创之书,尽善与否,未敢信也。今惟就其所驳诸条辨之。按《宋史》创立《道学列传》,别于《儒林》,其意欲以尊崇周、张、程、朱诸子,不知《周礼》言儒以道得民,《礼记·儒行》道德、问学,无不并包。杨子言"通天地人曰儒",荀子言"有雅儒,有大儒",且以周公、仲尼为大儒,后贤又何加焉。道外无儒,儒外无道,欲示尊崇,转生歧异,徒贻学者口实矣。谨案国朝钦定《续通志》列传以《宋史·道学》并入《儒林》。今敬遵其例,而以朱子生平著述类叙篇目于传后,此用《三国志》传诸葛忠武侯之法。《儒林传》中仍历叙紫阳师弟,洄溯渊源,使知一脉师承,不坠宗旨,则所以推尊者甚至,别异于诸儒者亦甚明矣。

又云:

> 按旧志"艺文",多登诗赋,殊乖史体,今新纂志用《建康志》、《三山志》之例,题咏间附山川,其文择有关政俗者,散附各门。而以诸家所撰四部书入《经籍志》,用《汉书·艺文志》例,每书各标大题,而缀注其人之姓氏爵里及著述大旨,以存梗概,此为较善。①

其后又举旧志建制沿革、山川、关隘、海防、水利、人物诸门之失,以见陈寿祺总纂新志之考订精审,远迈前修。其中所驳不立"道学"之议,乃梁章钜专意纠缠者,《退庵笔记》卷十六曾斥责陈寿祺违背师说,云:

> 阮芸台先生先由封圻改官,重入东观,儒林重望,都人士翕然宗之。时史馆方议立八传,先生拟撰《儒林传》,序云:"昔周公制礼,太宰九两系邦国,三曰师,四曰儒。复于司徒本俗联以师儒,师以德行教民,儒以六艺教民,分合同异,周初已然。司马、

---

① 林昌彝:《射鹰楼诗话》卷3,上海古籍出版社1988年版,第58页。

班、范皆以儒林立传,叙述经师家法,而于《周礼》师教未尽克兼。宋初名臣,皆敦道谊,濂洛以后遂启紫阳,阐发心性,分晰道理,故《宋史》以《道学》、《儒林》分为二传,此即《周礼》师、儒之异,后人创分而暗合周道也。自明以后,学案百出,经训家法,寂然无闻。揆之《周礼》,有师无儒,然台阁风厉,持正扶危,学士名流,知能激发,衡以正道,实拯世心,是故两汉名教得儒经之功,宋明讲学得师道之益,皆于周孔之道得其分合,未可偏讥而互诮耳。"按《宋史》"道学"、"儒林"之分,近儒皆有违言,惟此论最为平允。吾闽旧省志中,仿立"理学"一传,陈恭甫诋斥不遗余力,近因续修省志,欲遂删之,都人士皆不谓然。余谓道学莫盛于宋濂洛关闽之统,实朱子集其大成,海滨邹鲁之风,自前代即无异议,故他史可不传"道学",而《宋史》则应有;他省通志可不传"道学",而闽志不可无。恭甫墨守汉学,其排挤宋儒,是其故智,而不知门户之见,非可施诸官书。阮先生亦主汉学者,其言如此,恭甫为先生高弟,乃背其师说,又何心哉?①

此处指摘陈寿祺背其师说,实有不当。《四库提要》正史类《宋史》条云:"大旨以表章道学为宗,馀事皆不甚措意,故舛谬不能殚数。"②阮芸台以通达眼界视之,所撰《拟国史儒林传序》谓"两汉名教得儒经之功,宋明讲学得师道之益,皆于周孔之道得其分合,未可偏讥而互诮也"。其意在纠偏从汉宋之弊,又谓"圣人之道,譬若宫墙,文字训诂,其门径也。门径苟误,跬步皆歧,安能升堂入室乎。学人求道太高,卑视章句,譬犹天际之翔,出于丰屋之上,高则高矣,户奥之间未实窥也。或者但求名物,不论圣道,又若终年寝馈于门庑之间,无复知有堂室矣。是故正衣尊视,恶难从易,但立宗旨,即居大名,此一蔽也。精校博考,经义确然,虽不逾闲,德便出入,此又一蔽也"③。于《宋史·道学》之创立,仅谓其暗合周道,并未赞其于史有体,故阮芸台《儒林传稿》凡例云:"《史》、《汉》始记《儒林》,《宋史》别出《道学》,其时讲经者岂可不立品行,讲学者岂可不治经史,强为非别,殊为褊狭。国朝修《明史》,混而一之,总名《儒林》,诚为盛轨。故今理学各家与经学并重,一并同列,不必分歧,致有轩轾。"④再观阮芸台姐夫焦循里堂《雕菰集》卷十二《国史儒林文苑传议》,由其中所谓"如台教所称关系甚重云云""循以衰病余生闻此盛举,又值司此事者皆石渠天禄之才,一隅之见,宜覆酱瓿,辱承下问,妄献愚忱云尔",可知为芸台纂辑《国史儒林文苑传稿》时与焦氏往复讨论者。焦氏拟"征实""长编""兼收""鉴别""详载""公论""附见"

---

① 梁章钜:《退庵随笔》卷16,《续修四库全书》第1197册,第374页。
② 《四库全书总目》史部正史类,中华书局1995年版,第412页。
③ 阮元:《揅经室一集》卷2《拟国史儒林传序》,《揅经室集》,第37页。
④ 阮元:《儒林传稿》凡例,《续修四库全书》第537册,第618页。

七例,且谓"《宋史》分《道学》于《儒林》,然蔡元定即考亭之徒,陆九渊倡心性之说,宋之儒林不外道学,分之实无可分也。"又以自清初即已崇尚实学,渐远空疏,加之陶冶既久,经学文章遂为两千年来所莫能埒,"则国史《儒林》、《文苑》两传诚未可以汉唐宋明为例"①。故阮芸台于国史馆徒事纂辑《儒林传》,而不另纂"道学传"。梁章钜断章取义,割裂其说,屡屡高谈陈寿祺有悖师说,《公请闽中各大府颁示新修省志条例启》亦言及此。《退庵自订年谱》道光十四年甲午条云:"辑《退庵随笔》二十卷,自为之序。此书先为关中有人所刻,后至桂林,复加增删,扩为二十四卷,贺耦庚中丞长龄序之。"②中国科学院图书馆藏有二十卷本,著录为道光十六年刻,应为关中刻本。《自订年谱》所谓二十四卷本,当为二十二卷,即《续修四库全书》据以影印者。该卷本前有道光十七年春自序,云:"乙夏奉召复出,乃以稿自随。去岁过关中,遽为友人付梓,携至日下,同人皆以为有用之书,非说部杂家比。爰质之仪征师,相承为增删数事,题字卷端。既抵桂林,公馀复有勘补,扩为十五门二十二卷,重付手民,因纪其缘起如此。"③实则阮芸台仅粗阅一过,用时一天。梁章钜辑《宣南赠言》有"仪征相国阮芸台师"手简四通,其三云:"《退庵随笔》昨粗为翻阅,已觉妙极,今午始读完。所论皆平允通达之至,有益于人。弟之拙著,亦有与尊说暗和者。中间并无刺谬,可传之书也。"④阮芸台此年已七十三岁,仅以一日粗略翻阅,安能求其逐条指摘,专为陈寿祺止谤乎。

《退庵随笔》中又多颂扬他人以贬抑陈寿祺,如卷十四述闽县林乔荫撰《三礼陈数求义》,云:

> 自序谓专取"三礼"本文反复寻绎,以彼此前后相参证,其"三礼"所无,乃取证于诸经,诸经所无,乃取证于秦汉间人言之近古者。于是疑者释而窒者通,辄抒所见,著为论辨。虽于儒先旧训多所违异,不敢避也。按是书初脱稿时,余已粗读一过,融会诸说,归于以经解经,实有涣然冰释,怡然理解之趣。今梓行已久,而世鲜称之者。同里陈恭甫乃深不满是书,阮芸台先生辑刻《皇清经解》,遂置之不录。殆因其多驳马、郑,与汉学不相入,亦门户之见耳。平心而论,此书实有心得,非陈恭甫辈所能为也。⑤

---

① 焦循:《雕菰集》卷12《国史儒林文苑传议》,《续修四库全书》第1489册,第225页。
② 梁章钜:《退庵自订年谱》,《归田琐记》附录,第189页。
③ 梁章钜:《退庵随笔》自序,《续修四库全书》第1197册,第173页。
④ 梁章钜辑《宣南赠言》不分卷,清光绪间刻本,福建省图书馆藏。
⑤ 梁章钜:《退庵随笔》卷14,《续修四库全书》第1197册,第351页。

梁章钜本疏于经学,所盛赞者其实难副。皮锡瑞《经学通论》三《论王肃有意难郑近儒辨正已详五礼通考舍郑从王俞正燮讥之甚是》条称"林乔荫《三礼陈数求义》有折衷而欠精确"①。孙诒让读《三礼陈数求义》时,为之勘正极多,见《籀庼读书录》②。陈寿祺为学,务求辨明源流,网罗诸说,以见其学术,精确为第一要义,不满林氏之书,良有以也。梁章钜所称《皇清经解》不收《三礼陈数求义》乃以陈寿祺之故,亦有不当。《皇清经解》倡议纂修者系阮芸台,于广东实际主持编刊者乃弟子严杰,陈寿祺未与其事。且所收各家解经之作,多敦崇实学,不涉虚论,与林氏书之学术取径不同。此为当时共识,以至朝鲜学者亦所知晓。金正喜致书汪喜孙云:"广州《经解》,略观其大意,存录取舍,实有良工苦心处,不如《通志堂经解》之随见随有而搜刻者。如阎之《古文尚书疏证》,是《尚书》家之筚路蓝缕,后来为《尚书》学者,未尝非以此为开山第一,然寔有商量处,究不如《四书释地》等书之更加精核。如胡胐明之《易图明辨》亦然。其不录此两书,恐不必为全璧之大瑕。且《挚经集》中说经文字,当录而不录者亦多,此非为不录而然,亦见良工苦心处。"③若依皮锡瑞"三礼非一人之力所能及"④之说,以江永《礼书纲目》、秦蕙田《五礼通考》之精博,尚未收录,何况林氏之书。

于陈寿祺推许之书,又极言其未必佳。如卷十五云:

> 卫湜《礼记集说》一百六十卷,采摭最为赅博,去取复能精审,自郑注以下,所取凡一百四十四家,其他书之涉于《礼记》者不在此数。今自郑注、孔疏外,原书无一存者,朱氏《经义考》搜辑繁富,而不知其书与不知其人者,凡四十九家,皆赖此书以传,亦可云礼家之渊海矣。其后序自云:"他人著书,惟恐不出于己,予此编,惟恐不出于人。"可想见其用心之概。近吾友林钝村一桂,手纂《周礼长编》百册,陈恭甫以为卫书之比,恐未易言也。⑤

陈寿祺于林一桂之书索求不已,由《前诗意有未尽再叠元韵呈芷林藩伯》诗注谓"林钝邨教谕,撰《周礼私记》六十巨册,采摭极博,余屡索之其后人,稿幸仅存"可知。梁章钜所记书名、册数皆有不同,当以陈说为是。再观陈寿祺在世时,梁章钜多颂扬之语,迨陈寿祺殁后,又肆意诋毁,前后态度之不一,亦多令人生厌。如梁章钜早岁所撰

---

① 皮锡瑞:《经学通论》3《三礼》,中华书局 1982 年影印商务印书馆《国学基本丛书》本,第 36 页。
② 孙诒让:《籀庼读书录》,《籀庼遗著辑存》,中华书局 2010 年版,第 196 页。
③ 藤冢邻撰,川路祥代译,杨晋龙校订:《汪孟慈所谓海外墨缘的抄本与金阮堂》,《中国文哲研究通讯》第 14 卷,第 4 期,第 134 页。
④ 皮锡瑞:《经学通论》3《三礼》,第 36 页。
⑤ 梁章钜:《退庵随笔》卷 15,《续修四库全书》第 1197 册,第 356 页。

《试律丛话》卷七云"陈恭甫寿祺诗工作豪语,遇豪壮之题尤能相称。""藻耀高翔,声色俱足,忘其为试律也。"①又谓《馆阁诗话》云:近有以"登高能赋"命题者,语本《汉书·艺文志》,此题名作如林,而浑雄老健莫如福州陈恭甫编修一首。②即如陈寿祺平生从未居以自傲之制艺试律,乃推崇如此,而陈寿祺扬名立身之经史著述,又多存不满,其立论之随意,尤可概见。又如梁章钜《楹联续话》卷二云:"吾乡林青圃先生,德性严重,所作楹帖亦不肯作寻常语。主鳌峰讲席时,曾手书讲堂一联云:坐里门内,夕而朝教不忘就尔事;习君子言,尊以遍学莫便近乎人。后陈恭甫编修亦撰一长联,意欲媲美前修,而两小股墨卷时腔,徒成话柄而已。"③何至前恭后倨,轻浮如此。

梁章钜等人初拟将《通志》稿增删之后梓行,然以迁延日久而难遂其意。梁章钜《浪迹续谈》卷五谓"近年吾闽纂修《福建通志》,重为陈忠毅公立传,杭州陈扶雅善操笔成之,于当时事实甚详,《通志》梓行尚须时日,谨先录原文,以贻观者"云云。④《续谈》刻于道光二十八年戊申冬,所记为道光二十七至二十八年之事。⑤此时距道光十五年之发难已逾十年,仍付梓无望,则知凡事毁弃容易而成事甚难也。至道光二十九年梁章钜逝世,《通志》稿删改仍未毕役,终于散逸。仅存者如王捷南《闽中沿革表》、陈善《福建国朝列传》、高澍然《福建历朝宦绩录》四十卷、高澍然《闽水纲目》十二卷图一卷、何治运《方言考》、冯登府《闽中金石志》、张绅《怡亭文集》二十卷等⑥,或另立名目别本单行,或节录志稿钞存残帙,稍可尝其一脔。道光间修志所创义例,见福建省图书馆藏《重纂福建通志议》清抄本⑦;当时采摭旧志、考订异同之遗迹,可由《闽大记》清抄本窥其一斑⑧。

陈、梁二人晚年虽失和,然梁章钜之卒晚于陈寿祺十六年,此间所著书中多有涉及者,细绎意气之语,正可摒却友朋吹嘘之言而见二人交往之事实。如梁章钜晚岁所撰《师友集》十卷,乃记述师友往来鸿迹者,其弟子许惇书跋《归田琐记》述此书体例云:"又闻吾师近方撰《师友集》若干卷,举数十年感恩知己之迹,悉以韵语铺之,而复略叙其生平梗概,附见其投赠诗文。"⑨《浪迹丛谈》卷二自谓"余撰《师友集》十卷,凡二百六十馀人,脱稿于道光壬寅冬月,嗣为儿辈匆匆付梓,未及细加校勘,错误不免,挂漏尤多。今冬始以刻

---

①② 梁章钜:《试律丛话》卷7,第633页。
③ 梁章钜:《楹联续话》卷2,中华书局2006年版,第196页。
④ 梁章钜:《浪迹续谈》卷5,中华书局2007年版,第331页。
⑤ 陈铁民:《浪迹丛谈续谈三谈》点校说明,第2页。
⑥ 萨士武:《记道光福建通志稿被毁事》,《禹贡》第7卷第10期,1937年。
⑦ 《福建文献集成初编》史部39册,第323页。
⑧ 《福建文献集成初编》史部39册,第359页。
⑨ 梁章钜:《归田琐记》许惇书跋,第178页。

本呈芸台师鉴定,吾师遽宠以序"云云。①壬寅为道光二十二年(1842),阮序作于道光二十六年,"今冬始以刻本呈芸台师鉴定"者,即道光二十五年东北园刻本。此本卷三云:

>闽县陈恭甫编修,讳寿祺,字梅修,又字苇仁。乾隆己酉举人,嘉庆己未进士。以编修屡奉典试之命。丁外艰归,旋乞养母不出。主讲鳌峰书院,终于家。君博学雄文,才气发越而不获大用于时,同辈惜之。有《五经异义疏证》、《尚书大传笺》、《礼记郑读考》、《左海经辨》、《左海诗文钞》等书,皆已梓行。
>
>伟抱才如海,雄谈口似河。断断汉经学,鼎鼎宋词科。魏阙心犹赤,乡关鬓易皤。此生不倾向,将奈地灵何。②

后附陈寿祺诗《藤花吟馆歌为茝林作》一首,即《绛跗草堂诗集》所载者。梁章钜称陈寿祺"博学雄文,才气发越而不获大用于时,同辈惜之",即指陈寿祺《隐屏山人传》自称"有贵人欲罗致之门下,处以要津,山人峻却焉弗屑也。中亦颇被公卿论荐,京察书上,考拟倍内廷供奉,皆卒不见用。再举台职,一记名而已"③之境况。由梁章钜诗"魏阙心犹赤,乡关鬓易皤",可知陈寿祺用世之心未泯,而一生宦途偃蹇,终未能如其所愿。此陈寿祺一生之心结,故常自标举效仿其师孟超然四十归田之事,其子陈乔枞所撰《行实》亦谓"时先考年方四十,即长抱勇退之志矣"④,实不见用于时,无可奈何之举耳。又可证以陈寿祺卒后,阮芸台致陈乔枞书札,谓陈寿祺居京十年而深居不显,故中年返乡,出任山长,勤于著述授业,"一生如此,殊为不错。使昔年入京即致通显,若与草木同腐,亦属枉然。今身后论定,孰得孰失乎"⑤。以梁章钜与之失和而不事讳饰,反可见其真实情形。

力主删志之有力者,除梁章钜外,又有时任福建学政之陈用光(1768—1835),亦附述于此。陈用光字硕士,一字石士、实思,江西新城人。嘉庆六年进士,改庶吉士,散馆授编修。十九年转御使,道光二年迁司业,历官中允、侍讲、庶子、翰林院侍讲学士、詹事府詹事、内阁学士、礼部右侍郎署户部右侍郎,终礼部左侍郎。曾充日讲起居注官、文渊阁直阁事、国史馆总纂,提督福建、浙江学政等。撰有《太乙舟诗集》十三卷、《太乙舟文集》八卷等。工于古文,师从鲁九皋、姚鼐、翁方纲等。钦服福建古文家朱仕琇,任国史馆修纂时,曾撰《朱梅崖传》,以梅崖拟于两汉司马迁、董仲舒、刘向、扬雄、班固、张衡、蔡邕、马

---

① 梁章钜:《浪迹丛谈》卷2,第33页。
② 梁章钜纂辑:《师友集》卷3,道光间刻本,上海图书馆藏。
③ 陈寿祺:《左海文集》卷9《隐屏山人传》,《续修四库全书》第1496册,第354页。
④ 陈乔枞:《礼堂遗集》卷3《诰授奉政大夫奉政公行实》,《清代诗文集汇编》第633册,第43页。
⑤ 阮元:《致陈乔枞书》,《左海文集》卷首,《续修四库全书》第1496册,第58页。

融、郑玄之伦,以为仅入《儒林》《文苑》,犹不足以尽其成就,当立专传而表彰之。陈寿祺获知后,作《与陈石士书》,谓梅崖于经史均无所得,其学识有所不足,"寿祺尝谓,两汉文人无不通经,故能尔雅深厚,为百世宗。后世欲为古文,苟不通经,必不可轻下雌黄,援引失义,往往一启吻而已为有识所嗤,不可不戒,是亦藏拙之一道也"①。以为梅崖古文其实难副石士所标举者。陈寿祺时与陈用光同任国史馆总纂,陈用光遂作书上国史馆总裁,谓"用光观古人立传之意,更有一说。林苑云者,群材总集之区也,若其人有杰出之材,则以专传为贵。董江都、郑康成不入《儒林》,司马长卿不入《文苑》是也。今之列《儒林》、《文苑》者,异日苟有马、班之才出焉,岂无特取而为专传者乎"。②二人虽以史馆立传事争执不下,然尚未失和,观道光八年陈寿祺仍为作《八贤剩墨为石士阁学题》可知。此年陈用光提督福建学政,以所藏王士禛、朱彝尊、孙嘉淦、姚鼐、鲁九皋、梁同书、翁方纲、秦瀛八人墨迹,征求题咏。陈寿祺为作八首,其八云:

  风流老辈见翁(覃溪)、秦(小岘),各许苔岑气味亲。珍重几年怀袖字,九言争肯忘前因。③

  陈用光亦尝学诗于翁覃溪,其子婿祁寯藻《太乙舟文集序》云:"外舅陈石士夫子尝诏寯藻曰:力宗汉儒,不背程朱,覃溪师之家法也;研精考订,泽以文章,姬传师之家法也,吾与二师之说,无偏执焉。"④可知陈用光遵覃溪师法之唯谨。陈寿祺与覃溪之争论,陈用光定然知悉也。
  道光九年开福建通志局时,陈寿祺先为发凡起例,拟定条例若干。陈用光于儒林一门有所异议,遂致书陈寿祺,以为朱子入《儒林传》不足以示尊崇,欲仍《宋史·道学》之旧,又欲用《史记·仲尼弟子列传》、《后汉书·郭太傅传》之体,将朱子弟子类系其师之后。陈寿祺《答陈石士阁学书》原儒之名义及源流,谓"汇传所以表经师,专传所以尊名臣,其有经术足以综诸家,节义足以范一代",不宜更立名目。又以"道学之名创自元人,古无是称,不可以为典要。且道外无儒,儒外无道",道之与儒无从分判,故"必欲因仍《宋史》之旧,《道学》、《儒林》歧而为二,乖违旧章,失所依据,欲崇道学,转蹈不经,恐徒供通人之窃笑耳"。故仿官修《续通志》将《宋史·道学》并入《儒林》之例,而朱子则从《史》、《汉》之法,为立专传以示尊崇。不取《仲尼弟子列传》之体,盖以施之省志,无以处从游之

---

① 陈寿祺:《左海文集》卷4《与陈石士书》,《续修四库全书》第1496册,第179页。
② 陈用光:《太乙舟文集》卷5《再与国史馆总裁书》,《续修四库全书》第1493册,第342页。
③ 陈寿祺:《绛趺草堂诗集》卷6,《续修四库全书》第1496册,第562页。
④ 祁寯藻:《太乙舟文集序》,陈用光撰《太乙舟文集》,《续修四库全书》第1493册,第254页。

隶籍外省者。①故陈寿祺未采陈用光之建议,而陈用光又于道光十一年离任。

谢章铤《课馀续录》卷一述二人龃龉事云:"陈寿祺修《通志》时,与学政新城陈硕士用光侍郎议论相左。盖侍郎少从其舅鲁山木仕骥游,而山木则梅崖弟子也。梅崖又与侍郎之祖凝斋道为进士同年,故梅崖之说颇流行于江西。侍郎后谒姚惜抱鼐于钟山,受其学,终身守之。然于梅崖,则固渊源所托始也。及入史馆,遂欲置朱、姚两公为专传,陈寿祺以为不然。及修志,侍郎又欲仍《宋史·道学》旧案,出朱子于《儒林》,因与陈寿祺龃龉。故陈寿祺既殁,阳许而阴讪之,而删志之议起,毁志之祸成矣。"②所揭因由回溯至梅崖立传事,盖未检道光八年之诗。谢氏又述陈用光刻宋儒陈普遗集而失信事,则纯属道德评判,无关毁志事之史实,兹不赘述。然毁志之时,陈用光确失斟酌,因人废书,终究难辞其咎。

## 四、梁章钜撰《文选旁证》与陈寿祺无涉

陈寿祺与梁章钜之关系又涉及一可述之公案。梁章钜撰有《文选旁证》四十六卷,同治以前,撰人向无异议。至李慈铭同治八年己巳四月二十五日日记,乃谓出他人之手,由云龙辑《越缦堂读书记》八:"阅梁氏章钜《文选旁证》,考核精博,多存古义,诚选学之渊薮也。闽人言此书出其乡之一老儒,而梁氏购得之。或云是陈恭甫氏稿本,梁氏集众手稍为增益者。其详虽不能知,要以中丞他所著书观之,恐不能办此。"③李慈铭之说影响甚大,后世多有信从者。如张之洞《书目答问》附《国朝著述诸家姓名略总目》,既列陈寿祺于经学家,又复列为文选学家,而梁章钜则未列入,且谓"国朝汉学、小学、骈文家皆深选学,此举其有校勘论著者"。④陈寿祺著述除《遂初楼杂录》等外,多已刊刻,并无校勘《文选》论著,恐是亦将《文选旁证》视为陈寿祺所作。张氏撰《书目答问》时,《越缦堂日记》尚未影印,然其时据《日记》原稿递相传抄本甚多,张氏或受李说影响,而出此耳食之言。故近人李详《媿生丛录》卷六云:"《书目答问》所列《文选》学家,如钱陆灿、潘耒、余萧客、严长明、叶树藩、陈寿祺,或诗文略摩选体,或涉猎仅窥一孔,未足名学,余为汰去之。而补入段懋堂、王怀祖、顾千里、阮文达,此四君子乃真治《文选》学者。若徐攀凤、梁章钜,亦

---

① 陈寿祺:《左海文集》卷5《答陈石士阁学书》,《续修四库全书》第1496册,第228页。
② 谢章铤:《课馀续录》卷1,《近代中国史料丛刊续编》第15辑,第149册(二),第2959页。
③ 李慈铭撰,由云龙辑:《越缦堂读书记》8,中华书局2006年版,第593页。
④ 张之洞:《书目答问》附录,上海古籍出版社2001年版,第265页。

可裨食庶下也。"①然同书卷五又云:"梁氏章钜《文选旁证》,为程春庐同文稿本。沈子培提学亲为余说。"②今人袁行云《梁章钜著述多非自撰》则以为姜皋出力最多。③

持《文选旁证》为梁章钜自撰说者,以穆克宏《读〈文选〉札记》三《〈文选旁证〉作者考辨》所考较详。所举证据有福建师范大学图书馆藏梁章钜批校《文选》,谓系明末毛氏汲古阁刻本,天头写满批校之语,可见其用力之勤、研究之深云云。④梁章钜所批之本实系清代翻刻汲古阁本,今已由国家图书馆出版社影印问世。其中夹签甚多,乃梁章钜以墨笔行草书之,再以朱笔转录于此汲古阁本《文选》之上。泰半为梁章钜手自迻录,惟书末若干卷字体与前笔迥乎不同,系他人过录者。各卷之后多有识语以记时地,如卷一"戊辰初冬校于赛月亭之背树轩",卷二"戊辰小雪节手校",卷六"嘉庆甲子二月初旬校",卷八"十月望后一日校。是日阴昏欲雨,闭户不出,亦无客扰,故所校独多",卷十一"戊辰十月十八日校于赛月亭之背树轩",卷十二"嘉庆甲子中旬校",卷十六"正月廿一日章钜录毕手识。戊辰十月二十午后□□□赛月亭之背树轩。是日何三石农代齐北瀛册使札招,欲毕此卷□□□也",卷十七"嘉庆甲子二月中旬校",卷十九"十月廿六日校。冬旰已久,微有雨意,翘首俟之",卷二十"戊辰十月廿六夜较于赛月亭之背树轩""二月十四日章钜录毕并识",卷二十一"腊月十三日校于抚署之思益山房。十一月初七进署,至此始稍得暇,因续校之",卷二十五"戊辰腊月望日校于思益山房""二月廿五日章钜录毕手识",卷二十八"己巳正月廿九日校于思益山房。是日笔墨稍暇,偷闲理此",卷三十"嘉庆甲子三月朔日章钜录毕并识""庚午重阳后三日补校于赛月亭",卷三十五"庚午八月十六日重校于补萝山馆""七月初二日章钜录毕并识",卷四十四"嘉庆甲子十二月廿八日章钜录毕手识""庚午秋分节重校于赛月亭",卷四十七"庚午八月廿六夜重校",卷四十九"嘉庆乙丑元旦至三日章钜录毕并识""庚午八月廿七日重校于赛月亭",卷五十五"嘉庆乙丑正月初六日章钜手录并识""庚午九月初三晨重校于赛月亭,是日秋闱揭晓",卷五十八"庚午九月七日重校于赛月亭"。

"赛月亭"在今福州市内;"抚署"则为福建巡抚衙门,梁氏时在巡抚张师诚幕中。对比今藏福建博物院之陈寿祺旧藏《恋云图》中梁章钜题诗,笔迹确出一人之手。

可知梁章钜治《文选》学有年,《文选旁证》自序所云"束发受书,即好萧《选》。仰承庭训,长更明师。南北往来,钻研不废。岁月迄兹,遂有所积","归田后重加校勘";其子恭辰所称"先中丞公著作甚多,于萧《选》一书致力者五十年",并非虚言。梁氏两度校读翻

---

① 李详:《媿生丛录》卷6,江苏古籍出版社2000年版,第112页。
② 李详:《媿生丛录》卷5,第82页。
③ 袁行云:《梁章钜著述多非自撰》,《文史》第19辑,中华书局1983年版。
④ 穆克宏:《读〈文选〉札记》,《文选学研究》,鹭江出版社2008年版,第636页。

汲古阁本《文选》,以朱墨笔别之。款识最早者在嘉庆九年甲子正月中旬,最迟者在嘉庆十五年庚午九月七日。其批校较之《文选旁证》,则互有详略。盖先事批校,据以而成长编,再删薙简择而成《旁证》。

《文选旁证》有道光、光绪两刻,又有上海图书馆藏稿本一种,今已被影印收录在《福建文献集成初编》。此种稿本存卷八《魏都赋》"以中夏为喉,不以边陲为襟也"以下至卷四十六,原订十二册,所存者为后十册。以红格纸誊写,格纸版心有"古丸研斋"字样。各册书衣均题"文选旁证弟八次稿本""道光乙未春日订",与刻本凡例所称"创始于嘉庆甲子,丹黄矻矻已三十馀年,中间凡八易稿"云云俱相合。复校以道光刻本,行款全同,增删处亦相符,各卷前又多见统计字数,如卷十三"一万〇七百〇",卷十四"一万一千〇八百〇",卷十九"四万八千七百六十〇字",乃知此本或系定稿且据以付刊者。①

稿本中具见修改之痕迹,删薙者如卷十《藉田赋》"缩鬯萧茅　注无以缩酒",引段玉裁说:"缩者,古文假借字。《周礼·甸师》:祭祀共萧茅。郑大夫注云:萧或为茜,茜读为缩。"稿本原有"束茅立之祭前,沃酒其上,酒渗下去,若神饮之也"一句,同出《说文·酉部》段注,后删去。其增入者如卷十二《东征赋》"望河洛之交流兮,看成皋之旋门",《旁证》云:"《水经·河水》注云:河水又东,径旋门阪北,今成皋西大阪也。升陟此阪而东趣成皋,曹大家《东征赋》曰望河洛之交流,看成皋之旋门者也。"即是稿本后增入者。

《旁证》注义大抵以李善注为主,兼及五臣可与李氏相证者。校列文字异同,亦以李本为主。搜采颇广,号称一千三百馀种,荟萃各家,间下己意。凡例谓引用何焯、陈景云、余萧客、段玉裁及其师林茂春之说为多,"一概标名,以清眉目";所引顾广圻、孙志祖、朱绶、钮树玉、朱珔、姜皋等人之说,"皆于各条详列姓名,亦不敢掠美"。然如《旁证》卷十《藉田赋》"靡谁督而常勤兮"云:"六臣本、《晋书》谁作推。按《释名》:谁,推也,有推择言不能一也。是谁与推通也。"检梁章钜批校翻毛氏汲古阁刻《文选》,此句作"林按,《释名》:谁,推也,有推择言不能一也。《晋书》作推督,是义通也。"《旁证》未依凡例称"林先生曰",宜乎有攘夺之嫌也。

其书校勘亦颇称精核。如卷七《吴都赋》注"枚乘《兔园赋》曰修竹檀栾,夹水",《旁证》:"夹下当有池字。"近人高步瀛以《艺文类聚》、《古文苑》皆有池字而增之。②然如卷三十《求通亲亲表》"乃臣丹情之至愿",《旁证》云:"《魏志》情作诚。此恐误。"胡绍瑛《文选笺证》卷二十六因袭梁章钜之说:"《魏志》情作诚,是也。此恐误。本书《百官劝进今上笺》冒奏丹诚可证。盖习用语。"检各本《文选》均作"丹情",乃当时上表惯用之语,如蔡邕

---

① 见《福建文献集成初编》集部53册。
② 高步瀛:《文选李注义疏》卷5《吴都赋》,中华书局2018年版,第1109页。

《王子乔碑》"岁终阕,发丹情",江淹《为萧拜太尉扬州牧表》"丹情实理,备尘珠冕"、《为萧太傅谢追赠父祖表》"丹情靡谅,峻册愈凝"、《宋书·殷景仁传》"丹情悾款,仰希照察"之类。其义与"丹诚""丹款""丹悃"并无二致。唐钞《文选集注》:"钞曰:丹情,犹赤心也。"梁氏据《魏志》而以为误,则不免胶柱。

反观陈寿祺虽曾用功于《文选》,然多以六臣注为辑佚、考订之材料。试举《五经异义疏证》与《三家诗遗说考》所释"驺虞"为例。《五经异义疏证》卷下:

> 《异义》:今《诗》韩、鲁说,驺虞,天子掌鸟兽官。古《毛诗》说,驺虞,义兽,白虎黑文,食自死之肉,不食生物。人君有至信之德则应之。《周南》终《麟趾》,《召南》终《驺虞》,俱称嗟叹之,是麟与驺虞皆兽名。谨案:古《山海经》、《邹子书》云"驺虞,兽",说与《毛诗》同。
>
> 蒙案:《文选·魏都赋》张载注引《鲁诗传》曰:古有梁驺。梁驺,天子猎之田也。《东都赋》李善注引驺作邹。《礼记·射义》:《驺虞》,乐官备也。贾谊《新书·礼》篇:驺者,天子之囿也。虞者,囿之司兽者也。《仪礼·乡射礼》注:其《诗》有"一发五犯、五豵,于嗟驺虞"之言,乐得贤者众多,叹思至仁之人以充其官。此皆与韩、鲁说合。
>
> 《文选》张平子《东京赋》:囿林氏之驺虞。李善注引刘芳《诗义疏》:驺虞,或作吾。《汉书·东方朔传》谓之驺牙,古音虞、吾、牙近,通。此皆与《毛诗》说合。①

《鲁诗遗说考》卷一、《韩诗遗说考》卷一俱同此。以上可知,陈寿祺以《文选》及六臣注为搜辑前人佚说之渊薮,视同所引《礼记》《新书》《汉书》等。如此之用,为唐宋以来学者尽知之事,安得称为《文选》学家。且所见陈之《文集》和书札中,均无提及曾专力《文选》,将有述作者,而所撰其他著作,则《文集》中均有线索可寻。

比对梁章钜《文选旁证》卷八《魏都赋上》注《梁驺》天子猎之田曲也,《旁证》云:

> 六臣本无"猎之"、"曲"三字。胡公《考异》曰:无者是,《东京赋》善注引作"天子之田也"可证。姜氏皋曰:"梁驺"二字,说《诗》者皆列之《驺虞》之下。考《大戴礼》,凡《雅》二十六篇,其八篇可歌,歌《鹿鸣》、《狸首》、《鹊巢》、《采蘩》、《采蘋》、《伐檀》、《白驹》、《驺虞》。《礼》"散军而郊射,左射《狸首》,右射《驺虞》",注"《狸首》、《驺虞》,所以歌为节也"。凡射以《驺虞》为节,猎亦射也,故《梁驺》为天子猎之曲,或他处作

---

① 陈寿祺:《五经异义疏证》卷下,上海古籍出版社2012年版,第223页。

"天子之田"者反是传写之讹耳。①

由所引顾广圻代胡克家作《文选考异》及姜皋之说,可知与陈寿祺引证取径不同。且二人所持之本,亦有不同,以致解释迥异。梁章钜谓六臣注本作"梁驺,天子田也",顾广圻亦是之。陈寿祺引《文选·魏都赋》张载注引《鲁诗传》作"古有梁驺。梁驺,天子猎之田也。"倘若《旁证》为陈寿祺所作,二说差异不当如此之大。《旁证》作者本无异议,惟李慈铭《日记》好为臆说,徒乱著作名氏,故略为考辨于此。

---

① 梁章钜:《文选旁证》卷8,福建人民出版社2022年版,第226页。

## 古代海交史

# "外府"与"区略"：
# 中国史籍中的满剌加官厂

□ 时 平

**摘要**：满剌加官厂是郑和下西洋在海外设立的航行保障基地，近年来成为郑和研究中一个热点问题。它不仅涉及"一带一路"上郑和文化遗产研究，而且也开启重新认识满剌加官厂在郑和下西洋中的历史地位。本文在考辨满剌加官厂文献基础上，讨论了以往研究中忽略的明人评论，对官厂的航海与地缘环境、形制、性质及经略作用进行分析，提出官厂与官场性质有别，选择满剌加设立官厂，是郑和下西洋治理马六甲海峡的重要举措之一，为郑和船队往返西洋航行提供可靠的保障，成为明初治理天下秩序的重要环节。

**关键词**：满剌加官厂；史料辨析；外府与区略；海峡治理；天下秩序

**作者简介**：时平，上海海事大学海洋文化研究所教授

满剌加这一名字始见明永乐元年，是郑和七次下西洋必经的国家。永乐三年至宣德八年，郑和率领2.7万多人的庞大船队，遍访东南亚及印度洋沿岸30多个国家及地区，进行广泛的政治交往和贸易活动。在马六甲海峡中部满剌加沿岸设立官厂，被随郑和出使的巩珍视为"外府"，明中叶著名文人黄省曾盛赞"智哉，其区略也"。[①]两者的评价，在郑和下西洋历史文献中是仅有的。以往学界相关研究，主要论及满剌加官厂功能、位置及航海地位等问题，缺乏对满剌加官厂历史文献的整理，忽略了巩珍和黄省曾的评价，没有从郑和船队航行与明初治理天下秩序角度，观察满剌加官厂的性质以及在郑和下西洋过程中的经略作用。

## 一、明朝与满剌加王国的兴起

满剌加是15世纪初兴起的东南亚国家。它位于马来半岛南部，马六甲海峡东岸。

---

[①] 巩珍著，向达校注：《西洋番国志》，中华书局2000年版，第16页；黄省曾著，谢方校注：《西洋朝贡典录》，中华书局2000年版，第43页。

海峡是沟通太平洋和印度洋的通道,东部峡口和海峡中段岛礁众多,峡宽较窄,西部峡口宽阔。峡内水深由东往西递减,西岸多为大片沼泽和泥质性岛屿,不利于大船航行,东岸虽分布岬角或岩岛影响航行,但航道水深。满剌加处在海峡中部、峡口西端,适宜大船航泊,历来是通过海峡的重要航线。

在帆船时代,满剌加处在印度洋季风影响最边缘地带,冬季风和夏季风在此形成转换,成为郑和下西洋船队航行印度洋最佳候风地。明代茅元仪《武备志》收录的《郑和航海图》中绘有郑和船队在马六甲海峡航行针路,《星槎胜览》《明史》等史籍记载经过满剌加的三条航线:一条从苏门答腊岛南部的旧港(今巨港)至满剌加。《星槎胜览》记载"自旧港起程,顺风八日至此"①。一条从新加坡海峡至满剌加。《明史》记载:"满剌加,在占城南(今越南中部)。顺风八日至龙牙门(位于今新加坡海峡水域),又西行二日即至。"②一条从满剌加至苏门答剌(今苏门答腊岛西北)。《星槎胜览》(记录汇编本)记载:"自满剌加顺风九日可至。"③满剌加在郑和下西洋过程中占据航行枢纽位置。

在明朝政府大力扶植下,满剌加从"止有头目掌管"的酋长政权成长为"建碑封城"的王国。④它利用季风航海的区位优势,与明朝建立起"愿同中国属郡"的宗藩关系⑤,又利用郑和船队设立官厂作为远航基地的时机,由渔耕社会向航运贸易中转口岸转变,并在二三十年间成为一个地区强国,为此后转型东西方航运贸易中心奠定基础。虽然有研究依据国外早期记录满剌加及海峡地区的文献,提出"在讨论满剌加经济的繁荣时不能简单地将其归功于明朝的保护和郑和下西洋带来的商机"的观点,认为"马六甲王朝的兴起更重要的是得益于马六甲港得天独厚的地理位置,以及当时东南亚的大环境"。⑥但从历史上马六甲沿岸不断淤积变化的地理环境、15世纪前期马六甲海峡及周边地区社会发展水平和航运规模考察,没有任何国家具备把一个偏僻落后的地区转变成能够保障大规模船队驻泊、物资存储、航运中转的口岸,这应该是为什么满剌加后来能替代其他港口成为东西方航海贸易中心的关键因素。郑和下西洋拥有的雄厚经济实力和政治影响力,实际上是明代中国领先的文明,在15世纪早期是其他国家所不具备的。所谓15世纪早期满剌加的繁荣多是依据后人追述的文献,如《马来纪年》《东方志》等记录,往往把建国早期与后来繁荣的时间混淆,像美国学者戴维·K.怀亚特所言"这个世纪初期,在马六甲成为一个重要的国际港口"⑦,从而忽略它的崛起与明朝和郑和下西洋的直接联系。据卢苇教

---

① 费信著,冯承钧校注:《星槎胜览》,南京出版社2019年版,第29页。
②⑤ 《明史》卷325《满剌加》,中华书局1974年版,第8416页。
③ 费信著,冯承钧校注:《星槎胜览》,南京出版社2019年版,第34页。
④ 马欢著,万明校注:《明本〈瀛涯胜览〉校注》,广东人民出版社2018年版,第34页。
⑥ 龙艳萍:《十五世纪马六甲王朝兴起原因再辨》,《人民论坛》2010年第26期,第249、248页。
⑦ [美]戴维·K.怀亚特,郭继光译:《泰国史》,中国出版集团东方出版中心2009年版,第73页。

授的研究:"在郑和下西洋近30年间,正是马六甲建国前期的最困难阶段……直到15世纪30年代的中期后,新兴的马六甲国家才有足够的财富和兵力来保卫自己。"①英国研究马来西亚历史的著名学者理查德·温斯泰德也指出:在郑和下西洋之前,满剌加"还不过是一个渔村而已。"②永乐元年明朝使者尹庆抵达时,满剌加"其地无王,亦不称国,服属暹罗,岁输金四十两为赋"③,"田瘦谷薄,人少耕种",渔猎、少耕、采锡是满剌加当时社会状况,还不是航运贸易的口岸。④

明代文明的融入,推动当地社会发展摆脱原始村落状态,迈向一个更高社会阶段,也从此改变了满剌加在地缘政治中地位和主要经济结构,在明初治理天下秩序中很快形成国际航运的潜力。而满剌加兴起和转变这个过程与官厂的设立有着直接关系,它成为明朝支持满剌加国的依据和重要平台,使它走上崛起的道路。因此,官厂成为观察满剌加社会转变的一个窗口。

## 二、记录满剌加官厂的文献与史料价值

在中国史籍中发现有五部记载满剌加官厂的文献,即明初期马欢《瀛涯胜览》"满剌加国"条、巩珍《西洋番国志》"满剌加国"条、明中叶黄省曾《西洋朝贡典录》"满剌加国"条、明末茅元仪《武备志》卷240《航海》和张可仕撰《南枢志》卷113《西洋海道图》。茅元仪和张可仕所录都为《郑和航海图》。据周运中的考证,指出茅图与张图可能来自"同源"本,通过比对其中标有"官厂"的海图,两图一致。⑤本文采用学界普遍使用的茅图作为研究依据。马欢、巩珍和黄省曾记载了官厂形制和功能,也有少许评论,但文中没有出现官厂一词;茅元仪仅在《郑和航海图》图16满剌加国马六甲河左岸标注"官厂"及郑和船队航行针路,⑥而没有其他内容记录。

《瀛涯胜览》记载的满剌加官厂如下:

凡中国宝船到彼,则立排栅,城垣设四门更鼓楼,夜则提铃巡警。内又立重栅小

---

① 卢苇:《郑和下西洋与东南亚贸易圈》,南京郑和研究会编《走向海洋的中国人》,海潮出版社1996年版,第239页。
② [英]理查德·温斯泰德,姚梓良译:《马来西亚史》上册,商务印书馆1974年版,第70页。
③ 马欢著,万明校注:《明本〈瀛涯胜览〉校注》,广东人民出版社2018年版,第34页。
④ 时平:《郑和下西洋前后的满剌加社会》,《东岳论丛》2014年第10期,第95—99页。
⑤ 周运中:《郑和下西洋新考》,中国社会科学文献出版社2016年版,第85页。
⑥ 茅元仪著,向达校注:《武备志》卷240《航海》图16《郑和航海图》,中华书局2000年版,第50—51页。

城,盖造库藏仓厫,一应钱粮顿在内。去各国船只俱回到此处取齐,打整番货,装载停当,等候南风正顺于五月中旬开洋回还。①

马欢字宗道,自号会稽山樵,会稽(今绍兴)人,以通事和教谕身份曾随郑和船队第四次(1413年)、第六次(1421年)、第七次(1431年)出使西洋,到访东南亚和印度洋周边20多个国家。回国后,以亲身经历,"采撮诸国人物之妍媸,壤俗之同异,与夫土产之别,疆域之制,编次成帙,名曰《瀛涯胜览》。"②马欢多次亲历官厂,所记为第一手原始文献,学术界公认史料价值"最为珍贵"。③他在"满剌加国"条最后叙事官厂情形,没有其他评论。

《西洋番国志》记载的满剌加国官厂如下:

> 中国下西洋舡以此为外府,立摆栅墙垣,设四门更鼓楼。内又立重城,盖造库藏完备。大䑸宝舡已往占城、爪哇等国,并先䑸暹罗等国回还舡只,俱于此国海滨驻泊,一应钱粮皆入库内□贮。各舡并聚,又分䑸次前后诸番买卖以后,忽鲁谟厮等国事毕回时,其小邦去而回者,先后迟早不过五七日俱各到齐。将各国诸色钱粮通行打点,装封仓[舟者],停候五月中风信已顺,结䑸回还。④

巩珍,号养素生,应天府(今南京)人,以"总制之幕"(幕僚)身份随郑和第七次出使西洋。⑤于宣德九年把"凡所纪各国之事迹,或日及耳闻,或在处询访,汉言番语,悉凭通事转译而得,记录无遗",⑥写成《西洋番国志》,涉及下西洋所历经20个国家的风土习俗和主要事迹。巩珍只参加最后一次宣德年间出使西洋,对于永乐朝下西洋情况没有马欢切身感受。他的记载参阅了马欢的记录或其他同源资料。向达先生校注《西洋番国志》时,指出巩珍所记与马欢记述内容、次序"大致相同"。⑦长期以来,学术界认同《西洋番国志》记载多因袭马欢《瀛涯胜览》记录。这些观点主要来自对版本和历史文献角度研究,而鲜有从郑和船队航行角度分析巩珍记录。幕僚身份的巩珍对郑和船队设立官厂和各䑸关系

---

① 马欢著,万明校注:《明本〈瀛涯胜览〉校注》,广东人民出版社2018年版,第38页。
② 马欢著,万明校注:《明本〈瀛涯胜览〉校注》,《自序》,广东人民出版社2018年版,第1页。
③ 万明:《明代马欢〈瀛涯胜览〉版本考(代前言)》,马欢著,万明校注:《明本〈瀛涯胜览〉校注》,广东人民出版社2018年版,第1页。
④ 巩珍著,向达校注:《西洋番国志》,中华书局2000年版,第16—17页。
⑤ 巩珍著,向达校注:《西洋番国志》,《自序》,中华书局2000年版,第5页。
⑥ 巩珍著,向达校注:《西洋番国志》,《自序》,中华书局2000年版,第7页。
⑦ 巩珍著,向达校注:《西洋番国志》,中华书局2000年版,第3页。

有所描述及评价,诸如"外府""重城""完备""分䑸""并聚""结䑸"等是马欢记载中缺少的。作为亲历者主观评价,巩珍所记的史料价值比马欢客观性记载要高,它直接反映了官厂和郑和船队航行活动的特点。

《西洋朝贡典录》记载的满剌加官厂如下:

> 论曰:传云①,海岛邈绝,不可践量,信然也。况夷心渊险不测,握重货以深往,自非多区略之臣,鲜不敢事也。予观马欢所记载满剌加云,郑和至此,乃为城栅鼓角,立府藏仓廪,停贮百物,然后分使通于列夷,归则仍会萃焉。智哉其区略也。满剌加昔无名号,素苦暹罗,永乐初始建碑封城,诏为王焉。其内慕柔服,至率妻子来朝,实若藩宗之亲矣,则和至贮百物于此地,曷有他虑哉!智哉其区略也。②

黄省曾字勉之,号五岳山人,吴县(今苏州)人,用七年时间完成《西洋朝贡典录》。他是明朝停止下西洋后时隔90多年第一位评价郑和下西洋的学者。不同于马欢、巩珍亲历身份,他曾在南京内宫接触过大量档案资料,先祖曾参加洪武、永乐时期海运和造船,③同邑友人祝允明写有《前闻记》"下西洋"条,记录第七次下西洋船队出使的航程,堪比原始记录。表明极有可能黄省曾看过和熟悉当时还保留的一些郑和航海资料。在《西洋朝贡典录》中订正《瀛涯胜览》《西洋藩国志》记载的部分时间错误,"足与《明史》相证佐"。④按照他自序所说,对官厂的记述是依据《瀛涯胜览》,但他不像马欢一样叙事风格,也不像巩珍夹杂点滴评论,而是从"区略"定位对官厂及郑和航海进行评论。他曾说:"愚尝读秦汉以来册记,诸国见者颇鲜……余乃[摭]拾译人之言,若《星槎》、《瀛涯》、《鍼位》诸篇,一约之典要,文之法官,徵之父老。"⑤足见他承继了司马迁"太史公曰"范式,多有评论,有明确的资政经世用意。

《武备志》中记载的满剌加官厂如下:

《郑和航海图》(全称《自宝船厂开船从龙江关出水直抵外国诸番图》)原图为一卷长图,《武备志》收录时分为20页40幅图面,最后还附4幅过洋牵星海图。在页十六海图上,绘有官厂和沿海岸线、内河入海口、海峡中岛屿、礁石、浅滩等,标注毗宋屿、射箭山、鬼屿、满剌加、假五屿、鸡骨屿、棉花浅、双屿、九州山等地名,在满剌加国马六甲河入海口

---

① "传云"指马欢《瀛涯胜览》"满剌加国"传。
② 黄省曾著,谢方校注:《西洋朝贡典录校注》,中华书局2000年版,第43页。
③ 黄省曾著,谢方校注:《先昭信府君墓碑》《先武略府君墓碑》,《五岳山人集》卷38,《四库全书存目丛书本》集部第94册,齐鲁书社1997年,第843页上a、上b。
④ 翁方纲:《翁方纲纂四库提要稿》"西洋朝贡典录"条,上海科学技术文献出版社2005年版,第378页。
⑤ 黄省曾著,谢方校注:《西洋朝贡典录校注·自序》,中华书局2000年版,第8页。

左岸标注"官厂"方位,标记郑和船队到达满剌加针路:"满剌加开船用辰巽针,五更,船平射箭山",离开针路"取鸡骨屿用丹辰及辰乙针,三更,船平棉花浅(屿)用乙辰及丹辰针,三更,船平棉花浅用辰巽针,十更,船平满剌加。"①图是以行船航行为中心,以可视的地文目标,诸如山、岛礁、浅滩、河口等作为导航标志。图示不强调精度,但航线上的针路和航程注记详细,图上官厂标注是一个地理方位,用于地文航海参照。

茅元仪字止生,号石民,归安(今湖州)人,熟知兵略,历时15年辑成《武备志》。关于《郑和航海图》来源,他在"序言"中没有提及,只记:"当是时,臣为内竖郑和,亦不辱命焉。其图列道里国土,详而不诬。"②向达校注《郑和航海图》时,根据茅元仪祖父茅坤曾任职兵部,又与郑若曾同为胡宗宪幕僚的身份,推断"武备志里的航海图,如不是出自兵部档案,就是从胡宗宪那里得来的,一定是渊源有自之作"③。从《郑和航海图》中地标选取、航线抵达范围和官厂标记,都显示官方航海的特点,一些标识并非民间航海所需标记。官厂用语是判断该图官方身份和年代的重要依据。据周运中的研究,也推测该图和《南枢志》图极有可能源自南京兵部档案。④

关于《郑和航海图》年代,向达提出《郑和航海图》为第七次下西洋使用的海图,与伯希和所持观点相近。⑤徐玉虎在《郑和下西洋航海图考》中认为成图时间在明洪熙元年至宣德五年。⑥郑一钧认同徐玉虎教授的观点,指出该图是郑和出使水程中的一种,由郑和船队成员合并"构成全幅下西洋航图"。⑦从标注的西印度洋航线和一些地名,这幅海图属于第四次下西洋以后航海路线,有研究指出是第六次下西洋航海图。从图上官厂用词,是其他海图上所未见,也进一步证明该图为郑和下西洋所用。《郑和航海图》是仅见的郑和航海图文文献,对于研究满剌加官厂有不可替代的史料价值。

上述四部文献当中,马欢的记述最早,巩珍和黄省曾所记都依据了马欢的记录,茅元仪图文标明官厂的方位和针路。这些记述可以基本厘清郑和下西洋时期的满剌加官厂状况。

第一,官厂是郑和船队建立的。"中国宝船到彼"显然指郑和下西洋宝船到来。"则立"寓意船队航行与官厂之间的保障关系,表明官厂在第一次下西洋之际已经建立。关于官厂设立的时间,长期以来是学界未解问题。早期法国汉学家伯希和对《瀛涯胜览》刊

---

① 周运中:《郑和下西洋新考》,中国社会科学出版社2013年版,第210页。
② 茅元仪著,向达校注:《武备志·序》,中华书局2000年版,第22页。
③ 向达:《整理郑和航海图序言》,《郑和航海图》,中华书局2000年版,第4页。
④ 周运中:《郑和下西洋新考》,中国社会科学文献出版社2016年版,第84页。
⑤ [法]伯希和著,冯承钧译:《郑和下西洋考》,商务印书馆1933年版,第119页。
⑥ 徐玉虎:《郑和下西洋航海图考》,《明郑和之研究》,高雄德馨室出版社1980年版,第61页。
⑦ 郑一钧:《论郑和下西洋》(修订本),海洋出版社2005年版,第157、158页。

本考证时,推断"满剌加国"中记载官厂的内容是马欢后来补充的内容,提出官厂为第七次下西洋期间所建。他说:"我以为马欢所言郑和在满剌加立排栅城垣遣船只分赴各国之事,就在此1431—1433年的旅行中。"①学界并不完全认同伯希和的观点。冯承钧校注《瀛涯胜览》"满剌加国"条时,质疑"伯希和仅据后文国王跟随宝船进贡一事,而谓立排栅事仅在第七次航行时有之,误也"②。郑永常在《郑和下西洋的"外府":满剌加》中提出"郑和第二次下西洋的另一个任务是在满剌加建立一海外基地"③,几年后他又修正了自己的观点,认为郑和在第四次下西洋时建立了官厂。④自2007年以来,笔者一直研究这一问题,也如郑永常教授困扰其中,难以形成定论。在系统整理满剌加官厂文献、多次实地考察马六甲官厂地理环境基础上,尝试从郑和船队航行与官厂的关系视角分析,"则立"反映出的航海意义具有重要的史料意义,表明第一次下西洋时就设立了官厂,否则不能保障郑和大型船队继续航行。考察《郑和航海图》上的官厂区位和航线抵达地点、针路标注的航程内容,都是满足郑和大型船队航行的需要。航行范围包括东南亚和印度洋诸多重要国家,针路所到地方多是航运贸易口岸,并标注主要航线和航程,明显有时间计算。民间航海一般不需要这么广阔的航线海图,商船航行遵循的是熟悉的贸易航线,依托沿途停泊港当地的补给方式,即使少数官船也不需要单独设立大型官厂提供保障。从巩珍记载的"外府"功能及规模看,显然是为保障郑和大规模船队持续远航需要而设立的。伯希和所言第七次下西洋设立官厂,当是洪熙元年明仁宗朱高炽"罢西洋宝船"之后6年⑤、宣德五年宣宗朱瞻基重起郑和下西洋时,再次修建满剌加官厂一事。按照祝允明《前闻记》保留的郑和第七次下西洋航程,郑和船队于宣德七年"二十七日到旧港,七月一日开船,八日到满剌加,八月八日开船"⑥。郑和船队在满剌加停泊一个月时间,很重要的工作应是重修官厂。

第二,记载了官厂的基本形制。马欢和巩珍描述满剌加官厂建有内外两层木制栅栏:外层为排栅,设有四座城门、角楼,昼夜有兵士警戒;内层排栅为城垣,形似一座小城,内建大量库仓设施。巩珍的记述与马欢相同,只是强调"库藏完备",说明内城建立了数量多和种类齐全的仓储建筑。据明代黄衷《海语》"满剌加条"记载的"王居前屋用瓦,乃永乐中太监郑和所遗者",说明官厂建筑不是单纯的木质结构,官厂属于常设的固定设施,重视安全防御,可以储藏大量的物资。马欢和巩珍记载的"钱粮顿在内",更是保障船

---

① [法]伯希和,冯承钧译:《郑和下西洋考》,中华书局2003年版,第118—119页。
② 马欢、冯承钧校注:《瀛涯胜览校注》,台北商务印书馆1962年版,第26页。
③ 《郑和研究与活动简讯》第21期,台湾成功大学历史系2005年3月20日编印,第17页。
④ 郑永常:《海禁的转折:明初东亚沿海国际形势与郑和下西洋》,台湾稻香出版社2011年版,第174页。
⑤ 《明史》卷8《仁宗本纪》,中华书局1974年版,第108页。
⑥ 祝允明:《前闻记》,商务印书馆1937年版,第74页。

队中转的必需物资。根据马欢对西洋各国的种植业描述,当时途经的苏门答剌、锡兰山等国难以提供上万人航行的粮供。所以,满剌加官厂应担负郑和船队中途钱粮等货物存储、补给、居住或船舶修理的功能。

第三,记载了官厂与各舶航行的关系。舶是郑和船队的编组形式,由大舶和若干分舶组成,分舶航行是郑和下西洋的基本样式,分别由正使、副使等率领各舶前往不同国家访问。因此可以发现郑和文献、碑刻中记载郑和七次下西洋过程中曾出现7位正使、17位副使名字。①陆容《菽园杂记》曾记录:"永乐七年,太监郑和、王景宏、侯显等统率官兵二万七千有奇,驾宝船四十八艘,赍奉诏旨赏赐,历东南诸蕃,以通西洋。"②长乐《天妃灵应之记碑》记录第七次下西洋正使有郑和、王景弘,副使有李兴、朱良、周满、洪保、杨真、张达、吴忠7人。大舶是船队主体,分舶是船队中分编队。《郑和航海图》标注的航线多为大舶航行针路,巩珍记录了满剌加官厂在不同地区分舶航行作用。在南海周边的东南亚地区,郑和船队采用大舶、先舶(分舶)和并舶三种航行形式。大舶是航海图标注的前往占城、爪哇等航线,先舶是赴暹罗等国航线,然后各舶前往满剌加"并聚"即并舶,把前期访问各国搭载货物存放官厂,尤其来自爪哇岛大舶,那里是国际香料贸易和盛产稻米的地方,在此进行休整补给,准备前往西洋各国。在印度洋地区,郑和船队采取大舶、分舶和结舶三种形式。行程依托官厂编组分舶,再分批次前往西洋各国。《郑和航海图》绘制的印度洋航线,显示郑和船队从满剌加到"西洋之总路头"苏门答剌,然后大舶向西前往锡兰山航向,分舶向北前往榜葛剌航向。从锡兰山至古里又有多条航线,前往忽鲁谟斯、祖法儿、溜山、木骨都束等国,多由分舶担任。返程时,在印度洋活动的各舶"先后迟早不过五七日俱各到齐"满剌加,把存储官厂货物"装封",然后"结舶"返航。说明郑和船队各舶是按照季风规律,以满剌加官厂为依托形成区域航行网络,从而达到持续经略西洋的目的。巩珍的记录厘清郑和船队编组及在东南亚、印度洋地区航线和航行特点,有助于理解《郑和航海图》记载的针路,不能简单视为航海示意图的作用。

第四,明确官厂是郑和船队在印度洋候风的中转基地。在上述官厂与各舶关系中,满剌加官厂起到了各舶并聚、重组分舶和结舶返航的"外府"功能。马欢和巩珍记述都明确郑和船队各舶于5月上旬前陆续回到满剌加集结,"停候五月中风信已顺,结舶回还。"祝允明在《前闻记》中曾记录第七次下西洋于"五月十日"自满剌加返航,③更加印证满剌加官厂在郑和下西洋中候风地的地位。东印度洋地区,每年4月下旬至5月上旬,西南

---

① 徐玉虎:《郑和下西洋的舰队组织考实》,《明郑和之研究》,高雄德馨室出版社1980年版,第22页。
② 陆容:《菽园杂记》,中华书局1985年版,第26页。
③ 祝允明:《前闻记》,商务印书馆1937年版,第74页。

季风在马来半岛和孟加拉湾沿岸率先生成,5月中旬开始出现风旺季节,适宜船舶,特别是大型宝船顺风航行。1511年7月到达满剌加的葡萄牙指挥官阿布奎克评价满剌加的航海地位,认为"它成为季候风的起点与终点"[①]。这是郑和船队选择满剌加设立官厂的最重要原因。

上述分析的满剌加官厂功能及特点,体现的是文献的史料价值。巩珍"外府"和黄省曾"区略"评价所涉及的官厂性质及历史地位,不是记述的史料能够直接反映出来,需要放在郑和所处的时代环境和整个下西洋过程中进一步观察。

## 三、"外府"和"区略"表达的官厂性质及经略意识

巩珍在记述满剌加官厂时,开明宗义指出官厂是郑和下西洋"外府"的属性,表明它的官办身份。这一评价很可能与时隔6年宣宗皇帝重启下西洋举措有关,不仅说明官厂负责存储补给、并聚分腙、居住接待、理货结腙、候风返航的功能,而且也反映了宣宗皇帝对永乐时期下西洋举措的继承。宣德五年六月给郑和等出使诏谕说:"君临万邦,体祖宗之至仁……兹遣太监郑和、王景弘等赍诏往谕。"[②]对郑和下西洋持肯定的态度。黄省曾也用"立府"表达对官厂"外府"性质的认同。

"外府"一词见于西周以后历史文献,《明史》中也多处使用。巩珍此处"外府"含义是指明朝在海外设立的处理下西洋事务的场所。"外府"的评价是放在经略天下的范畴之中,并非一些学者提出的官厂即官场的结论。[③]

黄省曾"区略"的评价,超出巩珍评价的时代局限,是基于明中叶海疆被动的现实,反思明朝经略海洋的政策。如《自序》中所说撰写《西洋朝贡典录》的目的是为了"稽之宝训"。他从鉴史经世视角评价满剌加官厂,通过肯定官厂在明初经略海洋中"区略"作用,表达对明朝海洋形势由盛转弱背景下一种现实思考,主张明朝要采取主动经略海洋的政策。

"区略"一词在中国史籍中少见,词义学中也没有诠释。"区"的本义是指有一定界限的地区或区域。"略"有多重含义,按照许慎《说文解字》"经略土地"解读,包含经略和谋

---

① 张奕善:《明代中国与马来亚的关系》,台北精华印刷馆股份有限公司1964年版,第32页。
② 《明宣宗实录》卷67"宣德五年六月戊寅"条,"中央研究院"历史语言研究所1962年校印,第1576—1577页。
③ 金国平、吴志良:《郑和航海图二"官厂"考》,《郑和研究与活动简讯》第20卷,台湾成功大学历史系2000年12月20日编印,第21页。

略的含义,与中国史籍中常用的方略内涵相类。黄省曾把设立官厂置于明中叶日趋严峻的海洋形势与明初郑和下西洋盛事比较视野下,"区略"内涵带有经营海洋的意识。他从三个层面阐释"区略"的思想。

第一层评论,黄省曾提出懂得"区略"海洋的人才至关重要。他认为明中叶面临海上危机,海外番国态度复杂,无法保障海外交往的安全,感叹明朝缺乏"区略"型海洋的官员。黄省曾所处的时代,正值明朝国家海洋力量衰弱之际,海外影响力严重萎缩。史籍中鲜有明朝使者越过满剌加以远交往的记载。1511年欧洲葡萄牙人沿印度洋占领满剌加,1517年秋抵达中国沿海珠江口屯门岛,并北上到达闽浙沿海一带。同时,日本对明朝逐渐采取强硬态度,《明实录》记载嘉靖二年日本使节宗设谦道在宁波伤人。海盗在中国沿海侵扰日渐猖獗,"官府丧失了对海上势力的节制"[①],海疆危机严峻。目睹被动的海洋局势,黄省曾以郑和经略海洋的历史对明朝采取的海洋政策提出警省,所谓"不有记述,恐其事湮坠,后来无闻焉"[②],实际上是反映了对明朝海洋形势一种忧虑态度。祝允明为该书作序中评论黄省曾"将其明发有怀,思辅明王,弘际天盘地之治也;思效使能,以达居中驭外之策也"。[③]

第二层评论,黄省曾认为郑和在满剌加设立官厂是"智哉,其区略也"。赞美之意,表现了他对官厂作用的高度肯定。他认为官厂成为郑和船队经略海上的可靠基地,发挥停贮百物、分使列夷、归则荟萃的多元功能,保障郑和船队有效的交往西洋各国和顺利返航,构成了郑和下西洋整体航行布局的关键环节。

第三层评论,黄省曾从宗藩与官厂的关系,评价选址满剌加建立官厂的"区略"智慧。朱棣登基后,对外采取积极交往政策,通过调整宗藩关系来治理天下秩序。《明史》"郑和传"记载,"当成祖时,锐意通四夷"。[④]永乐元年十月派正使太监尹庆、副使太监闻良辅携即位诏书前往海外多国,"宣示威德及招徕之意。其酋拜里迷苏剌大喜,遣使随庆入朝贡方物"。[⑤]永乐皇帝大加赞许,采取"建碑封城,诏为王"举措,使满剌加从"服属暹罗"地位转向与明朝建立"藩宗之亲"的王国,[⑥]并在此设立海外官厂,使郑和下西洋"百物于此地,曷有他虑",从而保障郑和船队航行和贸易。黄省曾认为,明初通过宗藩关系治理,解决郑和船队在海峡要地的布局,实现官厂的长期稳定与安全,称赞这种联动并举行为是经略海外的一种智慧。所以他在《西洋朝贡典录》中把在满剌加设立官厂与"建碑封城"一

---

① 王日根:《明清海疆政策与中国社会发展》,福建人民出版社2006年版,第77页。
② 黄省曾,谢方校注:《西洋朝贡典录校注·自序》,中华书局2000年版,第8页。
③ 祝允明著,薛维源点校:《〈西洋朝贡典录〉序》,《祝允明集》,上海古籍出版社2016年版,第420页。
④ 《明史》卷304《郑和传》,中华书局1974年版,第7767页。
⑤ 《明史》卷325《满剌加》,中华书局1974年版,第8416页。
⑥ 黄省曾著,谢方校注:《西洋朝贡典录校注》,中华书局2000年版,第43页。

起视为"郑和航海中的三大经典事迹"。①

可见,黄省曾对满剌加官厂"区略"定位,既是对郑和下西洋经略马六甲海峡作用的一种赞誉,更隐含对明中期采取的保守海洋政策批评。黄省曾"区略"海洋的思想,是在明朝面临海洋危机背景下,主张通过经略海上改变明朝海外被动局面。但他的海洋经略意识仍囿于明朝天下秩序的格局当中。

## 四、满剌加官厂与天下秩序中的马六甲海峡治理

基于文献的记述,看到的多是静态视域中满剌加官厂的价值。巩珍"外府"的评价,反映的是明初治理天下的一种功能。黄省曾"区略"中表现的经略意识,集中体现在宗藩关系治理与郑和船队航行保障的有效结合,以及主张明朝对海外采取主动经营政策,并未全面体现郑和下西洋动态过程中的经略作用。

观察15世纪初世界文明中的郑和下西洋,选址满剌加设立官厂,不仅保证郑和船队区域性航行顺畅,而且对东西方文明互动重心的东移及之后转型为世界航海贸易中心起到了奠基作用。万明的研究也认为满剌加的崛起"导致文明互动中心的迁徙"②。她从航运贸易在人类文明互动中的主导作用,指出满剌加在互动中角色的变化。当时的世界文明发展仍处于不平衡状态,因此区域间文明互动的角色、进一步说推动力存在较明显差别。在15世纪初,推动东西方海上交往活跃和印度洋地区航路网络化的主要力量是东方的明朝,而推进这种大规模航海活动的原动力是明朝的天下一家观念,朝贡体系是天下一家运行机制,礼制是天下一家当中宗藩国家关系的表现。华夷关系转变为天下一家的朝贡关系。这种天下—朝贡一家的因果关系带来的实践,创造了郑和下西洋的海上"盛事"。应该指出,在欧洲国家走向近代统一市场之前,这种天下一家观念下的大航海活动,不是单纯的航运贸易驱动,而是带有政治和经济兼容性,服从于天下治理的追求,满剌加官厂的"区略"性体现了永乐皇帝经略天下的意愿。马欢《记行诗》中"皇华使者承天敕,宣布纶音往夷域……际天极地皆王臣"溢于言表,费信和巩珍的《自序》、郑和亲立的《通番事迹碑》《天妃灵应之记碑》皆凸显"文明之治格于四表"的天下治理态度。因此,考察官厂"区略"的实际作用,要放入郑和下西洋治理天下秩序和东西方文明交往环境中

---

① 贺玉洁:《再论黄省曾〈西洋朝贡典录〉》,《史学理论研究》2018年第2期,第102页。
② 万明:《郑和与满剌加——一个世界文明互动中心的和平崛起》,《明代中外关系史论稿》,中国社会科学出版社2011年版,第315—329页。

探究。从 15 世纪初东西方海上交往来看,满剌加官厂设立是新增的航运口岸,体现的是文明互动中的交通及贸易价值。普塔克教授认为历史上海上贸易港口和口岸是有区别的,口岸的作用是存在腹地。①郑和船队建立的满剌加官厂显然属于口岸,它对郑和下西洋作用,实际上是担当了保障郑和船队经略西洋的基地。从郑和下西洋航路布局观察,官厂成为连通两洋航行的枢纽,突显了满剌加区位的战略价值,是郑和下西洋治理天下秩序的一个重要环节。

马六甲海峡是东西方交往的海上通道。至少在公元前 2 世纪,印度半岛地区和中国已通过马六甲海峡进行交往。②随着西亚波斯人、阿拉伯人对印度洋季风规律的掌握,印度洋不仅成为亚欧大陆文明交汇区,而且马六甲海峡成为东西方海上交通的枢纽和商品贸易中转区。随着海峡大国室利佛逝王朝的衰弱,到 13 世纪晚期至 14 世纪明朝洪武年间,基本失去对马六甲海峡地区的控制。马来半岛上暹罗阿瑜陀耶王朝也因 1388 年波隆摩罗者国王去世,陷入国内长时间王位争夺,削弱对海峡地区的影响。1397 年,爪哇满者伯夷灭亡室利佛逝王朝,但也缺乏力量控制海峡。马六甲海峡地区出现割据状态。《明史》记载旧港"国中大乱,爪哇亦不能尽有其地……华人流寓者往往起而据之"。③陈祖义成为控制海峡最大的海盗集团,海峡地区海盗猖獗,东西方海上交通陷入不畅乱局。与此同时,长期影响海峡地区的中国,正值明初面临北方蒙元势力和沿海方国珍、张士诚反明力量的威胁,朱元璋集中精力稳定国内,采取"海禁"政策,并将三佛齐、苏门答剌、暹罗、爪哇等 15 国列为"不征之国",不仅禁止了民间海外贸易,而且很大程度上制约了明朝海上对外交往,在马六甲海峡地区威望迅速下降,"梗我声教",曾发生洪武十年朱元璋派遣使者诏封旧港王子麻那者巫里为新王,一直没有返回的状况,发生过海外国家朝贡明朝使团在马六甲海峡被扣被杀的事件,甚至有过旧港和苏门答剌向明朝朝贡寻求保护,遭到满者伯夷和暹罗的直接阻拦,出现"贡使往来皆苦之""商旅阻遏,诸国之意不通"局面的情况。④朱棣即位后,根据明朝形势的变化,积极经略海外。《明史》曾评论:"自成祖以武定天下,欲威制万方,遣使四出招徕……又北穷沙漠,南极溟海,东西抵日出没之处,凡舟车可至者,无所不届。"⑤雄才大略的朱棣有意治理天下,恢复明朝的威望。他派遣郑和率领庞大船队反复出使西洋,并向西扩大交往国家,试图建立以明朝皇帝为中心

---

① 普塔克:《亚洲海峡的地理、功能和类型》,《海洋史研究》第 2 辑,社会科学文献出版社 2011 年版,第 21 页。
② 芭芭拉·沃森·安达娅、伦纳德·安达娅,黄秋迪译:《马来西亚史》,中国大百科全书出版社 2010 年版,第 11 页;《汉书》卷 28《地理志下》,中华书局 1962 年版,第 1671 页。
③ 《明史》卷 324《三佛齐》,中华书局 1974 年版,第 8407 页。
④ 《明史》卷 324《三佛齐》,中华书局 1974 年版,第 8406 页。
⑤ 《明史》卷 332《坤城》,中华书局 1974 年版,第 8625 页。

的天下一家秩序,而不是有研究理解的近代意义上的世界秩序。天下秩序和世界秩序最大区别,天下分内外有中心,是华统夷的格局,如朱棣对礼部官员所说"帝王居中,抚驭万国,当如天地之大,无不覆载"①,追求天下一统的局面。

天下观是古代中国形成的世界观,历代帝王都以统领天下的君主自居。明初阶段的天下观有所变化,出现强化皇权天下的倾向,吴晗先生概括为"家天下",因此发生治理天下的一系列举动。②明初天下格局中的内外关系,与元代有所变化,似乎纠结在"华夷有别,四海一家"的矛盾状态。明朝以儒家标准确立的华夷态度,在实践中将华夷关系推向天下国家间的宗藩关系,这种关系通过朝贡关系中的礼制等形式,体现天下中心与一家的一统关系。这种转变出现在明成祖即位之后。如《明太宗实录》上说"天下一体,华夷一家""海内海外,一视同仁"。③永乐时期把传统意义上华夷关系,通过"宣教化于海外诸番国"的治理,更多转变为宗藩模式的天下国家关系。可以发现郑和下西洋期间扶持满剌加等酋长政权立国,马欢、巩珍笔下的"小邦"阿鲁、黎代、花面、南巫里等都变成随郑和船队朝贡藩国形象。黄省曾称阿鲁为"琐细岛夷",南巫里"不足为国",之所以称国"因中使临顾其地,故得牵连而载之",④无疑理顺了以中国皇帝为"共主"的天下秩序,明显带有对天下一家中国家关系"一统"属性的治理,推动规范的朝贡体系建立。如费信所说"振纲常以布中外,敷文德以及四方"⑤。所以会出现永乐时期30多个国家访华,最多时有16国使者同来,甚至4个国家国王来朝前所未有的盛况。不言而喻是郑和下西洋治理天下秩序的成就。

15世纪初期,明朝天下秩序的中枢是马六甲海峡—锡兰山岛—古里航路,它是连接西洋天下各国枢纽地带,控制东西方海上交往和主要贸易,是东西方海上地缘政治哑铃的握柄。治理天下中枢是郑和下西洋重要任务。考察郑和下西洋期间的活动,郑和船队所采取的重大行动,几乎都发生在这一天下"握柄"地带,或为"诸蕃要会",或为"西洋之总路头",或为"西洋大国",或为佛教圣地。统计下来,郑和船队海外的五次用兵⑥、设立宣慰司和官厂、锡兰山布施和古里建亭立碑等举措,都反映郑和下西洋治理天下的重心及决心。而马六甲海峡是天下航路的咽喉通道,选择马六甲海峡最窄地方设立官厂,是

---

① 《明太宗实录》卷24"永乐元年十月辛亥"条,"中央研究院"历史语言研究所1962年校印,第435页。
② 吴晗:《朱元璋传》,北京市历史学会编《吴晗史学论著选集》第4卷,人民出版社1988年版,第219—445页;时平:《从明初"大一统"观看郑和下西洋的动机》,江苏省郑和研究会编《睦邻友好的使者——郑和》,海潮出版社2003年版,第312—321页。
③ 《明太宗实录》卷30"永乐二年四月辛未"条,"中央研究院"历史语言研究所1962年校印,第533页。
④ 黄省曾著,谢方校注:《西洋朝贡典录》,中华书局2000年版,第64、73页。
⑤ 费信,冯承钧校注:《星槎胜览·自序》,南京出版社2019年版,第2页。
⑥ 根据明朝兵部《卫所武职选簿》统计,郑和下西洋期间先后在海外旧港、绵花屿、阿鲁洋、苏门答剌和锡兰山五次用兵,除锡兰山战事外,其余四次都集中在马六甲海峡航线地区。徐恭生:《再谈郑和下西洋与〈卫所武职选簿〉》,《海交史研究》2009年第2期,第31—47页。

治理马六甲海峡三大举措之一。

为此,郑和先后采取以下措施:

第一,清剿马六甲海峡海盗势力,设立旧港宣慰司。郑和第一次下西洋抵达旧港,于永乐四年五六月间,[①]集中力量解决陈祖义海盗集团。《明实录》记载:"和出兵与战,祖义大败。杀贼党五千余人,烧贼船十艘,获其七艘,及伪铜印二颗,生擒祖义等三人。既至京师,命悉斩之。"[②]同时,明朝于永乐五年九月设立旧港宣慰司,任命当地华人首领施进卿、梁道明为正副宣慰使,维护旧港地区的社会稳定。旧港宣慰司性质实际上是明朝在海外设立管理当地的华人土司。永乐四年七八月间,郑和船队继续打击马六甲海峡内绵花屿和阿鲁海盗势力。明代兵部档案记录郑和船队官军"永乐四年旧港杀败贼众,七月棉花屿洋杀获贼船,八月阿鲁洋剿杀贼人"。[③]绵花屿位于马来半岛西岸今巴生港以南海中,占据进出峡口航路,作为导航地标。阿鲁位于苏门答腊岛中北部,是马六甲海峡前往苏门答剌所经过的地方。肃清海盗是郑和下西洋治理马六甲海峡的首要任务。

第二,积极扶植满剌加立国,并设立官厂。明朝选择马六甲海峡中部航路要地,扶植当地满剌加政权,遣使警告暹罗,"满剌加国王既已内属,则为朝廷之臣"[④],起到整治东南亚地缘政治秩序、掌握海峡主动权的作用。费信在《星槎胜览》中记载了这段历史:"皇上命正使太监郑和等赍捧诏敕,赐以双台银印,冠带袍服,建碑封域,为满剌加国,其暹罗始不敢扰。"[⑤]这种信任的宗藩关系,除了遏制东南亚大国暹罗、巩固明朝为中心的影响力外,最重要的目的是为建立官厂提供一个安全地方。"区略"的价值就在于此。明朝通过扶植满剌加立国和设立官厂举措,避开海峡两端咽喉旧港和苏门答剌遏制,在中部开辟控制海峡的新要地,打破海峡原有秩序,又通过建立"愿为中国属郡"宗藩关系,从而保障航海基地官厂的安全。满剌加官厂"区略"的双重目的,如同设立旧港宣慰司一样,也是郑和下西洋治理马六甲海峡采取的又一种模式。这种"区略"实际意义超出黄省曾"区略"认知的范畴,表现在对马六甲海峡系列而整体的治理,成为构建天下一家秩序的重要环节,保障郑和下西洋的顺利实施。

第三,在苏门答剌设立官厂,平定苏干剌叛乱。苏门答剌国位于马六甲海峡最西端峡口,一直是马六甲海峡进出印度洋航路上咽喉,各国商船几乎都要在此候风、贸易、补给和修理船舶,马欢称为"西洋之总路头"[⑥]。郑和船队在此也设立官厂,为船队各艅提供

---

① 徐恭生:《再谈郑和下西洋与〈卫所武职选簿〉》,《海交史研究》2009年第2期,第33页。
② 《明太宗实录》卷71"永乐五年九月壬子"条,"中央研究院"历史语言研究所1962年校印,第987页。
③ 《中国明朝档案总汇》卷74,广西师范大学出版社2001年版,第246页。
④ 《明太宗实录》卷217"永乐十七年十月癸未"条,"中央研究院"历史语言研究所1962年校印,第2162页。
⑤ 费信:《星槎胜览》,冯承钧校注,南京出版社2019年版,第29页。
⑥ 马欢:《明本〈瀛涯胜览〉校注》,万明校注,广东人民出版社2018年版,第39页。

前往锡兰山、榜葛剌方向的最后补给。第二次下西洋时期,苏门答剌国内因王位继承引发长期内战,直接影响了马六甲海峡地区的稳定及航行安全,所处区位又直接影响天下秩序的建立。永乐十二年至十三年,郑和船队派军平定苏干剌的叛乱,维护东西方海上战略要津的稳定。

  郑和下西洋率先治理马六甲海峡,是明朝治理天下秩序经略性举措。从时机上看,首先把马六甲海峡作为天下治理的重点地区,展开剿盗、立国、设厂、建司等连续而坚决行动,保障航运安全;从布局上看,郑和下西洋重点治理海峡两端航运要冲,在中部另辟航运口岸,建立保障郑和船队航行的大型官厂,控制航运要地,掌握海峡航行的主动权;从措施上看,以恩威并济"王道"姿态治理海峡秩序,采取抚夷、教化、治理的方式,先礼后兵、厚往薄来的政策,重视用武力打击海盗,重树明朝"天下共主"的威望。文献记载"海道由是而清宁,番人赖之以安业"[①]。从而保证了下西洋在印度洋顺利开展,构建起永乐时期的天下一家秩序。满剌加官厂无疑起到经略马六甲海峡的作用,保障了郑和船队往返西洋的航行,对于郑和下西洋全局来说都有战略意义。

---

[①] 范金民:《〈娄东刘家港天妃宫石刻通番事迹记〉校读》,《郑和研究》2006年第4期,第53页。

# 郑和远航非洲对海上丝绸之路发展的贡献及其历史意义

□郑一钧

**摘要**:郑和下西洋之前,海上丝绸之路经历了三个发展阶段,即汉代初创、唐代开辟了中国至东非沿岸的航线、宋元时大力发展海外贸易相应促进了海上丝绸之路的发展。郑和远航非洲对海上丝绸之路发展的贡献,一是持续向非洲大规模航海,使海上丝绸之路与大航海相融合。二是开辟直达航线,使亚非海域连成一气。三是赋予海上丝绸之路政治文明的内涵。郑和远航非洲对海上丝绸之路发展的历史意义在于:一是使海上丝绸之路的发展与世界全球化的进程密切结合起来;二是将非洲纳入海上丝绸之路主体体系之中,对进而将欧、美、澳洲纳入21世纪海上丝绸之路主体体系之中可资借鉴;三是证明海上丝绸之路除了是一条商路,还可以是一条构建共同政治文明之路,使21世纪海上丝绸之路成为构建人类共同命运的重要载体之一。

**关键词**:郑和;海上丝绸之路;大航海;洲际航海

**作者简介**:郑一钧,中国科学院海洋研究所研究员

海上丝绸之路自汉代开辟以来,在唐、宋、元代都有不同程度的发展,虽然间或与非洲也有来往,但不成规模,更不成系统,影响甚微,海上丝绸之路的主体活动向西基本局限于到达西亚地区,就是说不出亚洲的范围。在明初,由于郑和船队四次远航非洲,海上丝绸之路向非洲的延伸方才形成一定的规模和系统,当时以郑和下西洋为代表的海上丝绸之路的发展,才将非洲纳入海上丝绸之路主体活动的体系之中,使海上丝绸之路正式突破亚洲的局限,成为完整意义上的洲际间的海上丝绸之路,从而对海上丝绸之路的发展作出划时代的贡献,具有重要的历史意义,对后世产生了深远的影响。

## 一、郑和下西洋之前海上丝绸之路的发展

中国位处太平洋的西北部,海岸线绵亘1.8万多公里,面临着极为辽阔的海域。自从

中国大地上有人类活动以来,中国人民便与海洋发生了密切的联系。随着社会的进步,以航海为标志,人们利用和征服海洋的能力不断加强,航海事业也不断发展,使我国成为一个具有悠久的航海传统的国家。如果说秦代以前,中国的航海主要在沿海及东北亚海域进行,那么到汉代就发展到东南亚及南亚海域,开启了海上丝绸之路发展的第一个阶段。汉朝建立以后,经过文、景、武、昭、宣诸帝的治理,中国出现了封建社会初期的盛世。国内政治安定,社会经济繁荣,必然要求与海外国家之间的友好关系得以建立和发展,于是在历史上留下了汉朝派遣使节访问东南亚、南亚诸国的记载。《汉书·地理志》上这样记述了汉使出访的航程:"自日南(今越南顺化附近的边境——引者注,下同)障塞,(或)徐闻(今广东徐闻县西)、合浦(今广西自治区合浦县东)船行可五月,有都元国(在马来半岛南端,今新加坡一带);又船行可四月,有邑卢没国(今缅甸伊洛瓦底江下游地区);船又行可二十余日,有谌离国(今缅甸卑谬地区);步行可十余日,有夫甘都卢国(今缅甸西海岸之若开地区)。自夫甘都卢国船行可二月余,有黄支国(今印度东海岸维查雅瓦达一带),民俗略与珠崖相类,其州广大,户口多,多异物,自武帝以来,皆献见。有译长,属黄门,与应募者俱入海市明珠、璧琉璃、奇石异物,赍黄金杂缯而往。所至国皆禀食为耦。……自黄支船行可八月,到皮宗(今马来半岛北大年一带),船行可二月,到日南、象林界云。黄支之南,有已程不国(今斯里兰卡),汉之译使自此还矣。"①当时,汉朝使节航海至中南半岛、印度半岛、斯里兰卡及马来半岛一带进行访问,各国也派遣使节来华回访。这条由中国两广沿海前往东南亚、南亚诸国的航路,在汉代既可以成为中国与东南亚、南亚诸国之间官方来往的海上航路,也可以成为民间通商的航路,是为海上丝绸之路的发端。在汉代,从海上丝绸之路的西端,即从古罗马帝国,已有人通过海路来到中国。据《后汉书》记载:"永宁元年,掸国王雍由调复遣使者诣阙朝贺,献乐及幻人,能变化吐火,自支解,易牛马头,又善跳丸,数乃至千。自言我海西人,海西即大秦也。掸国西南通大秦。"②这里"大秦"即是指罗马帝国,掸国,在今缅甸东北部,包括今掸帮一带。这位大秦"幻人"既是一位魔术师,也是一位杂技高手,他先是由罗马帝国通过海路到达缅甸东北部,再由此通过海路来到中国。当时中国使节已能从海路往返缅甸与中国之间,掸国王雍由调遣使者并携那位大秦"幻人"来中国朝贺,也是经由这一海路的。这说明在汉代已能乘船经海路从罗马帝国到缅甸地区,再由缅甸经海路来到中国,这条海路应该是在那位大秦"幻人"之前由罗马帝国等西域商人率先开发的。就是说,在汉代已开辟了从罗马帝国到中国的海上丝绸之路。在那位大秦"幻人"来中国的46年后,罗马帝国的使者

---

① 班固:《汉书》卷28《地理志》,中华书局1962年版,第1671页。
② 范晔:《后汉书》卷86《西南夷传》,中华书局2005年版,第1926页。

经海路先到日南,即今越南中部地区,然后再由日南来到中国。据《后汉书》记载:"至桓帝延熹九年,大秦王安敦遣使自日南徼外献象牙、犀角、玳瑁,始乃一通焉。"①从大秦经日南到中国的这条海路,较经掸国到中国的海路更便捷,标志着当时的海上丝绸之路较前又有所发展。

三国时期,吴国所处的地理位置,对发展海外交通比较有利。当孙权执政之时,一度重视海外交往,大约在黄武五年到黄龙三年,孙权派遣宣化从事朱应和中郎康秦访问海南诸国。他们回国以后,根据出访所得资料,写成专门报告,呈交上去。朱应曾的《扶南异物志》、康秦的《吴时外国传》(《扶南土俗》)等书,大约都是记述所访问诸国的见闻,今俱亡佚。根据《说郛》卷60所辑《扶南土俗》,可知康泰等东吴使者是沿林邑(今越南)南下,经扶南(今柬埔寨)、滨郎专国(在今中南半岛,有柬埔寨、缅甸等说,今地不详),林阳国(今暹罗),渡金邻大湾(今暹罗湾),沿乌文国(今马来半岛区域内)、耽兰洲(Tantalam,在今马来半岛东岸的哥打巴鲁[Kota Bahru]一带),经蒲罗中国(Johore,在今的新加坡和马来西亚的柔佛一带)、薄叹洲(Bintang,或谓在今印度尼西亚的廖内[Riau]群岛。也有的认为在苏门答腊岛西北部或马来半岛)、诸薄(Palembang,指今印度尼西亚的爪哇岛或苏门答腊岛,或兼指此二岛)、马五洲(BanKa,一般均认为在印度尼西亚,也有说法认为应以"五马洲"为正,指马鲁古[Maluku]群岛)、比卢洲(Billiton,今地不详)、巨延洲(Borneo,一般认为在今加里曼丹岛),又北向经优钹(或谓在今缅甸南部,今地无考)、横趺(或谓在今恒河口一带,或谓在克里希纳河口一带,或谓在缅甸沿岸。今地不详)、道明(在今老挝的北部,也有人认为在缅甸沿岸)等国,抵恒河口南下,至斯调州(Ceglan,今斯里兰卡)而还。孙权执政之时,由于吴国重视海外交通,海上丝绸之路比汉朝时又有所发展,中国舟船沿着新开辟的海上丝绸之路航线,访问了更多的东南亚中南半岛,马来半岛国家,而且新访问了印度尼西亚爪哇岛和苏门答腊岛及其周边一些国家。

继孙权之后,隋炀帝于大业三年派遣屯田主事常骏、虞部主事王君政等出使位于马来半岛的赤土国:"赉物五千段,以赐赤土王。其年十月,骏等自南海郡乘舟,昼夜二旬,每值便风。至礁石山(在今越南中部海岸之外,或指岘港[Da Nang]角[一名C. Tourane])而过,东南泊陵伽钵拔多洲(在今越南中部沿海一带,或指占婆[Champa]岛),西与林邑(在今越南的广南—岘港省一带)相对,上有神祠焉。又南行,至师子石(在今越南东南岸外,指卡特威克[Catwick]群岛中的萨巴特[Sapata]岛,或其北面的平顺[Binh Thuan]海岛,或越南南岸外的两兄弟[Two Brothers]群岛),自是岛屿连接。又行二三

---

① 范晔:《后汉书》卷88《西域传》,中华书局2005年版,第1974页。

日,西望见狼牙须国(在马来半岛北部。一说指六坤、宋卡、北大年至吉打一带,狼牙须国之山指暹罗湾的 Langkaciu 岛)之山,于是南达鸡笼岛(一说在今马来半岛东岸外,或认为即泰国春蓬[Chumphon]海中岛名 Ko(岛)Rang(笼)Kai(鸡)的意译),至于赤土(在今马来半岛,一说在泰国的宋卡[Songkhla]、北大年[Patani]一带,一说在马来西亚的吉打[Kedah]州一带)之界。"① 常骏等的这段航程表明,隋代海上丝绸之路在东南亚南部海域有所发展,这与当时位于东南亚南部海域诸古国的国家职能与社会经济形态较前有显著进步有关,从而推动了中国与这些国家的交往。当时在海上丝绸之路东西两端,西端以阿拉伯人为主,主要活跃在西亚与南亚沿海诸国之间,东端以中国人为主,主要活跃在东南亚与南亚沿海诸国之间,这种状况到唐代开始发生转折。

7世纪以后,由于唐朝与东西突厥频繁爆发战事,以及阿拉伯攻占波斯、灭萨珊王朝的战争等一系列大战,陆上丝绸之路受到阻塞,东西方商贸往来越来越依赖于海路,促进了东西方海上丝绸之路的贯通,海上丝绸之路就逐渐取代了陆路丝绸之路,在东西方交往上占据主要地位。唐代贾耽曾对当时海上丝绸之路全程的航线,以及在这条航线上,帆船所经的港口,转向点和所需要的航行时间,作过详细的记载,概括地讲,其航程就是:从广州出发,经过珠江口万山群岛、海南岛东北角、越南东海岸、新加坡海峡、马六甲海峡。由此往南则经苏门答腊东南部至爪哇,往西则出马六甲海峡,经尼科巴群岛到斯里兰卡。然后沿印度半岛西海岸行至卡拉奇。在驶离印度半岛后,西行可有两条航线:一条经过霍尔木兹海峡,进入波斯湾,沿波斯湾东岸到达幼发拉底河口的阿巴丹和巴士拉;另一条沿波斯湾西岸出霍尔木兹海峡,经阿曼湾北岸的苏哈尔和今也门民主人民共和国境内的席赫尔,到达亚丁附近,最南端可沿东非海岸航至坦桑尼亚的达累斯萨拉姆。② 唐代开辟的贯穿海上丝绸之路东西两端的航线,与前代对海上丝绸之路认知的积累,以及致力于发展由印度半岛到西亚的航海事业是分不开的,早在三国时期孙权派遣康秦等访问海南诸国到达缅甸时,就在当地采风问俗的过程中,得知从缅甸沿岸可由海路航达罗马帝国。对此,康泰《吴时外国传》中记载:"从加那调州(在今缅甸沿岸)乘大船,张七帆,时风一月余日,乃入大秦国也。"③ 当年康秦一行曾到之地,航海到罗马帝国顺着季风行仅需一月余日航程,与此有关的若干情况,他们也已知晓,当时当地也有去那儿的七帆大船,若他们继续西行,是不难对罗马帝国进行一番访问的。据《宋书》中的记载,至迟在南朝的刘宋时期,中国的远洋帆船已能从印度西南海岸改向西行,驶抵波斯湾湾头。

---

① 魏征、令狐德棻等:《隋书》,卷82《赤土传》,中华书局1973年版,第1833页。
② 宋祁、欧阳修等:《新唐书》,卷43《地理志》,中华书局2000年版,第756页。
③ 李昉等:《太平御览》卷571引《吴时外国传》,郑鹤声、郑一钧:《郑和下西洋资料汇编》(增编本)上册,海洋出版社2005年版,第102页。

古阿拉伯著名历史学家马苏第在《黄金草原》一书中记载,早在公元6世纪时,"中国的船只就驶往阿曼、锡拉夫、法尔斯和巴林海岸、乌布拉和巴士拉,而这些地区的人也直接航行中国"①。就是说,这时中国的航海范围已从汉朝只航行到南亚为止,进一步发展到航至西亚。当时,西亚的阿拉伯国家已与北非、东非沿岸各国有着经常性的海上交通往来,借助于这些阿拉伯国家为中介,至迟在唐代以前,中国与北非埃及和东非索马里等地已有了交通往来,这就为唐代开辟贯通中国至东非沿岸各国的航线创造了有利的条件。

宋代以后,中国航海家已掌握了在航海中利用指南针定向的技术,加以造船和航海技术的巨大进步,新航线的开辟,使中国海船在远洋航行中获得了更大的自由,中国航海家由此也在世界上享有盛誉。有学者认为,在12世纪,不管什么地方,只要帆船能去,中国的船舶在技术上也都能去。②在元朝立国之初,曾大力发展海外交通,相应促进了海上丝绸之路的发展。至元十五年八月,元世祖忽必烈命福建省中书左丞唆都和掌管泉州市舶提举司的蒲寿庚等向海外宣布:"诸蕃国列居东南岛屿者,皆有慕义之心,可因蕃舶诸人宣布朕意。诚能来朝,朕将宠礼之,其往来互市,各从所欲。"③同年,忽必烈又"以江南既定,将有事于海外",陞唆都为左丞,行省泉州,令其奉玺书"招谕南夷诸国"④,并遣亦黑迷失、扬廷壁、周达观、勃罗等出使南洋与印度洋沿岸诸国,积极进行招引贸易活动。在这种形势下,当时中国开始注意到非洲,中国官员与平民对非洲进行了访问的史实多次见于记载。据《马可波罗行纪》记载:马达加斯加岛山中有巨鸟,"鸟形与鹫同,然其躯绝大;据说其翼广三十步,其羽长逾十二步。此鸟力大,能以爪搏象高飞;然后掷象于地,飞下食之"。为此类传闻所吸引,元朝"大汗曾遣使至此山中采访异闻,往者以其事归报。先是大汗遣使臣往,被久留岛中,此次遣使,亦为救前使归也。使臣归后,将此异岛之诸异闻,陈告大汗,并及此鸟"⑤。又有旅行家汪大渊从十九岁起,两次附乘商船,前后浮海时间共八年,游历海外百国,曾到达东非海岸,回国后于至正九年著《岛夷志略》一书,涉及国家和地区达二百二十余个。该书记载有多个非洲国家。

明代以前,随着海上丝绸之路的持续发展,海上丝绸之路虽然也曾延伸到非洲,但航海的规模都不算大,且是个例,没有持续发展,中国商人或航海者基本上是从西亚换乘阿拉伯人的商船南下非洲,活动范围也很有限,或是进行贸易活动,或是为了满足对遥远海

---

① 马苏第著,耿昇译:《黄金草原》,青海人民出版社、人民出版社2013年版,第168页。
② 戴维逊:《古老非洲的再发现》,转引自张铁生:《中非交通史初探》,三联书店1973年版,第4—5页。
③ 宋濂、王祎等撰:《元史》卷10,中华书局1976年版,第204页。
④ 宋濂、王祎等撰:《元史》卷129,中华书局1976年版,第3152页。
⑤ 冯承钧译:《马可波罗行纪》,商务印书馆2012年版,第417页。"大汗"指忽必烈。

外国家奇风异俗的好奇心,及获取海外珍奇的需要,没有丰富的活动内容,获得的成果也相当有限,在当时和历史上也没有产生重大的影响。这种情况,到郑和航海时才发生改变。

## 二、郑和远航非洲对海上丝绸之路发展的贡献

郑和七下西洋有四次访问了非洲,不但在中非友谊史上谱写了划时代的篇章,而且对海上丝绸之路发展作出了突出的贡献。

**(一) 持续向非洲大规模航海,拉开了大航海时代的序幕,使海上丝绸之路与大航海相融合**

郑和七下西洋,其航海持续时间之长,规模之大,人数之众,航线之多,航行范围之广,使命之艰,作用之巨,影响之深远,是名副其实的大航海。郑和大航海又是史无前例的,与其后欧洲航海家达·伽马、哥伦布、麦哲伦等的大航海活动前后呼应,他们肩负着不同的历史使命,先后率领着各自的船队,以勇于探索的精神与坚韧不拔的毅力,冲破艰难险阻,踏着惊涛骇浪,纵横驰骋在浩渺无垠的大洋上,共同缔造了一个亘古未有而持续两百余年的世界大航海的新时代。郑和下西洋的大航海又不同于西方航海家的大航海,在航海的性质、目的和任务上,有着自己的特点,所取得的成就,与西方航海家也大不相同。郑和下西洋主要为贯彻执行明初睦邻友好的对外方针政策,致力于发展中国与亚非国家间在政治、经济与文化诸方面的友好关系,在这些方面取得了具有历史意义的成就,而且由于其友好交流、互利互惠、崇尚和平的性质,与海上丝绸之路为同一属性,为海上丝绸之路一种更高层次的表现。西方大航海则与郑和大航海截然相反,主要为开拓海外殖民地,扮演了西方早期殖民者在亚、非、美洲疯狂进行掠夺和屠杀的急先锋的角色,与海上丝绸之路的属性有天壤之别,与海上丝绸之路完全不是同一性质。郑和远航非洲,实现了大规模的洲际航海,使郑和下西洋具备了大航海不可或缺的要素之一,又具有海上丝绸之路的属性,与海上丝绸之路相互融合,成为一体,而这恰恰是西方大航海望尘莫及、不可同日而语的。郑和大航海与海上丝绸之路的相互融合,成为一体,使传统的海上丝绸之路具有了大航海时代新的内涵。就是说,正是有了四次远航非洲,使海上丝绸之路与大航海接轨,中国明代大航海家郑和才称得上是世界大航海时代的伟大先行者,他所领导的七下西洋的宏伟的航海事业,不仅是人类航海史上空前的创举,也是海上丝绸之路融入大航海时代具有世界性影响的历史事件。这是郑和航海远航非洲对海上丝绸之路发展的重要贡献之一。

## (二) 开辟直达航线,变亚非洲际航海为通途,亚非海域连成一气

唐代海上丝绸之路发展到一个新的阶段,其标志就是中国从事远洋贸易的商船已由分段航行进入直航全程,它们不需要经印度沿岸国家和师子国(斯里兰卡)中转,而能由国内港口直航波斯湾,将货物运往阿拉伯乃至非洲沿岸国家。但当时海上丝绸之路亚非全程的航线是沿东南亚、南亚、西亚、东非沿岸航行,航线曲折漫长。唐代贾耽曾对该航线作过如下详细的记载:

广州东南海行,二百里至屯门山(在今九龙西南部——引者注,下同),乃帆风西行,二日至九州石(在今海南岛东北角附近)。又南二日行,至象石(即今独珠山,在海南岛东南岸)。又西南三日行,至占不劳山(今越南占婆岛),山在环王国(即林邑)东二百里海中。又南二日行至陵山(今越南燕子岬)。又一日行,至门毒国(今越南归仁)。又一日行,至古笪国(今越南茅庄)。又半日行,至奔陀浪洲(今越南藩朗)。又两日行,到军突弄山(今昆仑岛)。又五日行至海峡(新加坡海峡),蕃人谓之"质",南北百里,北岸则罗越国(今马来半岛南部柔佛附近),南岸则佛逝国(即室利佛逝国,在今苏门答剌东南部)。佛逝国东水行四五日,至诃陵国(今印尼之爪哇),南中洲之最大者。又西出峡(马六甲海峡),三日至葛葛僧祇国(今印尼苏门答腊岛东北伯劳威斯群岛[Brouwers Is]中的一岛),在佛逝西北隅之别岛,国人多钞暴,乘舶者畏惮之。其北岸则箇罗国(今马来半岛西岸之吉打)。箇罗西则哥谷罗国(今马来半岛克拉地峡西南)。又从葛葛僧祇四五日行,至胜邓洲(在今印尼苏门答腊岛北部东海岸棉兰之北日里[Deli]附近)。又西五日行,至婆露国(即婆鲁师洲,在今印尼苏门答腊岛北部西海岸大鹿洞附近巴鲁斯[Baros])。又六日行,至婆国伽蓝州(今尼科巴群岛)。又北四日行,至师子国(斯里兰卡),其北海岸距南天竺(南印度)大岸百里。又西四日行,经没来国(今印度马拉巴尔海岸之奎隆),南天竺之最南境。又西北经十余小国,至婆罗门(指古印度)西境。又西北二日行,至拔颱国(在今印度纳巴达河口的布罗奇附近)。又十日行,经天竺西境小国五,至提颱国(在前巴基斯坦首都卡拉奇略东),其国有弥蓝太河(今印度河),一曰新头河,自北渤昆国来,西流至提颱国北,入于海。又自提颱国西二十日行,经小国二十余,至提罗卢和国(在今波斯湾内伊朗两部的阿巴丹附近),一曰罗和异国,国人于海中立华表,夜则置炬其上,使舶人夜行不迷。又西一日行,至乌剌国(今波斯湾头之奥布兰,在巴士拉的东方),乃大食国(今阿拉伯伊斯兰教国家)之弗利剌河(今幼发拉底河),南入于海。小舟沂流,二日至末罗同(今波斯湾北岸之巴士拉),大食重镇也。又西北陆行千里,至茂门王所都缚达城(今伊拉克首都巴格达)。自婆罗门南境,从没来国至乌剌国,皆缘海

东岸行;其西岸之西,皆大食国,其西最南谓之三兰国(今坦桑尼亚首都达累斯萨拉姆[Dar es Salaam])。自三兰国正北二十日行,经小国十余,至设国(阿拉伯地理书 Shihr 全图之史赫尔)。又十日行,经小国六七,至萨伊瞿和竭国(今地不详),当海西岸。又西六七日行,经小国六七,至没巽国(为 Mezoen 的译音,即阿蛮海岸名港阿曼首府琐哈尔之古名)。又西北十日行,经小国十余,至拔离歌磨难国(今地不详)。又一日行,至乌剌国(波斯湾头巴士拉东靠阿拉伯河岸的乌布剌),与东岸路合。①

按照这种沿岸曲折航行的航线,从中国广州到非洲的三兰国,走完全程需要 89 天(不计沿途停留时间),其中从海上丝绸之路重要的中转站南亚的斯里兰卡,到西亚的海上丝绸之路西端终点站之一的巴士拉,就需航行 39 天。

唐代开辟的从中国经西亚到非洲东岸的航线,对海上丝绸之路的发展曾产生过重要的影响,尤其对阿拉伯人从西亚到中国的航路得到开发显然具有借鉴的作用。当时一些西方的地理学著作也记述了从波斯湾到广州的航程。如伊本·胡尔达兹比赫(Ibn Khordâdbeh)的《道里邦国志》所记载从波斯湾到珠江口的航程为:从巴士拉出发,经乌尔木兹(Urmūz,今伊朗阿巴斯港一带)出波斯湾,往东沿印度海岸经穆拉(Mulā,即没来国)、塞兰迪布(Sarandib,今斯里兰卡),横渡孟加拉湾抵达艾兰凯巴鲁斯(Alankabālūs,今印度尼科巴群岛),通过马六甲海峡抵达凯莱赫(Kalah,即箇罗国)、巴陆斯(Bālūs,即婆罗洲,今印度尼西亚加里曼丹),再航行经加巴岛(今印度尼西亚爪哇)、舍拉黑脱(Shalāhit,今印度尼西亚苏拉威西岛)、海尔赖特(Harlah,今菲律宾和乐岛)、"香料园之国"(即香料群岛,今印度尼西亚马鲁古群岛),到达玛仪特(MāYt,今菲律宾民都洛岛),转而折向梯优麦赫岛(TiYumah,今地不详)、垓玛尔(今地不详)、栓府(Alsanf,即占婆),到达唐朝第一个港口鲁金(Lūqīn,即龙编,今越南河内),往北就到唐朝最大的港口汉府(Khānfū,即广府,今广州),继续航行到达汉久(Khānjū,今福州,一说杭州)、刚突(Qāntū,即江都,今扬州)等地。《道里邦国志》所记航线全程需时 87 天,与"广州通海夷道"差不多,这与往返航程都较充分地利用了季风航行有很大关系。自波斯湾东行至马六甲海峡以西的航程,中外两条航线相同。不同的是,自西向东这条航路在穿过马六甲海峡后,不是沿马来半岛沿海北上经越南沿海至中国,而是继续东行,进入爪哇海、苏拉威西海直驶菲律宾群岛,然后才向西折回中南半岛海域,驶向广州等港。贾耽《皇华四达记》所记"广州通海夷道"作于唐德宗贞元年间,《道里邦国志》所记载从波斯湾到珠江口的航程形成时间至迟在 9 世纪初,说明当时阿拉伯人基本上是沿着唐代开辟的海上丝绸

---

① 《新唐书》卷 43,中华书局 2000 年版,第 756 页。

之路,而且同样是在借鉴中国历代开辟的南洋航线的基础上,在南洋一带航线有新的拓展,而完成由波斯湾到中国东南沿岸的航行。对此,有些西方航海史家坦诚,中国古代在航海上曾"开导"过阿拉伯人。例如,《中国印度见闻录》(又称《苏莱曼游记》)一书是根据唐代来华的阿拉伯商人苏莱曼等人的见闻所撰写的,其法译本的作者索瓦杰在译序中强调,该书原著的某些章节的编写特点以及部分地名译名都富于中文色彩,因此,"应该承认中国人在开导阿拉伯人近东航行中的贡献"。同时,他还据《印度珍奇记》指出:"波斯湾的商人乘坐中国的大船才完成他们头几次越过中国南海的航行。"[①]

郑和远航非洲,继唐代开辟自中国远达东非沿岸海上丝绸之路全线后,又开辟了横渡印度洋到非洲的新航路,使由中国远达东非沿岸的海上丝绸之路便捷了许多,避免了从印度西海岸至西亚、阿拉伯半岛沿岸航行,再南下到非洲的曲折航行,大大缩短了海上丝绸之路全程中由南亚到非洲的航程。郑和船队访问非洲,第一种情况是出自访问西亚诸国的需要,从印度洋西海岸,沿岸航行经西亚、阿拉伯诸国,再南下经亚丁湾,过曼德海峡,沿索马里的北海岸,往东北再经过须多大屿(索科特拉岛)、葛尔得风(瓜达富伊角)和哈甫泥(哈丰角),从而到达非洲东海岸各国。第二种情况是从印度西海岸经溜山(今印度洋中的马尔代夫[Maldive]群岛和拉克代夫[Laccadive]群岛)横渡印度洋到非洲;第三种情况是从苏门答剌国(在今印度尼西亚苏门答腊岛西北端之Pasè河畔)经溜山横渡印度洋到非洲。

郑和船队横渡印度洋直航非洲的新航路主要有:①自锡兰山国别罗里(一说在今斯里兰卡科伦坡南32英里之贝鲁瓦拉[Beruwala],一说为距加勒港[Galle]东南13英里之别里加姆[Belligamme])南去顺风21昼夜,可至卜剌哇国(今索马里东南岸布腊瓦[Brava])。②自小葛兰国(今印度南部西岸的奎隆[Quilon])顺风20昼夜,可至木骨都束国(今索马里首都摩加迪沙)。③自苏门答剌经溜山直航木骨都束。

以上三条航线中,从小葛兰国径直航行木骨都束是郑和船队横渡印度洋直达非洲的最佳航线。木骨都束和卜剌哇都是当时东非重要的城邦国家和商业重镇,郑和船队主要以这两个国家为直航非洲的航海基地,也是继承了海上丝绸之路注重商贸的历史传统。郑和远航非洲所开辟的横渡印度洋新航路,大大拉近了由中国至非洲的海上丝绸之路的距离,郑和下西洋从中国经东南亚,横渡印度洋,到达非洲东岸诸国的航海贸易路线,主要有三条:①自南京龙湾出发,经徐山、附子门至太仓刘家港。自太仓刘家港至福建长乐太平港。自长乐太平港出发,至五虎门张帆,顺风10昼夜可至占城国(在今越南中部,其国港口新州为今越南义平省归仁港)。自占城向正南行,好风八日至龙牙门(今新加坡南

---

① 穆根来等译:《中国印度见闻录》法译本序言,中华书局1983年版,第25页。

海峡入口处之石叻门),往西行二日至满剌加国(在今马来西亚马六甲)。自满剌加顺风9昼夜,可至苏门答剌(在今印度尼西亚苏门答腊岛西北端之Pasè河畔)。自苏门答剌顺风12昼夜,可至锡兰山(今斯里兰卡)港口。自锡兰国往西北好风6昼夜,可至小葛兰国。自小葛兰国顺风20昼夜,可至木骨都束国。②自南京龙湾出发,经徐山、附子门至太仓刘家港。自太仓刘家港至福建长乐太平港。自长乐太平港出发,至五虎门张帆,顺风10昼夜可至占城国。自占城向正南行,好风八日至龙牙门,往西行二日至满剌加国。自满剌加顺风9昼夜,可至苏门答剌。自苏门答剌顺风12昼夜,可至锡兰山港口。自锡兰山国别罗里(一说在今斯里兰卡科伦坡南32英里之贝鲁瓦拉[Beruwala],一说为距加勒港[Galle]东南13英里之别里加姆[Belligamme])南去顺风21昼夜,可至卜剌哇国(今索马里东南岸布腊瓦[Brava])。③自南京龙湾出发,经徐山、附子门至太仓刘家港。自太仓刘家港至福建长乐太平港。自长乐太平港出发,至五虎门张帆,顺风10昼夜可至占城国。自占城向正南行,好风八日至龙牙门,往西行二日至满剌加国。自满剌加顺风9昼夜,可至苏门答剌。自苏门答剌经溜山直航木骨都束。这段航程只需25天,便可由苏门答剌驶至木骨都束。郑和船队沿着横渡印度洋的新航线由中国到东非索马里诸地,较之沿印度半岛、阿拉伯半岛海岸而行,经忽鲁漠斯(为波斯湾口之格什姆岛霍尔木兹岛,位于阿曼湾与伊朗湾之间,霍尔木兹海峡以北)至东非沿岸,航程由10万余里缩短到3万余里。郑和下西洋时期,中非之间横渡印度洋直航路线的开辟,大大地促进了中非友好外交关系和航海贸易的发展。

当郑和船队屡次横渡印度洋抵达非洲东部海岸时,地中海的航海家们尚且只能在沿岸海域航行,他们的后继者尝试走向大洋进行探险时,正如中国唐代前后在航海上曾"开导"过阿拉伯人那样,郑和远航非洲开辟的横渡印度洋直航路线也曾引导大航海时代的西方航海家在走向茫茫的印度洋时,完成由非洲到印度西海岸的航行。达·伽马到达非洲东海岸后,在马林迪找到了富有航海经验的阿拉伯水手艾哈迈德·伊本·马季德领航,就是沿着郑和船队开辟的航路,横渡印度洋,直达古里(今印度喀拉拉邦北岸卡利卡特[Calicut],又译科泽科德)的。郑和船队在开辟横渡印度洋的航线的同时,除了航线,也为后世留下了与之有关的过洋牵星图、海流、风向变化、危险海域等航海和海洋资料。如茅元仪《武备志》中所收录的四幅"过洋牵星图",已能为舟船横渡大洋往返于东南亚、南亚与阿拉伯之间,以及由斯里兰卡直航非洲的航途中,解决判断船舶的地理位置与航行方向,确定船队的航线等一系列问题。又如,横渡印度洋中途要经过溜山国,因为流经马尔代夫群岛诸岛屿之间及其周围海域之海流六个月向东、六个月向西,然其变换时间,则往往突然而来,难以预测,船舶因此遭遇漂流或失事,加上此处为一大珊瑚环礁群,对航海更具威胁性,被视为航海的危险海域。郑和船队成员马欢、费信、巩珍等对此都有记载,并提醒后人在此区域航海时要谨慎防范。所有这些,对西方航海家横渡印度洋都有重要的指引作用。郑和远航非洲开辟了多条横渡印度洋航线,大大缩短了海上丝绸之路亚非之间的距离,这一对海上丝绸之路发展的贡献,当代外国研究海上丝绸之路的学者亦为之重视。如德国汉学家,目前在慕尼黑任汉学教授的罗德里希·普塔克(Roderich Ptak)在其《海上丝绸之路》一书就指出:"中国的航海家们似乎也早已知道从印度南部出发到东非去的多条直接航线"。①"这里指的是郑和远航的时代,这次明代(1368—1644)初期由国家主导的航海活动,以某种方式主导国际远洋贸易的某些分支路线长达约三十年,它使此前的各种发展相形见绌。"②

### (三) 赋予海上丝绸之路政治文明的内涵

海上丝绸之路的命名,起初源于通过海路将产于亚洲东方中国的丝绸运送到亚洲西方的罗马帝国等地进行交易,由于同时也将中国的瓷器、茶叶运输到那里交易,另一方面,海外诸国多将香料运往中国交易,所以联合国教科文组织计划自1987年至1997年实施"丝绸之路考察"(Silk Road Expedition)十年规划,当初在制定这项规划时,对其正式名称曾经有过讨论。有些国家的学者提出,古代东西方之间海上商路所转运的大宗商品多是香料、瓷器等物,因此海上东方与西方之间的商路应该称为"香料之路"或"瓷器之路"。③至于讨论的结果最后采用"丝绸之路"这个词为这个项目的正式名称姑且不论,无论海上丝绸之路也好,海上香料之路、海上瓷器之路也罢,或者学术界也有学者提出过海上丝瓷之路、海上丝茶之路也好,但这是一条海上东方与西方之间的商路,各国学者是没有什么异议的。从历史事实来看,在郑和远航非洲之前,海上丝绸之路所表现出来的就是一条海上商路。这种情形,在郑和远航非洲之后发生了改变。

郑和下西洋的宗旨,一是"宣德化",二是"柔远人",并将两者结合起来执行。其"宣德化"就是致力于与海外诸国"共享太平之福",以此来和谐万邦;其"柔远人"就是践行中国人怀柔远人的天下观,以此来实现利益共享。郑和下西洋最重要的目的就是要通过"宣德化而柔远人",④把明王朝的声威和德望远播到当时航海所能及的、"际天极地"的任何一个国家和地区。而这是"超三代而轶汉唐",⑤可谓以往任何一个朝代或盛世所不及,为永乐一朝执政者自视甚高、孜孜以求的前无古人的伟业。这种理念,具有明显的政治文明的性质。以当时中国人的地理知识,非洲诸国正是位于"际天极地"的国家,因此,郑

---

① [德]罗德里希·普塔克著,史敏岳译:《海上丝绸之路》,中国友谊出版公司,2019年版,第45页。
② [德]罗德里希·普塔克著,史敏岳译:《海上丝绸之路》,中国友谊出版公司,2019年版,第221页。
③ 刘迎胜:《丝绸之路》,江苏人民出版社2014年版,第320页。
④ 郑鹤声、郑一钧:《郑和下西洋资料汇编》(增编本)上册,海洋出版社2005年版,第18页。
⑤ 郑鹤声、郑一钧:《郑和下西洋资料汇编》中册,齐鲁书社1983年版,第860页。

和远航非洲,就是要实现下西洋的终极目标,即将当时那种具有明显的政治文明性质的理念付诸实践。郑和第四次下西洋首次远航非洲,永乐十三年回国之际,东非麻林国(今肯尼亚东岸的马林迪[Malindi])遣使随同来中国贡献"麒麟"(长颈鹿),被视为下西洋的终极目标得以实现的一件盛事。"麒麟"在非洲只是寻常动物,在中国却千载难逢,自古视"麒麟"为瑞兽,只在太平盛世出现,被赋予神秘色彩,更何况这"麒麟"是位于"际天极地"之远方国家麻林所献,是明王朝声威与德望远被四海的象征。所以,整个明朝廷为此都轰动起来了。在麻林等国使者进京的那天,明成祖朱棣亲往奉天门主持欢迎仪式,接受"麻林国及诸番国进麒麟、天马、神鹿等物"。当时,文武群臣向明成祖朱棣祝贺说:"陛下圣德广大,被及远夷,故致此嘉端。"①郑和第四、五、六、七次下西洋皆远航非洲,当时世界上与中国联系较为密切的国家,除了亚洲各国外,还必须有非洲诸国,把亚非各国都包括在内,才可以号称"万邦"。因此,每当亚非远方海外国家通过海路纷纷来中国访问,进献本国特产和珍禽等礼品,就象征了一种万邦来朝的盛世。永乐朝诸大臣从这种盛况中,领悟到郑和航海非洲所体现出的政治昌明、四海一家的意义。他们在观赏这些特产和珍禽异兽之后,纷纷吟诗作赋,称颂郑和下西洋所取得的"德化流行,和谐万邦"②的辉煌成就。

对麻林国献麒麟之事,明成祖朱棣虽然曾亲往奉天门主持欢迎仪式,但却不赞成礼部尚书吕震为此事率群臣上表祝贺。据《明实录》记载:"永乐十三年十一月庚子(初七),行在礼部尚书吕震奏:'麻林国进麒麟将至,请于至日率群臣上表贺。'"因麻林国献"麒麟"将至,当时负责外交事务的礼部尚书为此奏请率领满朝文武上表章祝贺,足见礼部对这件事的重视。但没有获得明成祖朱棣的批准。朱棣对吕震说:"往者翰林院言修五经四书及性理大全书成,欲具表进,朕则许之。盖帝王修齐治平(即修身齐家治国平天下——引者注)之道具于此,有益世教,可以表进。麒麟有无,何所损益。"③朱棣不把国家的兴旺发达寄托在"麒麟有无"上面,这种政治理念无疑是正确的,说明他不愧是一位明智的君主。然而像麻林这样遥远的非洲国家来献"麒麟",却是国家兴旺,声威远播所致。事实上,若不是中国强盛,郑和远访非洲,麻林国使者也不会来进献"麒麟"。正因为麻林国献"麒麟"有此重大意义,所以在麻林等国使者进京的那天,即在永乐十三年十一月壬子,明成祖朱棣还是亲往奉天门主持欢迎仪式,接受"麻林国及诸番国进麒麟、天马、神鹿等物"④。明成祖朱棣对待对麻林国献麒麟之事的这种"一冷一热"的态度,体现出中国作

---

① 《明太宗实录》卷170,台北"中央研究院"历史语言研究所1962年版,第408页。
② 沈度:《瑞应麒麟颂并序》,郑鹤声、郑一钧:《郑和下西洋资料汇编》(增编本)中册,海洋出版社2005年版,第744页。
③④ 《明太宗实录》卷170,台北"中央研究院"历史语言研究所1962年版,第408页。

为一个文明古国和文明大国应有的政治理念和政治风范,所以也得到廷臣们的理解和赞扬。永乐时的重臣、曾任文渊阁大学士的金幼孜曾就此事评述说:"臣闻人君有至圣之德者,则必有至盛之治,有至圣之治者,则必有至大之征。此感彼应,皆本于一心之诚,非人力所致,而自至者。钦惟皇上建中垂统,法天敷治,恢弘鸿化,覃暨无外,和气融朗,嘉应迭臻。乃永乐十有三年秋九月壬寅,西南夷有曰麻林国者,以麒麟来献。夫麒麟仁兽也,中国有圣人在位则出,王者有至仁则见。惟我皇上自莅祚以来,仁洽庶类,德洞幽明,凡极天所覆,极地所载,极日月之所照,莫不煦煦然甄陶于化育之内,曾未逾年而麒麟之瑞凡两至阙下。群臣上表称贺,皇上情存损挹,推而不居。以为国家之瑞,不在于物,惟刑政修明,奸宄不作,时和岁丰,民物康阜,同跻于熙明仁寿之域,乃足为瑞。且复举前代溺好祥瑞,夸诩张大,极满盈骄奢而底于乱亡者,历指以为戒。于以见皇上之励精图治,忧深思远,不自满足。而其心之诚真,足以参天地,赞化育,度越百王,垂法万世。岂非天下臣民之福,实国家亿万载无穷之庆也。"①由明成祖朱棣对待对麻林国献麒麟之事持"推而不居"的态度,以见朱棣"励精图治,忧深思远,不自满足";从麻林国献麒麟,以见"凡极天所覆,极地所载,极日月之所照,莫不煦煦然甄陶于化育之内"。如前所述,这也正是体现了"宣德化而柔远人"终极目标的实现,体现了向往普天之下"和气融朗,嘉应迭臻"的政治文明理念。这样,就赋予马林国等非洲国家来中国访问之事以丰富的政治文明内涵。这种政治文明得以呈现,是由于郑和远访非洲所致,即郑和下西洋率领庞大的船队访问非洲,将非洲纳入海上丝绸之路的主体之内的结果。这种政治文明还表现在,由于是多次大规模地访问非洲,传达中国政府对非洲各国的友好与善意,使郑和远访非洲成为当地人长久的美好历史记忆,就麻林国献麒麟而言,"直到今天,仍是中国和肯尼亚乃至非洲大陆各国家喻户晓的故事。南非前总统姆贝基谈到中非友好交往史时曾几次提及'麻林'遣使贡'麒麟'这段往事,南非前议长金瓦纳(Frene Ginwala)女士对此更是津津乐道。"②德国汉学家罗德里希·普塔克(Roderich Ptak)在其《海上丝绸之路》一书中论及郑和下西洋在海外的影响时说:"显然,15世纪的明朝在有些地方还长久地享有强大保护势力的声誉。……中国航海达到了使人印象深刻的规模,因此持久地影响了同时代人的记忆。"③正是这种影响长久的历史记忆内所蕴含的政治文明,致使海上丝绸之路具有了前所未有的政治文明的内涵,而不仅仅是一条历史上的商路。这是郑和航海远航非洲对海

---

① 金幼孜:《瑞应麒麟赋(有序)》,《金文靖公集》卷2,郑鹤声、郑一钧:《郑和下西洋资料汇编》(增编本)中册,海洋出版社2005年版,第745页。
② 李新烽主编:《郑和与非洲》,中国社会科学出版社2012年版,第318页,并参阅该书第九章《郑和"舟师"在非洲的影响》。
③ [德]罗德里希·普塔克著,史敏岳译:《海上丝绸之路》,中国友谊出版公司2019年版,第258页。

上丝绸之路发展的又一重要贡献。

## 三、郑和远航非洲对海上丝绸之路发展的历史意义

郑和航海的时代,正值欧洲中世纪接近尾声,资本主义行将登上历史舞台,葡萄牙、西班牙、荷兰等西方国家酝酿进入大洋,向东方探险的时代。在这个时代,面向大洋,也就是面向为大洋所环绕的各大洲,向大洋的持续挺进,并随之向各大洲开拓商贸市场,就向着形成世界性市场的时代迈进。在这种时代潮流的推动下,势必促进人类历史的发展不可逆转地打破全球东西方之间,各大洲不同地区之间相对封闭隔绝的状态,导致人类社会进入洲际交往的时代,日益具有全球性,从而使人类社会进入一个根本性的历史转轨时期,即世界由此跨进全球化的门槛。在这个世界向全球化转折的关键时期,由于从郑和第四次下西洋开始,每次下西洋都远航非洲,就改变了以往海上丝绸之路主体之西端以西亚为终点的传统格局,在15世纪初期成功实现了海上丝绸之路之主体西端以非洲为终端的新格局,即实现了以洲际交往为主体的新格局,这标志着大航海时代拉开序幕,从而凸显了郑和远航非洲在海上丝绸之路上的地位和作用。郑和航海持续四次远航非洲,在改变传统海上丝绸之路格局的同时,实现了海上丝绸之路的洲际一体化,不仅使郑和下西洋具备了进入大航海之列不可或缺的要素,并且由于在访问非洲全过程中,一方面开拓了非洲市场,进一步活跃了亚洲市场,将亚非市场连成一气,向着形成世界性市场的时代迈进了一大步;另一方面奉行世界各大洲、各民族和平友好,尊重各种文明,平等相待,不以强凌弱,加强洲际之间国家相互间的正常联系的宗旨,这两方面的叠加,充分体现出郑和远航非洲对海上丝绸之路的发展具有了全球化属性。郑和远航非洲所具有的全球化属性,使海上丝绸之路的发展不仅与大航海时代相融合,而且与世界全球化的进程密切结合起来,具有了向全球化发展的方向,进而影响、作用于现在与将来,这与以往海上丝绸之路在各历史时期的发展相比,带有质变的意义,从而显示出郑和远航非洲具有极其深远的历史意义。

开辟并在20余年间连续利用横渡印度洋的多条航线,是郑和远航非洲能以持续下去的重要条件,以最经济而便捷的航线将亚非海域贯通起来,不仅在大航海时代指引了达·伽马等西方航海家完成由非洲到印度西海岸的航行,由此再进而向印度以东海域发展,而且对启示和激励后人探索以便捷的航线开拓海洋上更广阔的发展空间,在海上丝绸之路传统航线的基础上开辟新航路,使海上丝绸之路成为连接世界各大洲的桥梁和纽带,具有重要的历史意义。进而言之,根据郑和远航非洲依托新开发的航线,将非洲纳入

海上丝绸之路主体体系之中的历史经验,在21世纪海上丝绸之路的发展方向上,完全可以通过开发新航线,将欧洲、美洲、澳洲纳入21世纪海上丝绸之路主体体系之中,从而使21世纪海上丝绸之路通达于全球各个国家的海港。

最后,郑和航海远航非洲,使海上丝绸之路除了是一条商路,还成为一条可以彰显符合各国共同利益的治国理念和增进各国友好外交关系的政治文明之路。这一历史经验,对我们通过与世界各国共建21世纪海上丝绸之路,以此为建设人类命运共同体的实践平台,促进人类命运共同体的构建,具有重要的启发和借鉴意义。就是说,郑和航海远航非洲的一个极其重要的历史意义,在于用历史事实证明了海上丝绸之路除了是一条商路,还可以是一条构建共同政治文明之路,可以通过海上丝绸之路,除了发展各国之间的贸易,获得经济效益,还可以促进各国政治文明和友好外交关系的发展和建设、促进各国文化交流乃至反对海洋霸权、反恐方面的合作,使21世纪海上丝绸之路在给人类带来共同的利益的同时,成为构建人类共同命运的重要载体之一。

传统与近代

# 民国徽州社会的婚姻冲突：
# 以妻子出逃现象为中心

□ 李 甜 王 靖

**摘要**：在徽州民众的婚姻生活中，妻子出逃这一极端行为的相对普遍性，为理解民国时期徽州基层社会的两性关系、家庭权力格局、生活观念变迁提供丰富的历史信息。本文基于101个案例的分析，将妻子出逃现象按照类型分为感情破裂、与人私奔、娘家干预、夫家干预、被人诱拐五类，还原该现象产生的社会情境，并分析一起女婿与岳母争夺逃妻的诉讼案。在此基础上，本文讨论了女性在婚姻冲突中的能动性，以及娘家对女儿婚姻的干预程度和利益动机，从而推测民国时期徽州地区的家庭结构中，夫妇轴已出现取代父子轴成为新的家庭主轴之趋势。

**关键词**：家庭结构；感情破裂；徽州商人；娘家；夫妇轴

**作者简介**：李甜，安徽大学徽学研究中心副研究员；王靖，安徽大学徽学研究中心硕士研究生

## 一、学术史回顾

费孝通先生曾对中西家庭社群的差异作了比较，认为西洋家庭团体中以夫妇为主轴，两性之间的感情是凝合的力量，而中国家庭的主轴则在父子之间、婆媳之间，夫妇只是配轴，需要服从于"家庭"这种事业社群的纪律。[①]费孝通的观察取自民国时期一般社会情形，彼时，部分城市女性的性别意识已觉醒，开始塑造独立人格和自我意识，但在城市底层和广大农村社会，女性依然生活在缺乏能动性的环境中。鲁迅先生也注意到普通妇女在家庭婚姻生活中的诸多困境，他在《娜拉出走后怎样》中这样担忧："娜拉或者也实在只有两条路：不是堕落，就是回来。"[②]

近年以来，学界围绕"娜拉们"的生存境遇，已有不少论著触及要旨。关于妇女出逃的

---

① 费孝通：《乡土中国 生育制度》，北京大学出版社1998年版，第37—42页。
② 鲁迅：《娜拉出走后怎样》，《鲁迅全集》第1卷，人民文学出版社1975年版，第145页。相关研究参见许慧琦：《"娜拉"在中国：新女性形象的塑造及其演变(1900s—1930s)》，政治大学历史系2003年版。

研究,按研究对象大体可分为两类:一类是城市女工和学生,这两类人群是民国时期逃婚人数最多的群体,其中女工的实际逃婚人数远超学生。[1]费孝通曾以缫丝业女工的例子,说明女性务工有助于改善妇女社会地位,而"妻子从丈夫处分离出来会使婚姻的关系松散",也直接影响到夫妻关系。[2]另一些研究聚焦于城市底层妇女。马钊基于民国时期北平地区妇女"背夫潜逃"现象,关注民国时期司法理念和社会观念的内在紧张。[3]程为坤认为,底层妇女进入城市空间的行为是为了从城市转型中获得利益,但并不完全意味着妇女的解放。[4]不少学者倾向从妇女出逃案例中发掘民国时期的离婚、财产、思想观念诸问题,指出法律给予妇女更多的自主权,但具体实践中男性仍可通过操纵法律以限制妇女权利。[5]

从研究地域来看,学界焦点在沿海的大中城市,内陆及农村地区的妇女境况仍有较大探讨余地。[6]徽州作为一个对外输出移民的商业区域,近代以来渐次受到新式思潮影响,民国社会转型时期徽州妇女的生存状态展现社会变迁的阶段性。[7]留存至今的海量徽州文书和徽州地方报刊,刊载不少婚姻冲突的案例,对理解近代徽州妇女的婚姻生活及她们的思想观念颇有助益。本文将利用徽州文书、报刊等史料展示徽州女性通过离家出逃以摆脱婚姻关系的极端行为,揭示其背后反映的底层民众生活处境和社会情境。

## 二、妻子出逃现象的主要类型

"隐恶扬善"是方志、谱牒等传统文献类型的书写取向,像卖妻、逃妻、拐骗等负面消

---

[1] 雷家琼:《艰难的抗争:20世纪二三十年代女性逃婚现象研究》,中国社会科学院硕士学位论文,2005年。
[2] 费孝通:《江村经济》,北京联合出版公司2018年版,第172—201页。
[3] Zhao Ma, *Runaway Wives, Urban Crimes, and Survival Tactics in Wartime Beijing, 1937—1949.* Harvard University Asia Center, 2015.部分内容参见马钊:《司法理念和社会观念:民国北平地区妇女"背夫潜逃"现象研究》,《法律史学研究》2004年第1辑。
[4] 程为坤撰,杨可译:《劳作的女人:20世纪初北京的城市空间和底层女性的日常生活》,生活·读书·新知三联书店2015年版。
[5] [美]白凯(Kathryn Bernhardt)撰,刘昶译:《中国的妇女与财产:960—1949年》,上海书店出版社2003年版;陈蓉:《家丑外扬:〈时报〉逃妻新闻研究(1927—1937)》,河北大学硕士学位论文,2009年;艾晶:《近代东北乡村社会变迁与女性犯罪研究》,中国社会科学出版社2019年版;赵刘洋:《妇女、家庭与法律实践:清代以来的法律社会史》,广西师范大学出版社2022年版。
[6] 苏成捷曾指出,传统妇女史研究者偏好于聚焦特定历史时期、地理空间内的受过教育的精英女性,泛泛地理解所谓的中国女性,参见 Matthew H. Sommer, *Polyandry and Wife-Selling in Qing Dynasty China: Survival Strategies and Judicial Interventions.* University of California Press, 2015, pp.1—19。
[7] 唐力行:《论商人妇与明清徽州社会》,《社会学研究》1992年第4期;王振忠:《牌坊倒了?》,《读书》1999年第2期;阿风:《明清时期徽州妇女在土地买卖中的权利与地位》,《历史研究》2000年第1期;韩宁平:《农民的妻子:20世纪前期徽州妇女的口述史之一》,《黄山学院学报》2008年第2期;张小坡:《社会转型与近代徽州乡村妇女生活的变动》,《安徽师范大学学报》2011年第3期。

息几乎被屏蔽。譬如《梁安城西周氏宗谱》祠规称:"派丁男妇有忤逆乱伦及犯奸为匪经官者,并卖妻女与人为妾者,即行革出,生死不许入祠。"①检视各类谱牒,可知这类祠规具有普遍性。但其规定也许只能表明,儒家伦理指导下的宗族制度排斥非正常婚姻,然而"革出"只是将当事者排除在宗族记录之外,却无法证明此类社会现象走向消亡。

与上述文献不同,留存至今的徽州文书有不少妻子出逃的记录。一份清后期黟县古筑村的算命卦单显示,问卦者妻子被认为逃到南方,之后将借道东方而归,即便未能按期归来,也会知晓她的下落。这份求神问卦单是逃妻丈夫采取的搜寻策略之一,为此他需要支付77文服务费。②在民国初年,婺源县沱川乡查平坦村寡妇查詹氏,螟蛉子查文开迎娶詹灶松的女儿后,经常趁为店东监布的机会回家暂住。儿媳怀孕不久,即要回娘家养胎,查詹氏婉言延缓不成,儿媳于某夜"卷首饰与各物件魆逃",查詹氏前后8次求接,娘家则变本加厉要求退婚,查詹氏只好请当地乡约介入。③徽州人胡本鎘的一份合同中提到,三位兄长"虽经娶室,该室逃亡殆尽,竟无一嫂可存",祖上遗产先后被父亲和嗜赌的兄长们转卖,他为保全祀产被迫做出善后之举。④

自民国以来,随着新式报刊媒介和社会思潮的传入,在徽州地区形塑新的信息传播渠道。妻子出逃作为一种极端的婚姻冲突方式,卷入者也从求神问卦发展到登报警告、发布启事等新方法。作为新式媒介的报刊,不需要承担传统文体规范的约束,其娱乐性功能也使逃妻、私奔等夺人眼球的新闻更容易披露。同时,登报声明也发展为一种新的表达方式和抗议渠道,甚至成为离婚手续的组成部分。

为分析民国徽州妇女的出逃现象,本文以当地最具影响力的《徽州日报》⑤为例,统计该报1933—1949年登载的启事、新闻,最终筛选出101个有效案例。本文对"逃妻"的限定是:在夫妻双方未经协商的前提下,由于妻子突然离开而陷入的婚姻失序状态。所以,那些事实上已经分居多年的夫妻,不予统计。为了凝练主题,妻子的身份包括妻和妾,但不包括寡妇(因为丈夫已死,逃避的对象发生变化),也不涉及妻子自杀、典妻卖妻、解除婚约、离婚纠纷等其他类型。

---

① [清]周之屏等纂修:《梁安城西周氏宗谱》卷首《祠规》,光绪三十一年(1905年)木活字本,上海图书馆藏。
② 《清后期戊月辛丑日夫占妻逃出何方得卦单》,刘伯山主编:《徽州文书》第6辑第2册,广西师范大学出版社2017年版,第296页。
③ 《民国十四年五月平坦孀妇查詹氏具投贵约老先生状》,刘伯山主编:《徽州文书》第6辑第8册,第105页。
④ 《民国三十年(1941年)三月胡本鎘、胡本铃等保存祀产合同》,俞江主编:《徽州合同文书汇编》(点校本),广西师范大学出版社2020年版,第1662—1663页。
⑤ 《徽州日报》1932年10月在屯溪创刊,至1949年4月终刊,是中华人民共和国成立前徽州地方报纸中报刊时间最长、影响力最大的一份报纸。本文利用的是安徽省图书馆馆藏胶卷。

《徽州日报》是一份有政区属性的地方报纸。101个案例分属歙县、休宁、祁门、绩溪和黟县,所涉妇女均为徽州人,事例涉及周遭的石埭、乐平、遂安、芜湖等地。值得一提的是,并不包括婺源地区的事例①。究其原因,婺源于1934—1947年划属江西,故此时期的婺源人缺乏到该报购买版面发布启事的动机,这从侧面证明了登报声明的半官方色彩。

根据妻子出逃的故事类型,对101个案例作以下分类:

表1 妻子出逃现象的类型划分

| 类 型 | 数量 | 特 征 |
| --- | --- | --- |
| 感情破裂 | 48 | 夫妻双方因感情破裂,或因丈夫一方的原因而离开 |
| 与人私奔 | 22 | 妇女主动与情夫出逃 |
| 娘家干预 | 19 | 娘家亲属主动干涉或被动介入夫妻的分离过程 |
| 夫家干预 | 5 | 妻子受到公婆及亲族、正房等丈夫之外的夫家势力之逼迫 |
| 被人诱拐 | 7 | 被人使用暴力、欺骗手段等拐卖至外地 |

说明:
1. 如果报道仅提及妻子"逃亡"之事实,却未介绍具体原因,则归入"感情破裂"类;
2. 有些案例存在交叉,如休宁程杏爱与某锡匠潜逃黟县,被丈夫关益仍告以私奔,她又反过来告丈夫虐待和娶妾,双方陷入舆论战。②此类案例取其内容详尽者为准,故而划入"与人私奔"类(而非"感情破裂"类)。

部分案例会指责妻子"卷逃",即从家庭共有财产中占有或窃取不属于自己的部分,但也不排除是逃妻丈夫的谴责策略。同时也能看到,不少家庭深陷经济危机,妻子只能两手空空地逃离。

以下根据数量多寡,选择代表性案例予以介绍:

**(一) 感情破裂**

夫妻感情破裂是妻子出逃的主导因素,既有被丈夫虐待、贪图享乐、年龄差距等主观情感因素,也有家庭生活困难等实际物质压力。很多妇女逃离家庭的理由,是由于丈夫纳妾或被丈夫遗弃,这从侧面表明夫妻感情的重要性。

家道小康的郑玉堂继娶黄氏,双方因年龄悬殊而导致情感变化,最终妻子逃回娘家。③徐老菊被前夫转卖程姓后,丈夫时常加以虐待,不得已只能携子逃出。④船民陈老三

---

① 仅有一起妻子从休宁逃亡至婺源的案例,但它属于休宁县的事例,参见《老媪继孙陪了媳妇》,《徽州日报》1933年10月3日;《卷逃案之主角夏张氏匿居江湾》,《徽州日报》1933年10月8日。
② 《妇人私奔反控乃夫于法庭》《关程杏爱紧要启事》,《徽州日报》1934年3月18日。
③ 《黄氏妇对再醮夫提起交涉》,《徽州日报》1933年12月26日。
④ 璜尖:《徐老菊启事》,《徽州日报》1941年6月2日。

不务正业,强行变卖妻子妆奁,妻子被迫外出流落十余年。①而潘翠玉嫌夫家贫苦,在丈夫王经涛赴屯溪经商时,乘人不备"将重物妆饰卷逃一空"。②童养媳何秋湘受丈夫詹兆林虐待,外逃自求生路,还给母亲发了封公开信:"母亲,我的婚姻,亦是你们盲目的替我结束了。"③其夫立即发布启事反击,指责她"公然背夫弃家庭,外出就学"④,双方展开舆论战,可见感情破裂程度之深。休宁王顺仂之妻福弟受公公王雨仂引诱,"夫妻感情因此破裂",最后居然与公公等人将家中衣饰席卷外逃。⑤

### (二) 与人私奔

如果夫妻间缺乏情感支持,一些妻子会在引诱下主动逃亡,此类以22例排名第二。江之永发妻丁秀珠被朋友项贵诱奸,将她领回后又逃到屯溪。⑥绩溪华阳镇方衡五登报指责其妻章和娣"不守妇道",限外逃的妻子3天内回家办理离婚手续。⑦旅外经商的周文彬发现妻子通奸,向绩溪县扬溪公安局报案后,情夫率其妻与孩子逃跑。⑧歙县洪田枝"浪漫成性",屡次卷逃,其夫吴均秋派人寻找未获。⑨戴赛玉归宁期间"带衣私行潜逃",娘家雇人巡查,并与夫家发布启事要求戴氏归来协商离婚事宜,估计也系私奔。⑩范复合外出经商后,妻子张焰弟与情夫卷走饰物逃走。⑪李阿三的小妾刘金花被人引诱,带着金饰、服装棉被、法币和皮箱逃到乡下。⑫

姘居等不稳定的事实婚姻,双方也容易中断交往。黟县胡美意初与郑某姘识,遇到新欢后即"背郑潜逃"。⑬胡新发与寡妇江程氏同居后,因赌卖光程氏首饰,欲将其幼子抱去售卖,她只好携子逃跑,又与洪同兴姘居。⑭

### (三) 娘家干预

除了亲族关系,姻亲关系也是家庭社会网络的重要构成部分,来自娘家的干预高达

---

① 《紧要启事》,《徽州日报》1942年3月25日。
② 《歙县长乐乡植三保王经涛与潘翠玉脱离夫妻关系紧要启事》,《徽州日报》1946年11月1日。
③ 《秋湘小女被詹姓虐待情形公告社会人士公鉴》,《徽州日报》1936年11月9日。
④ 《流塘詹兆林驳斥何吴氏紧要启事》,《徽州日报》1936年11月14日。
⑤ 《亲翁亲母恋爱》,《徽州日报》1933年12月26日。本案例是唯一一则涉及"感情破裂"与人私奔""夫家干预"的案例,考虑文中明确提及夫妻"感情因此破裂",故将其划属第一类。
⑥ 《休西石田江之永紧要启事》,《徽州日报》1946年8月17日。
⑦ 《绩溪华阳镇方衡五警告发妻章和娣紧要启事》,《徽州日报》1946年9月21日。
⑧ 《霸占妇女之一幕》,《徽州日报》1933年12月18日。
⑨ 《歙县白洋上村吴均秋警告逃妻洪田枝启事》,《徽州日报》1941年3月26日。
⑩ 《李树德律师代表戴叶氏宁满保通告戴赛玉紧要启事》,《徽州日报》1935年9月11日。
⑪ 《吴迪贤律师代表下产范复合声明与逃妻张焰弟脱离关系》,《徽州日报》1941年2月3日。
⑫ 《董传俊律师代表刘金花与李阿三脱离家属关系启事》,《徽州日报》1943年3月16日。
⑬ 《折姘头孀妇胡美意弃旧人爱新人》,《徽州日报》1934年3月24日。
⑭ 《打姘头官司》,《徽州日报》1933年12月22日。

19例,包括两种类型。

一种是主动干预,这在很大程度上说明女性被视为一种"财产",譬如卖妻过程中娘家若想分一杯羹就会主动干预。绩溪七都曹寿基以100元大洋,将亡弟的妻子胡氏转卖给歙东王氏,胡父及兄长知道这笔买卖后,"即以贩卖人口诉曹于县府",败诉后还将归宁的胡氏扣下,继续向交易双方施压。①汪鸿林的妻子吴翠娥受其兄长蛊惑,"卷物潜逃"。②吴灶富的妻子长期在娘家滞留,"似乎不守妇道",但他忌惮其娘家势力,只能登报呼吁。③家境小康的绩溪胡云仙,因"年来农村破产",受人蛊惑后即前往亲戚家中,规避同村的未婚夫章某。④徽州文书也有类似案例,歙县程胡氏女儿新婚归宁,在娘家停留30天之久,女婿江观寿上门交涉,程胡氏"浼中向婿情商,着婿寄居屯浦"⑤,以女婿搬到屯溪居住为条件,方允许交还女儿。

另一种是娘家被动介入。屯溪巧坑村毕某有外遇后,弃发妻于不顾,因口角将妻子殴伤,其妻回娘家搬来救兵,到公所申请救济。⑥黟县程必仁嫁给王罗富后,不堪丈夫虐待,逃回娘家,凭中调处。⑦歙县程长财的寡妻张氏被吴某抢婚后,乘隙逃往休宁娘家寄住,并提起诉讼。⑧

**(四) 夫家干预**

从常理来看,在儒家道德规范指导下,来自夫家的干预被认为理所当然。但统计显示,公婆、宗族、正房等丈夫之外的夫家因素造成的压力反而不大,仅有5例。女子秀英嫁给廖氏,夫妻感情尚好,但翁姑挑拨辱殴,因细故遭殴后逃亡。⑨歙县王灶淼的妻子姚氏生性泼辣,有"雌老虎"之称,常常刁难媳妇江某,迫使她逃离。⑩孙秋霞嫁给周觉轩为妾,遭其正妻侮辱,被迫逃回娘家。⑪夫家干预不多,其原因可能在于:有些公婆由于年龄等问题已去世;婆媳、妻妾不在一起生活;底层男性离婚后缺乏足够的财力再娶,故而公婆会保持克制。此外,有些公婆非常弱势,休宁程瑞仙嫁给胡稻舫不满四个月,即遭丈夫遗

---

① 《利欲熏心,匿女敲诈》,《徽州日报》1934年8月12日。
② 《歙南双溪乡汪鸿林警告逃妻吴翠娥》,《徽州日报》1941年8月7日。
③ 《吴灶富告黎阳王芝兰之启事》,《徽州日报》1941年6月2日。
④ 《世风日下嫌贫爱富想离婚,有亲戚从中唆使,未婚夫欲娶不能》,《徽州日报》1936年11月20日。
⑤ 《民国九年二月歙县程胡氏等立信约》,汪柏树主编:《中国徽州文书·民国编》第2辑第6卷,合肥工业大学出版社2016年版,第317页。
⑥ 《姘识荡妇遗弃发妻》,《徽州日报》1933年9月22日。
⑦ 《黟县程氏必仁紧要声明》,《徽州日报》1943年12月26日。
⑧ 《程张氏紧要启事》,《徽州日报》1943年5月28日。
⑨ 《程氏秀英紧要声明》,《徽州日报》1941年3月10日。
⑩ 《唆子重婚,恶姑虐待媳妇,母家前往交涉,保长出任调解》,《徽州日报》1934年9月19日。
⑪ 《黄光鋐律师代表孙秋霞女士声明与周觉轩脱离夫妾关系》,《徽州日报》1936年11月10日。

弃,"翁姑又无办法",不得已逃回娘家帮佣。①

### (五) 被人诱拐

诱拐指使用暴力、欺骗手段拐卖妇女的行为。刘猛利用判牍分析传统时期的徽州拐卖,认为拐卖者以亲族为主,且事发后处罚不力。②这一分析与当时官方禁绝拐卖的态度相符,如一份官府告示称:"推原其故,总因徽郡积习相沿,民间用财娶妻,凡遇再醮之人,并不确查来历,以致奸民希图获利,乘机扇[煽]诱,或缘贫苦无依,或遇夫男外出,无知妇女被其哄骗,甘心乐从。迨至事发到官,在此辈自罹法网,罪无可逃,而失节之妇何颜复与前夫完聚。"③基于儒家伦理,官员对陋俗痛心疾首,但给出的意见却是要买家提高警惕,迎娶之前留心察访。换而言之,官方冀望此类事件在民间内部的解决,不必上升到司法程序。

任思梅(Johanna S. Ransmeier)对华北人口贩卖的分析认为,作为"浮财"的年轻女性是拐卖屡禁不绝的原因。④与此对照,根据此次统计数据发现,徽州地区妇女拐卖现象并不严重,本统计中仅有 7 例,如黟县银匠李长辉到石埭县某银匠店当伙计,其妻青阳县江氏"以拐卖妇女著称",专门从夫家诱拐年轻妇女,终被官府抓获。⑤或许正如臼井佐知子认为的那样,拐卖女性行为存在着地域差异,与四川巴县、顺天府等相比,富有经商传统的徽州、山西等地不同,"从事商业的家族当中,女性于家庭内的力量极为强大"⑥。

## 三、妻子出逃现象的社会情境分析

报纸和徽州文书中的众多逃妻案例,展现社会转型时期徽州妇女面临的生存处境和社会情境。在对妻子出逃类型加以梳理之后,有必要对其影响因素作一些结构性概括。

### (一) 经济压力

生计问题是诱发出逃的主要原因。丈夫缺乏养家糊口的经济实力,或有条件却遗弃

---

① 《休宁溪头程瑞仙警告水南胡稻舫紧要启事》,《徽州日报》1941 年 7 月 17 日。
② 刘猛、费非:《明清徽州判牍案例研究——以拐骗案件为例》,安徽省徽学学会编:《徽学丛刊》第 8 辑,安徽学林印刷厂 2010 年版,第 22—30 页。
③ 《清嘉庆十一年四月廿三日徽州府严禁诱拐妇女告示》,南京大学历史系资料室藏,编号:000204。
④ [美]任思梅撰,施美均译:《清末民国人口贩卖与家庭生活》,上海人民出版社 2022 年版,第 31—74 页。该书英文原名 Sold People: Traffickers and Family Life in North China,照陈荣钢的直译应是《被卖的人:华北地区的人贩子和家庭生活》。
⑤ 《二都杨关拐卖案犯被羁押》,《徽州日报》1933 年 10 月 20 日。
⑥ [日]臼井佐知子:《通过诉讼相关文书所见的清代中后期社会女性》,上海中山学社编:《近代中国》第 30 辑,上海社会科学院出版社 2019 年版,第 160 页。

妻子,都会导致逃妻的后果。传统时期徽商在各大行业的经营活动声势浩大,但在19世纪中叶以后有衰落的趋势,惟有茶业发展为新的支柱产业。但自民国以降,徽州农村经济破产严重,一份报告写道:"素称安乐土的徽州也不能幸免而亦濒于破产了,尤其是以茶叶为业的徽州人,在这茶叶一落千丈的时候简直是无以为生。"①全面抗战爆发后社会大环境的恶化,国民经济长期面临下行压力,工商业发展并不明朗,旅赣徽商汪德溥糟糕的投资经历即为一例。②

徽州妇女多未受教育,在家收入有限,丈夫是主要的生活来源提供者。一旦丈夫停止经济支持,家庭的生计平衡就会被打破。在战乱与经济下行的压力下,贫贱夫妻百事哀,也容易轻离别。旅外店员绩溪章某,因商业不景气返乡,困窘之余逼妻子向岳父借钱,造成妻子逃走。③童养媳胡大囡的丈夫不务正业,"物价高涨之际"却弃家不顾,致使她困守娘家6年之久。④因外出经商之需,不少夫妻长期两地分居,有些困顿的商人对家庭生活不管不顾。在抗日战争进入相持阶段的1943年,汪梅花登报向不知所终的丈夫喊话:"当此生活程度极高之秋,氏家徒四壁,何以为生?"⑤同样在1943年,休宁石砰乡洲阳圩(今溪口镇阳干村)的汪月秀,以写信的方式登报警告旅外的夫君:

> 瑞麟兄鉴:自君外在后,届指五载。三年以来,音信俱杳,叠函催归,无法投递。但君家道素寒,处此非常时期,百物昂贵之秋,则家庭最低之生活,已属无法维持,君竟置我于不顾。况邮传便利,反竟只字俱无。须知配偶名义上,君负有应尽之责任,断不应任意抛弃。而外间流言,均谓君早已另娶佳妇,我惟疑信参半,姑且不论。兹为急欲明君地址消息起见,爱特登徽皖两报警告。请君见报后,在三个月期内予以明白答复,如仍视我如路人,则我惟有另觅生活之途径,幸勿自误为荷。⑥

她首先提到物价高昂等经济压力对其生存的威胁,接着质问丈夫在外再婚的流言,最后要求限期答复,态度不卑不亢,可能系请人代笔。

**(二)妇女就业与话语权的提升**

从社会流动的角度来看,随着徽商及徽州经济的衰微,一些原先只做家务的徽州女性也面临着就业压力。妻子出逃及其背后的生存困境,反映民国徽州社会经济的衰落以

---

① 程延津:《徽州农村问题的研究》,《徽光》1934年第2期。
② 李甜:《旧商人与新时代:赣州徽商汪德溥的生活变迁(1890—1955)》,《安徽大学学报》2014年第6期。
③ 《经济压迫穷争饿吵,夫逼妻借钱妻设法逃走》,《徽州日报》1934年10月19日。
④ 《安乐乡吴田保胡大囡声明脱离吴姓关系》,《徽州日报》1943年7月15日。
⑤ 《歙县梅口汪梅花紧声明》,《徽州日报》1943年3月24日。
⑥ 《休西石砰乡洲阳圩汪月秀警告金瑞麟》,《徽州日报》1943年5月12日。

及徽商群体之衰微这一客观事实。

不少妇女外出后,从事纺纱、帮佣、采茶等收入不高、技术含量低的工作。妇女就业的增加,既强化了她们与社会的接触面,也增加了以出逃方式谋求生计的机会。程玉仂的招赘夫汪显然喜欢拈花惹草,挥霍家产,对她百般虐待,程氏被迫逃外佣工。① 休宁某妇福弟,其前夫经商在外,十余年杳无音信,只得出门帮佣。② 底层女性进入城市后,扩大了她们的社会关系网络,提升了抵御风险的能力。在此时期,女学徒也不罕见。黟县人汪静珍曾在私塾、县立碧阳学校念过书,就回家学做绣花、打毛绳衣服。1940—1945 年间在黟县胡永兴蚊香厂、仰记烟店任学徒、店员。③

(三) 新式法律和思想观念的影响

与传统时期民间"细故"尽量放在宗族内部解决的治理思路不同,民国政府对家庭生活的介入程度较高,发展出强制与劝导相结合的治理术。④ 歙县某村妇逃至黟县佣工,其夫在歙县提起诉讼后,由法警解送回歙。⑤ 前揭屯溪巧坑村毕某案例,阳湖第二区刘区长允诺将第三者驱逐出境,但对夫妻双方冲突殴伤一事,认为属于刑事案件,"未便受理"。⑥

在新式法律和思想观念的影响下,解除婚约、登报脱离关系等成为趋势。在上述案例中,不少启事出自律师之手,包括在徽州执业的黄光鋐、吴迪贤、程锦卿、项崇伟、李树德等律师。登报警告成为离婚的重要环节,像黄光鋐律师代表歙县姚雪花刊登离婚警告称,"查两愿自行离婚,依法应有警告,始生法定效果,不得非法恶意遗弃",这可能是登报声明的原因。⑦ 童养媳胡大囡按《民法》某条之规定,"与该吴姓脱离,以便外出佣工,另谋生路,向保甲长声明外,特此登报声明"⑧,也表明登报存在一种类似法律的效应。

徽州妇女的思想受到社会观念之影响,发生潜移默化的改变。某锡匠店金某之妻,"平日醉心自由",忽然私奔。⑨ 时人对此也有所感慨:"最近数半年来,女人的私奔与离婚案件,一天多似一天。"⑩ 法律意识日渐深入人心,歙县方素霞指责丈夫存在恶意遗

---

① 《休南璜源程玉仂紧要启事》,《徽州日报》1943 年 5 月 14 日。
② 《亲翁亲母恋爱》,《徽州日报》1933 年 12 月 26 日。
③ 《五二年市手工业工会会员登记表》,复旦发展研究院当代中国社会生活资料中心藏,档案号:D16A001-1952-168。
④ 董玥:《民国北京:历史与怀旧》,生活·读书·新知三联书店 2014 年版,第 219—262 页。
⑤ 《法警解送逃妇回歙》,《徽州日报》1933 年 12 月 18 日。
⑥ 《姘识荡妇遗弃发妻》,《徽州日报》1933 年 9 月 22 日。
⑦ 《黄光鋐律师代表歙南半山姚雪花女士警告伊夫刘亦林自愿离婚应有合法手续不得非法遗弃之紧要启事》,《徽州日报》1943 年 10 月 12 日。
⑧ 《安乐乡吴田保胡大囡声明脱离吴姓关系》,《徽州日报》1943 年 7 月 15 日。
⑨ 《锡匠妇私奔》,《徽州日报》1933 年 12 月 3 日。
⑩ 邵一民:《徽州的妇女》,《新安月刊》1935 年第 4—5 期。

· 182 ·

弃事实,要他与姘妇脱离关系,"否则当诉诸法庭,请求法律救济"。①类似这种"可怜弱女,受环境之压迫,在青天白日旗帜下,任意若辈横行,望当局严加制止,以儆颓风"②之表述屡见报端,女性虽然仍以弱者形象出现,但充分利用了在舆论场、诉讼战习得的新式话语。

## 四、妻为何逃:一起女婿告岳母的诉讼案

　　1923年11月,休宁县人余厚民将邱玉仂告上官府,1500字的呈词介绍了他的家庭背景和诉讼梗概。③余厚民生于休宁县北乡贵源(今蓝田镇贵源村),父姓吕,幼年出嗣给不远处的贵川(今蓝田镇贵川村)余焕庭为螟蛉子。继父早年在休宁万安街开成衣店,与邱玉仂同居育有一女余仙兰,自幼许配为余厚民童养媳。他随继父在店学业后,被派到休宁南乡钗坑(今海阳镇钗坑村)工作,其间成衣店歇业,继父带妻女返回贵川,很快得病去世。之后余厚民与岳母、童养媳定居贵川,但岳母变卖继父遗产,拟以10元大洋变卖女儿。他即携余仙兰返回贵源,只有祭祀时才回到贵川。岳母邱玉仂随即进城,为城北胡姓帮佣。1917年,26岁的余厚民和14岁的余仙兰在村族见证下完婚,育有茶花、万花二女。结婚6年期间,邱玉仂来过两次。

　　1923年2月,余仙兰思念母亲,余厚民即雇人送去探视。11月2日,余仙兰又抱着次女随邻居进城,然而却一去不返,次女则被人送还。余厚民拒绝接受次女,咬定是岳母阻挠妻子返家。他两次托邻居、亲戚协调未遂,连同妻子衣物也被退还。于是他亲自进城与岳母对质,了解到妻子在城帮佣的事实,却无法找到逃妻,于是只能一纸诉状将岳母告了。

　　邱玉仂被告后,迅速呈文反驳。④她认为余厚民之说纯属污蔑,女儿与他属于兄妹,童养媳之事子虚乌有。且余本人品行不端,继父病故后仿本地"抢亲"之恶俗将仙兰抢去成亲,她为女子名节考虑被迫接受事实。可余厚民又有外遇,酗酒成性,殴打仙兰。所谓2月份女儿来城探视,其实是被胁迫过来借钱而已。当此深秋之际,仙兰再次单衣单裤出现,乃是被余厚民毒打后逃亡。她劝女儿返家,遭到拒绝后才荐至万安镇上大户人家充当乳娘。在呈词后半部分,她一一驳斥各种指控,并反过来质疑余厚民的螟蛉子身份。

---

① 《歙南石南乡溪南保方素霞警告夫君吴耀庭启事》,《徽州日报》1946年9月15日。
② 《第五区莠民诱卖孀妇》,《徽州日报》1934年9月19日。
③ 《照抄余厚民呈词》,汪柏树主编:《中国徽州文书·民国编》第2辑第6卷,第372—374页。
④ 《照抄余邱氏名玉仂呈词》,汪柏树主编:《中国徽州文书·民国编》第2辑第6卷,第374—375页。

最后,她希望县长能够"破格施恩,判令离异,准计氏女在外佣工度日"。

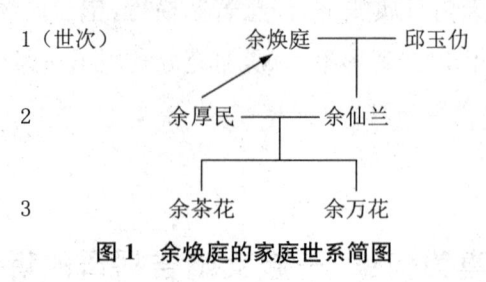

```
1（世次）        余焕庭 ——— 邱玉仂
                  ↑
2              余厚民 ——— 余仙兰

3              余茶花        余万花
```

**图 1　余焕庭的家庭世系简图**

注：——表示正常代际关系　→表示过继行为

这是一起女婿与岳母抢夺妻子/女儿的民事纠纷,原被双方的地位其实都不稳固。余厚民是过继的螟蛉子,幼年即到继父店里帮工,缺乏与继父宗族互动,所以在继父去世后"民苦继房,并无亲族依靠",并未成功融入继父宗族,只好搬回原生家庭。邱玉仂与余焕庭在经商地姘居,并非写立婚书的明媒正娶,且仅育一女,其地位也未必比螟蛉子高,所以在贵川孀居一段时间又重返县城佣工。

原被双方充分攻击了对方身份的弱点,并施以道德压力。余厚民刻意冠以岳母前夫姓氏,用"郑邱氏"指代岳母,以"姘室"概括岳母与继父的关系。邱玉仂强调女子以名节为重,指责女婿私自完婚,"不但未立婚书,且未通知女宅"。她还指责女婿是寄名义子[①],并无继承家产之权。不仅如此,他们还指责对方的道德问题。余厚民形容岳母盗窃成性,将继父店面倒闭之责推到她头上,又控诉她在贵川的盗卖行为。邱玉仂则指出女婿幼年即品行不端,并非女儿托付之选,在以抢亲手段成婚后又未尽到家庭责任,且另有姘妇,于道德有亏。

就岳母邱玉仂而言,当初与余焕庭在万安街生活,作为商人妇的她生活水平较高,至少可以"偷物卖钱",从街道商铺下乡孀居后,她的心理落差肯定较大。但她是一个有谋略的妇女,发生冲突时充分利用大户人家庇护,这就是女婿有所忌惮改走司法途径的原因。就余厚民而言,他无论对岳母还是妻子都有一种道德优越感,"并非乏妻口食,难任妻外女佣",这与他务农之余兼做针线活、擅长多种经营有关。他自认为待妻不薄,坚信妻子上街是"安然而往,并非返[反]目私奔",一定是被岳母藏匿。邱玉仂则用女儿"偕同邻妇逃至城中"来反驳,还指责女婿的虐妻行为。

由于材料限制,无法知晓本案最终结局,但可以作一些判断。首先,余仙兰充当乳娘应属实,由于奶水有限,随身抱去的次女成为影响她就业的"累赘",这样就能理解为何其母会雇人将次女送还贵源村。反过来理解,如果她的确有出逃意图,则没必要带走次女。

---

① 寄名子为认干亲、拜干爹之意,参见袁玉骝:《中国姓名学》,光明日报出版社1994年版,第534页。

所以,这一安排应出自母亲计划,她只是被动的执行者。其次,余厚民可能打过妻子。虽然他在呈词中坚称,妻子走时自己在邻村闵川帮工,但通过岳母提及女儿遭虐打的细节,以及他坦然拒收从城里抱回的次女,且一口咬定逃妻系受岳母指使,推测夫妻俩可能发生过冲突,导致余仙兰负气进城。余厚民的亲戚从岳母处领回妻子随身穿戴衣饰,正好与岳母提及女儿"单衣单裤""向女东乞取旧衣"等细节相呼应。

这份诉讼文书为我们了解这一类型的纠纷提供丰富的细节。日本学者臼井佐知子曾以《光绪二十四年绩溪张观庆等控程尚金串抢孕孀事》为例,还原一个寡妇再婚经过、审判过程,从中了解徽州寡妇的处境,认为亲属介入的动机是捞钱而非关心名分。①与绩溪案例不同,余厚民与岳母的纠纷完全相反,是娘家反过来将妻子抢走的过程。在本案中,虽然娘家仅母亲孤身一人,但显然希望从女儿身上获得某种人身支配权。邱氏呈词应是讼师所写,内中关于女儿被虐的部分描述看起来更像是诉讼技巧。讼师作为精通司法话语的职业者,知晓何种写法可能增加己方胜算,当他帮邱氏写下"现值保障人道,提倡女权时代"的时候,也从侧面表明社会风气的新动向。

值得注意的是,核心人物余仙兰在案件发生时已20岁,但未在诉讼中扮演有存在感的角色。余厚民提及她省亲的动机是"思念生母",这可能是她的真实情绪之一,因为这句话在诉讼语境下不利于余厚民。无论如何,她处于"失语"的沉默状态,在双方的陈情中仅仅作为一个被争抢的客体。青年妇女仍被娘家、夫家视为珍一种人身财产,内中提及的"抢亲"恶俗也说明青年女性作为财产的稀缺性。②这起纠纷案说明,娘家通过干预女儿的婚姻状态来掌控外嫁女的人身支配权,所谓法律意识的提升,在本案中其实是邱氏如何利用国家意识形态话语为自己的支配权张目,以实现娘家——也就是她自己的利益最大化。

## 五、结 论

近代新式报刊作为新的信息传播方式,形成新的虚拟公共空间,为基层社会的婚姻关系研究提供了丰富案例。报刊、文书与传统文本的差异,其实就是思维方式和观念的

---

① [日]臼井佐知子:《由诉讼文书管窥徽州社会的侧影——亡夫后的寡妇的生活处境》,唐力行主编:《江南社会历史评论》第1期,商务印书馆2009年版,第267—296页;臼井佐知子:《通过诉讼相关文书所见的清代中后期社会女性》,上海中山学社编:《近代中国》第30辑,上海社会科学院出版社2019年版,第132—160页。

② 夫马进认为逼醮案、扛孀案抢孀案等在清代普遍存在,参见[日]夫马进:《明清时期寡妇的地位及逼嫁习俗》,张国刚、余新忠主编:《海外中国社会史论文选译》,天津古籍出版社2010年版,第46—68页。

差别。与沿海地区如上海市等地相比[①]，徽州地区的登报离婚、解除婚约等所谓"现代性"现象，大致出现于 20 世纪 30—40 年代，比前者晚了十几、二十年。社会风气、法律意识发生变化的时间差异，是现代文明传播之空间差异的反映。当然，徽州有其特殊性，旅外商人造成夫妻两地分居普遍存在，也是妻子出逃案例相对较多的因素之一。妇女具有妻子与女儿的双重身份，要求她同时承担作为妻子的忠贞与作为女儿的孝顺，但妻子出逃现象的发生，会使父母与公婆身陷一种舆论旋涡或诉讼纠纷，造成两个家族的对抗局面。这种"贞孝两难"的冲突，属于儒家意识形态中的矛盾。[②]

传统的研究偏重强调妻子在婚姻关系中的被动性，夫妻感情、娘家干预在婚姻中的重要性被部分忽视了。本文对逃妻的案例分析显示，从原来的求神问卦到登报声明，从算命先生、讼师到律师群体，从传统的宗族内部解决到基层政府的介入，这种演化趋势反映了思维方式和观念的变化。从妻子出逃的类型来看，"感情破裂"比重接近一半，可知夫妻感情是影响婚姻稳定的核心要素。尽管存在由于"阃内阃外的隔离"而造成的"夫妇之间感情的淡漠"[③]，但并不意味着妻子与丈夫互不关心对方的感情取向，"感情破裂""与人私奔"都表明了情感因素对于夫妻关系的重要性。婚外情的普遍性还原了基层社会的真实场景，与文人墨客想象中的"节烈之风"形成强烈反差。[④]传统文本过多强调儒家伦理的规范性，可能会遮蔽来自娘家的影响力。本文对夫家、娘家的案例分析表明，娘家对出嫁女的干预保持较高水平，夫家的干预反而不多。

需要说明的是，逃妻是一种极端的社会现象，并非婚姻关系的全部。报刊自身也带有偏向性，过于强调传播属性而存在夸大故事情节的可能，报刊编辑和读者的男性视角也在一定程度上刻意突出涉事女性的负面形象。但是，这些案例贴近居民日常生活，且能与徽州文书相互比勘，对了解底层徽州妇女的日常生活具有深刻意义，从而让我们有机会窥探底层妇女的生存实况以及她们的主观感受。

回到文章的开头，费孝通先生将中国式家庭结构归纳为三种：父子轴、婆媳轴、夫妇轴，他认为父子轴（也包括婆媳轴）占据主导，夫妇轴为辅助。人类学家阎云翔先生认为，土改以后的运动对基层社会私人生活影响不大，但父母的权力遭到削弱，则为青年夫妇在私人生活的权力崛起提供了可能，延至 1990 年代初，随着横向的夫妇轴取代纵向的父

---

① 何黎萍：《西方浪潮影响下的民国妇女权利》，九州出版社 2009 年版，第 157—206 页；郑全红：《中国传统婚姻制度向近代的嬗变》，南开大学出版社 2015 年版，第 91—190 页。
② 卢苇菁撰，秦立彦译：《矢志不渝：明清时期的贞女现象》，江苏人民出版社 2021 年版，第 121—150 页。
③ 费孝通：《乡土中国 生育制度》，第 41—42 页。
④ 王振忠：《徽州社会文化史探微：新发现的 16—20 世纪民间档案文书研究》，上海社会科学院出版社 2002 年版，第 92—109 页。

子轴而成为新的家庭主轴,妇女在推动择偶与浪漫爱情的发展下,开始扮演更加积极主动的角色。[1]本文研究则表明,父子轴向夫妇轴的转化可能还要更早,在20世纪30—40年代一些商业基础较好的地区,如徽州社会的家庭结构中,夫妇轴已有取代父子轴成为新的家庭主轴之趋势。夫妻感情是维系家庭结构稳定的基石,而公婆及宗族、正房等丈夫之外的夫家力量,未必能维持儒家道德规范宣称的制约力度。同时,娘家对出嫁女婚姻的干预,可能基于将女儿"物化"的利益动机,但客观上也起到制衡夫家干预的功效。这种家庭结构演化的趋势,可能为中华人民共和国成立后"政权、族权、神权、夫权"[2]所代表封建宗法思想之解体,以及国家对基层势力的迅速整合奠定了基础。

［本文系安徽省哲学社会科学规划项目(AHSKQ2020D38)的阶段性成果］

---

[1] 阎云翔撰,龚小夏译:《私人生活的变革:一个中国村庄里的爱情、家庭与亲密关系(1949—1999)》,上海书店出版社2006年版,第124—125页;阎云翔撰,陆洋等译:《中国社会的个体化》,上海译文出版社2016年版,第100—101页。
[2] 毛泽东:《湖南农民运动考察报告》,《毛泽东选集》,人民出版社1964年版,第31页。

**理论探索**

# 论中国封建社会的
# 社会结构和阶级关系

□ 张 箭

**摘要**：在中国封建社会，地主和农民是最主要的两大对立阶级。地主阶级内部可分为贵族官僚地主阶层，他们在政治上享有许多特权，经济上享有许多优惠。另一个为庶族地主阶层。他们的政治、经济、军事、文化势力比贵族官僚地主小，人数却多。中国古代始终没有一个僧侣、教士的地主阶层与世俗地主阶层争夺。此外，还有商人阶级。商人阶级的经济政治地位大致相当于庶族地主，但小商小贩也相当于农民、手工业者。此外，还有手工业者阶级。手工业者的主体是自产自销的家庭作坊主，其经济社会地位相当于自耕农。官府手工业中的良民工匠，其经济社会地位接近于均田制下的均田农民。手工业者中的奴婢和人身不自由者系奴隶制残余，其经济地位大致相当于雇农，但政治法律地位还要低些，属于隶工。手工业中的游走手艺工匠大致相当于贫农。农民阶级始终是中国封建社会最主要的劳动阶级。农民中大致可分自耕农、佃农、雇农、贫农、富农几个阶层。富农是自己要劳动也要剥削别人劳动的阶层。中国封建社会的知识分子文人不构成一个阶级。他们政治上大致相当于庶民地主，经济和生活上大致相当于自耕农。

**关键词**：封建社会；地主阶级；农民阶级；手工业者；文人

**作者简介**：张箭，四川大学历史文化学院教授

从战国至鸦片战争前的中国封建社会的社会结构和阶级关系如何[①]，目前并没有一个简明扼要的清晰认识。对于这样一个重要和宏观的问题，已有的研究或者只涉及某个时段，如傅衣凌的《明清封建各阶级的社会构成》(《历史研究》1982年第5期)；或者只涉及消费生活，如胡一雅的《中国封建社会各阶级等级的消费》(《中国史研究》1991年第4期)；或者只涉及社会结构，如孙光妍、马金芳的《中国封建社会的结构性特征及法治的缺

---

[①] 本文暂以战国为中国封建社会的开端。在查找有关古籍时，得到四川大学文理图书馆华礼娴、靳静波等的大力协助，特此鸣谢！

失》（《哈尔滨工业大学学报》社科版 2006 年第 2 期）；或者只涉及近代，如何晓明的《近代中国社会构成简论》（《历史教学》1994 年第 5 期）；等等。有关的专著自然不少，不过那是鸿篇巨制。所以，学术界、史学界仍然需要以一篇论文一万多字的篇幅来阐述论证这一重要而宏观的问题，从而得到简明扼要而又中观博洽的清晰认识。

## 一、基本定义和概念

要讨论弄清一个重大问题，就首先需要明确这个问题的基本概念和内涵，从而求得共同一致的讨论前提和基础。

本文所说的封建社会（feudal society）是封建生产方式占统治地位的社会，是继奴隶社会后人类社会发展中所经历的第二个人剥削人的社会。它一般是在奴隶社会瓦解的过程中形成的，也有的是在村社或氏族公社瓦解的基础上组成的。世界上绝大多数民族和国家（包括中国）都经历了这一历史发展阶段。但在不同的国家、地区和民族，封建社会的过程并不相同，封建时代长短不一，中国则是最长的[①]。封建社会的经济和社会组织也各有特点。各国的生产方式即物质资料的生产方式，它包括生产力和生产关系两个方面。生产力是生产方式的物质内容，生产关系是它的社会形式。

封建社会的生产力以个体生产和手工工具为特征，以农业为主要生产部门。封建制生产关系的基础是封建土地所有制。其特征是：封建地主、农奴主占有基本生产资料土地和不完全地占有直接生产者农民或农奴。农民或农奴被束缚在土地上，一般没有或极少有或有一点人身自由，忍受封建主的奴役。但和奴隶主不同，地主/农奴主一般不能任意杀死农民/农奴，一般也不能脱离土地买卖农民或农奴。

封建生产关系的一个特点是：它除了封建地主的所有制外，还存在着农民以家庭劳动为基础的个体所有制，建立有农民自己的经济。它是整个封建经济的一个有机组成部分。因为只有使农民拥有农具、牲畜等生产手段，并把小块土地交给他们，才能把他们束缚在土地上，实现对他们的剥削。由于农民有自己的经济，地主为实现对农民的剥削，就必须通过超经济强制。

在封建制度下，地主阶级对农民（农奴）的剥削主要通过收取封建地租来实现。封建地租经历了劳役地租、实物地租、货币地租三种形式。劳役地租和实物地租建立在自然

---

① 参见张箭：《中国封建社会长期延续是假问题吗？》，《学术论丛》1994 年第 3 期；《就中外封建社会的长短同问题与何兆武先生商榷》，《史学理论研究》1994 年第 3 期。

经济的基础之上。到了封建社会后期,随着商品经济的发展,实物地租逐渐被货物地租所代替。这样,农民被卷入商品经济,加速了两极分化。以人身依附、超经济强制和自然经济为特征的封建生产关系也就趋于瓦解了。

地主阶级对农民的剥削比较残酷,不仅攫取农民的剩余劳动,还往往侵吞农民的一部分必要劳动。而地主的剥削所得也主要用于奢靡的消费和其他非生产支出。因而封建社会的生产具有技术水平低下,墨守成规、分散、狭隘等特点。生产力的发展十分缓慢。但是,封建经济也不是完全停滞的。在中国封建社会,仍创造了高度集约化的农业,建设有最大的水利工程,发展了精致绝伦的手工业。晚期也原生性地产生了资本主义萌芽。

明确了什么是封建社会,接着就要确定中国封建社会的存在时期、起止。中国封建社会的下限和终点是1840年的鸦片战争。这种时代观人们的看法比较一致,没有异议或争论很小,以后便是半殖民地半封建社会了。中国封建社会的上限、起点则争论很大,众说纷纭,莫衷一是。翦伯赞主编的《中国史纲要》主张"西周封建论",认为西周是封建领主制,从战国开始是封建地主制,直到清代,并以此理论编写各章节。但与《中国史纲要》配套的《中国通史参考资料·古代部分》第二册的副标题却是《封建社会(一),战国到东汉末》(主编是何兹全)。胡如雷在《中国封建社会形态研究》中主张"战国封建论";王仲荦《魏晋南北朝史》中主张"魏晋封建论"。不过,王先生并没有在他的这本书中讨论这个问题,胡先生也只是在他的书中稍微论述了一下这个问题。实际上这个问题不必过多地去讨论,因为先秦特别是战国以前的文献资料很少,考古资料也很少,研究者可以"横看成岭侧成峰",见仁见智,自由发挥的余地很大。如同史学理论方面的"亚细亚生产方式"一样。因为马克思和恩格斯的原话就那么几句,学者们可以从各个方面来解释,大大地发挥其主观能动性。过多地执着于这个问题,在今天其意义和价值便比较有限了,可能会使学术蒙上经院哲学的色彩。毛泽东主席主张,"封建制度,自周秦以来一直延续了三千年左右"[①]。但我基于以上考虑,在讨论中,暂且以战国作为中国封建社会的开端。

需要提一下,胡如雷的主张具体以公元前453年韩、赵、魏三家分晋灭智(知)氏立国作为战国和封建时代的开始。这是基于列宁主义的主张:"应该选择重大的历史事件作为历史发展道路路口上的路标"[②],作为划分时代的"路标"。而传统所说的前475年周元王元年并没有发生什么重大的历史事件,只是由于司马迁在《史记·六国表》中从这一年开始记叙而已。所谓"因《秦纪》,踵《春秋》之后,起周元王,表六国时事"[③]。我们今天不

---

[①] 《中国革命和中国共产党》,《毛泽东选集》,人民出版社1970年版,第586、589页。
[②] 《打着别人的旗帜》,《列宁全集》第21卷,人民出版社1963年版,第124—125页。
[③] 《史记》卷一五《年表第三·六国》,远方出版社2006年版,第149页。

是要给春秋战国设限,而是借此划分奴隶制时代和封建制时代。而公元前453年,韩、赵、魏三个封建国家同时确立是一桩划时代的大事,紧接着便是战国第一次改革——魏国李悝变法。胡先生对于绝对年代的确定很有见地。《中国史纲要》也只是认为《史记》将公元前476、475年定位战国七雄历史的开端,缺少更深入地阐述。司马光《资治通鉴》也是以三家分晋作为全书的开头和所叙的第一件事①。由此似可见司马光也是以这一大事件作为"路标"的。

## 二、社会结构

马列主义关于社会结构的观点有广义和狭义两种理解。广义的社会结构是指社会各个基本活动领域,包括政治领域、经济领域、社会生活领域和文化领域之间相互联系的一般状态。在社会各个各种基本活动领域中,社会经济结构对于社会政治结构、文化结构等具有决定性的影响和制约作用。它是社会的经济基础,其余的部分是在经济基础上建立起来的上层建筑,包括政治法律制度以及各种意识形态。狭义的社会结构是由社会分化产生的各主要的社会地位群体之间相互联系的基本状态。这类地位的群体主要有:阶级、阶层、种族、职业群体、宗教团体等。在阶级社会中,阶级结构是理解其他群体的地位和作用的基础,阶级关系决定着整体社会和多个社会群体的发展方向②。

此外,哲学界认为,马克思和恩格斯第一次科学地揭示了人类社会的基本结构,这就是:①由生产劳动形成的人同自然界的关系,构成生产力系统;②在生产劳动中形成的人与人的关系,构成生产关系体系;③以生产关系为基础派生出的各种社会关系,组成庞大的上层建筑系统。俄国马列主义者普列汉诺夫根据马克思恩格斯的理论,在《没有地址的信》中,把社会结构划分为五个层次:①生产力状况;②经济(生产)关系;③社会政治制度;④人的心理;⑤各种思想体系。③

把社会结构分解为三个或五个基本系统是对社会结构的最基本的划分。同时,还有氏族、部落、家庭、民族等人群共同体。它们不能被简单地划入生产力、生产关系和上层建筑中的任一领域。此外,社会中还有与各基本领域相联系的各种社会现象,如

---

① 《资治通鉴》卷一《周纪一·威烈王二三年》上册,北岳文艺出版社1995年版,第1页。
② 《中国大百科全书》《社会学》卷,"社会结构"条,中国大百科全书出版社1991年版。
③ 参见潘天强:《新编马克思主义文艺学》,复旦大学出版社2005年版,第4页,https://www.docin.com/p-1993269986.html,2021-03-30。

教育、语言等①。

这样看来,社会结构的含义便非常广延,包罗万象。我们的讨论便只宜限于社会学中的狭义概念,即各主要社会地位群体之间的相互联系的基本状态,特别是阶级阶层等社会群体,简言之即社会结构。

## 三、阶级结构

先论述一下阶级与等级的问题。列宁讲,"在奴隶社会和封建社会中,阶级的差别也是用居民的等级划分而固定下来的,同时还为每个阶级确定了在国家中的特殊法律地位,所以奴隶社会和封建社会(以及农奴制社会)的阶级也是一些特别的等级"②。中国封建社会也存在等级的阶级,但从未出现像西方的三个等级(教士、诸侯贵族、市民)或帝、王、公、侯、伯、子、男、骑士那样的等级。中国封建社会有士、农、工、商四个等级的概念。总之,中国的社会等级是不严格不发达的,与阶级的联系、依存是松散的、不直接的。

**(一) 概念**

关于阶级,最简扼的定义是:人们在一定的社会生产体系中,由于所处的地位不同和对生产资料的关系不同而分成的集团③。列宁在《伟大的创举》一文中指出:"所谓的阶级,就是这样一些大的集团。这些集团在历史上一定社会生产体系中所处的地位不同,对生产资料的关系(这种关系大部分是在法律上明文规定了的)不同,在社会劳动组织中所起的作用不同,因而领得自己所支配的那份社会财富的方式和多寡也不同。所谓阶级,就是这样一些集团。由于他们在一定社会经济结构中所处的地位不同,其中一个集团能够占有另一个集团的劳动。"④

自从人类社会发生阶级分裂,进入阶级社会以来,形成过许多阶级。在奴隶、封建、资本主义三大剥削社会中,都各自有两大对立的阶级。此外,还有其他的阶级。在封建社会,对立的两大阶级则为地主(封建主)阶级和农民(农奴)阶级。

**(二) 各主要社会阶级**

在中国封建社会,地主和农民是最主要的两大对立阶级。此外,是否还可以单独划出手工业者阶级、奴婢阶级,甚至是否还有商人阶级呢?毛泽东在《中国革命和中国共产

---

① 参见《中国大百科全书》《哲学》卷"人类社会条",中国大百科全书出版社1992年版。
② 《列宁全集》第6卷,人民出版社1959年版,第93页。
③ 《现代汉语词典》,商务印书馆1993年版。
④ 《列宁选集》第4卷,人民出版社1992年版,第10页。

党》中肯定:"而在这样的社会中(中国封建社会),只有农民和手工业工人是创造财富和创造文化的基本阶级。"①这里的"阶级"显然是复数,即农民和手工业工人均是基本的独立的阶级。恩格斯《在德意志工人教育协会的演说》中指出:"整个人类社会过去由四至六个不同的阶级组成。"②《共产党宣言》表明,只是到近现代整个社会才分裂为两大对立的阶级。中国和西方有所不同,直到明清时代即封建社会后期,尽管有了资本主义萌芽,也没形成市民—资产阶级和雇佣工人—无产阶级。知识分子文人也不构成一个阶级,而是按其政治、经济地位分别隶属依附于上述地主、农民、手工工人、商人。军人也如此。至于东晋南北朝时期的士家兵户,虽世代当兵,生活困苦,地位低下,但平时仍佃耕官田,故似可看成武装的农奴。

1. 地主阶级

毛泽东概括:"占有土地,自己不劳动,或只有附带的劳动,而靠剥削农民为生的,叫作地主。"③地主阶级始终是中国封建社会的统治阶级、主导阶级,具有显著的政治、经济、军事、文化、宗教、宗族优势,统治着农民阶级和其他劳动者,在很大程度上决定着社会的面貌。唐太宗就曾对臣下说,"朕终日孜孜,非但忧怜百姓,亦欲使卿等长守富贵。"④北宋的文彦博也曾对宋神宗建言:"为与士大夫治天下,非与百姓治天下也。"⑤明代的张居正承认:"人所以能守其富而众莫之敢攘者,恃有朝廷之法故耳。"⑥"长守富贵""治天下""守其富"均说明了这点。与西方不同的是,中国封建社会中后期并没有一个市民阶级来分享政权、分割社会财富;也始终没有一个僧侣、教士等级来分化、凌驾于地主阶级,与之争夺,分庭抗礼。

按照马列主义的历史观点,阶级又是进一步划分为阶层的。阶层一般指同一阶级中因经济、政治地位不同而形成的若干层次。从经济上分,有特大、大、中、小地主阶层;从政治上分,有贵族官僚地主阶级和庶族地主;从信仰上分,有世俗地主和僧侣地主。不过在中国封建社会,僧侣地主阶层的影响势力始终是很有限的,即便魏晋南北朝时期势力影响较大那也比较短暂。地主阶级又按握有的土地的多寡、控制的农民、农奴的多少、掌握的财富的巨细,分成特大、大、中、小地主阶层。古今中外都如此,不言而喻。而贵族官僚地主和庶民(族)地主这两个阶层值得分析一下。

---

① 《毛泽东选集》,人民出版社 1970 年版,第 588 页。
② 《马克思恩格斯全集》第 42 卷,人民出版社 1979 年版,第 472 页。
③ 《怎样分析农村阶级》,《毛泽东选集》1970 年版,第 113 页。
④ 《贞观政要》卷六第二十六《贪鄙》,上海世纪出版集团 2008 年版,第 155 页。
⑤ 《文献通考》卷十二《职役考一·黄帝至宋神宗》上册,中华书局 1986 年版,第 130 页。
⑥ 《张太岳文集》第五册,卷二九《答应天巡抚胡雅斋言严治为善爱》,清道光年线装刻本,四川大学图书馆藏,第一九连页。

贵族官僚地主阶层包括皇室、皇亲国戚、封王封侯者,高、中级官僚。他们在政治上享有许多特权,经济上享有许多优惠,特别是优免差役。中国古代虽有"王子犯法,与庶民同罪"的说法,但又有"礼不下庶人,刑不上大夫"的观点(《礼记·曲礼》)。只要不谋反,只要不过分侵吞属于皇帝、封建国家的官帑,他们一般是不会获罪的。西晋官品的占田、唐代官僚的永业田及历代的赐田、明代的一部分庄田,都是贵族官僚地主的私田。西晋官品占田荫客制规定:官僚地主可以按官品高低占有土地十顷到五十顷;占有佃户一户到十五户;占有衣食客一至三人。① 地主阶级的总代表是秦统一以来的皇帝。我国历代都有内藏、外藏之分。皇宫内藏具有天子职分田的性质。许多朝代的官僚都有职分田。北魏均田制规定:"诸宰民之官各随地给公田,刺史十五顷,……更代相付,卖者坐如律。"② 贵族官僚地主的来源有世袭、联姻(特别是皇帝国戚)、捐纳、军功和出仕。出仕的途径秦代有"纳粟拜爵"③;西汉初年有大官僚的子弟为郎,"任子"、"赀选";汉武帝开始,实行举孝廉的察举制度,建立太学;东汉光武帝继续察举孝廉,征辟僚属;三国曹魏实行九品中正制;两晋南北朝时期,世家大族门阀的势力发展到顶峰,出现了"上品无寒门,下品无势族"的门阀政治④。这在两千多年的中国封建社会里是非常独特的。士族以门第凌辱他人的事例屡见不鲜,所谓"今服冕之家流品之人视寒素之人轻若仆隶,易如草芥,曾不以(与)之为伍"⑤。士庶不通婚,联姻则被弹劾。如沈约弹劾"王、满联姻,实骇物听"⑥。士族独占清流美职,如秘书郎、著作佐郎等,"平流进取,坐至公卿"。若从清职转为浊流,则视为甚于降黜。士族还致力于氏族谱的撰叙编次,用家世源流和婚宦记录作为自己应享特权的凭证。这种十分腐朽反动的制度和风俗近似于同时期印度的种姓—阇提身份等级制度。从隋唐开始,科举制创立,从此科举制成为地主阶级(含富农中农)子弟仕进的主要途径,直到清末。

除了"士庶天隔"的两晋南北朝时期,贵族官僚地主阶层并非一个封闭的而是一个开放的阶层,不断有新的分子通过联姻、军功、出仕、捐纳等跻身进入。由于中国封建社会存在着周期性的农民大起义和改朝换代,存在着几波民族征服与战争(其中全征服的有元、清,半征服的有东晋、南北朝和辽、金、西夏,征服者全同化融合的南北朝、清,征服者半融合同化的有辽、金、西夏和元)。贵族官僚地主没有长盛不衰的。例如,最大的贵族皇室,最长的也就是两宋共三百来年。相比之下,欧洲的大封建贵族更加封闭一些,也更

---

① 《晋书》卷二六第十六《食货志》第3册,中华书局1974年标点版,第790页。
② 《魏书》卷一百一十《食货志》第8册,中华书局1974年标点版,第2855页。
③ 《史记》卷六《始皇本纪》上册,第54页。
④ 《晋书》卷四五《刘毅传》第4册,第1274页。
⑤ 《文苑英华》卷七百六十引《寒素论》,中华书局1982年版,第5册,第3987页。
⑥ 《昭明文选》卷四十《弹事类·奏弹王源》第5册,吉林文史出版社1994年版,第441页。

长盛一些。如德意志的哈布斯堡王朝一家族、俄罗斯的留里克王朝等。欧洲的帝、王、公、侯、伯、子、男等贵族封闭长盛,平民很难跻身其间。

庶族地主的政治、经济、军事、文化势力比贵族官僚地主小,人数却多。庶民地主中的一些人可能上升为贵族官僚,也有的可能下降为破落户。特别是出现暴君暴政时,在农民大起义时和蛮族(游牧族)入侵时,统治者内战时。而中国因专制皇权太大,令人格外垂涎,且法统上没有明确的"二把手"(丞相/宰相、太子、摄政王、皇后、皇太后、大太监、掌军权的大元帅/大将军等都有可能来竞争"二把手"),故统治者内战最为频繁。如西汉的七国之乱、西晋的八王之乱、南朝的侯景之乱、唐朝的倒武则天的战争和安史之乱、元世祖同其弟争夺汗位的战争、明朝的靖难之役、清初的三藩之乱,等等。

地主阶级各阶层之间一般没有等级隶属的主从关系。

2. 商人

商人是一个人数较少,经济势力不小,但政治影响有限的阶级(阶层、群体)。由于中国封建社会商业过早地发展,超越了农业手工业的水平而畸形地发达,中国从战国起便形成了大城市和大商人阶层。《战国策·齐策》记载:"临淄之中七万户……临淄之途,车毂击,人肩摩,连衽成帷,举袂成幕,挥汗成雨。"[①]这么大的城市便必然需要商人和商业,把粮食、蔬菜、副食品、纺织品或原材料等输送进城销售。像吕不韦这样的大商人还取得了秦相的地位。但中国的城市主要是政治、军事、文化中心,它所集中的手工业和商业都很有限,消费意义大于生产意义。宋代以后,封闭式的城市制度被打破,工商业有了大发展,但仍没使城市发生质变。由于中国封建社会的商业在很大程度上不是在农业、手工业、畜牧业充分发展,商品经济长足发达的基础上发展发达起来,而是与封建专制主义、中央集权、君主制度、郡县城市和军事布防密切有关,故商业和商人往往以转运远地的奢侈品作为主要业务,越是封建社会早期越是如此。战国时的商人就长途贩运,"北海则有走马吠犬焉……南海则有羽翮、齿革、曾青、丹干焉……东海则有紫紶、鱼盐焉……西海则有皮革、文旄焉"[②]。这其中便有许多奢侈品。商业中的投机成分很重,贱买贵卖,囤积居奇,投机倒把,放债高利。商业利润主要由剥削农民、手工业者而来,由地租转化而来。贵族、官吏、军官用俸禄购买农工产品。是故,商业于国计民生和长治久安没有重大裨益。中国封建社会出现了鄙视商人商业的意识,认为社会的四个层次是士、农、工、商,商人居四民之末。唐令规定:"凡习学文武者为士,肆力耕桑者为农,巧作贸易者为工,屠沽兴贩者为商。工商之家不得预于士,食禄之人不得夺下人之利。(工商皆为家专其业以

---

[①] 《战国策》卷八《齐策一·苏秦为赵合从》,远方出版社2006年版,第76页。
[②] 《荀子》第九篇《王制》,远方出版社2006年版,第76页。

求利者,其织纴织䌟之类非也)。"①此外,歧视商人可能还有政治上的考虑,即商业发展会带来人口流动,有利于各地割据势力沟通,不利于管理控制户口。

历代统治者中的有识之士或想有所作为者都对商人、商业加以限制,"重本抑末",防止大商人牟取暴利。如汉武帝的笇盐铁、均输、平准、算缗、告缗,王莽的五均六笇,唐代平定安史之乱后刘晏理财、推行盐法、漕运,特别是行平常法,王安石变法中的均输法、青苗法、市易法,等等。现在有一种观点,认为中国古代重农抑商是错误且有害的,它阻碍了经济和社会的发展。其实在这个问题上不能以西量中,以今绳古。中国自来是个大国,农业国。重农抑商有利发展生产稳定社会,分配相对公平。只是到了清代重农抑商的负面影响才明显起来。

商人的商业行会在唐宋时才出现,晚于封建城市形成很久,商会和商人的势力远不及西方。大、中商人有的也兼地主;中、小商人的大部分经营活动则有益于经济发展,方便了人们生活。这里对于中小商人经营活动的评价与前面对重农抑商的评价不矛盾,正是在抑制的政策下中小商人的存在和发展才有合理性。商人的经营资本便是商业资本。在封建社会,商业资本依附于封建生产关系,以简单商品生产为基础,主要特点是通过贱买、贵卖获取小生产者的剩余产品,瓜分封建地主阶级剥削所得的剩余产品。它促进了商品生产的发展和各地区间的经济联系,并加速小商品生产者的分化,对封建经济的瓦解和资本主义生产方式的产生起到了重要的作用。从总体上讲,商人阶级的经济政治地位大致相当于庶族地主,但小商小贩也相当于农民、手工业者。

农民有时也出售自己的一部分农产品,手工业者出售自己的手工产品。这也算是一种商业活动。但他们的确不是商人,他们只是自产自销,如同今天的农民和一些小型个体工厂的小业主。

3. 手工业者—手工工人

手工业者是一个身份成分很复杂的劳动阶级,被统治被剥削的阶级。其中一个阶层是奴婢和人身不自由者,如吕不韦、张良家的家童,被用于冶铜、酿酒、舂米,汉代官作坊中的官奴婢、刑徒,私作坊中的童仆,南朝官作坊中的刑徒,南朝士家大族的大田庄有相当规模的手工业,其中的劳动者有一些便是奴婢。总之,中国封建社会的前期有不少的奴隶制残余,在手工业中比较明显。不过,不宜说还有一个奴隶阶级。因为已无奴隶主(奴隶的主人是官府、大商人、大地主),奴隶已不能被随便杀害,似乎也不能被随便拆散家庭,也没有殉葬、角斗这些残害奴隶的恶习。所以,手工业、农业中的残存奴婢可分别归纳入手工业者、农民阶级。事实上他们也在上升和融入。中国封建社会前期(战国至

---

① 《唐六典》卷三《尚书户部》,中华书局 1992 年版,第 74 页。

南北朝)奴婢也比较多。只有家内的奴婢不便归入某个阶级,可视为一个独特的阶层。因为农业奴婢可视为农奴,工业奴隶可视为隶工。家内奴婢不与社会生产相联系,无法构成一个阶级,只能算是一个特殊的群体,其内部的身份地位也很复杂,像《红楼梦》中大观园里的那些奴婢丫鬟,地位差别较大。

手工业者的主体是自产自销的家庭作坊主,系良民百姓。其经济地位、社会地位相当于自耕农,向封建国家纳税。他们进行独立的手工业生产,以出售成品的收入作为全部或主要的生活来源。唐、宋时期也出现了手工业者的行会,它也比封建城市的形成晚了很久。但唐宋时期的行会不是工商业者保护自身利益的组织,而是封建政权对工商业者进行统治和征敛的工具。唐贞元九年的一条敕令便说明了此点①。南宋耐得翁《都城纪胜》中说:"市肆谓之行者,因官府科索而得此名,不以其物小大,但合充用者,皆置为行。虽医卜亦有职……"②

明清之际,才出现形成类似西方行会的工商业者组织。明清时期,可以肯定家庭作坊内已有了帮工和学徒,他们和主人之间存在宗法关系。恩格斯说得好:"行会的学徒和帮工与其说是为了吃饭和挣钱而劳动,不如说是为了自己学成手艺当师傅而劳动。"③

明后期和清代,在一些手工业行业中出现了微弱的资本主义萌芽。织工"得业则生,失业则亡",与雇主的关系是"机户出资,机工出力"④。但萌芽太微弱,发展太缓慢,又带有很浓的封建性。如作坊主各隶官籍,工人没摆脱社会的束缚,故始终没有形成新的阶级。明末发生了工商业者反矿使税监的斗争。但这不是市民资产阶级的反封建斗争,而是一般工商业者反封建统治的斗争,如同农民的抗粮抗税斗争一样。

手工业者中还有一个阶层,便是官府手工业中的良民工匠。其中有的是世代为匠,有的是临时佣工,有的是征调的农民,征调的农民还非手工业者。关于世代的工匠,有研究者视其为奴隶制残余,但笔者认为仍属手工业工人,其经济、社会地位接近于均田制下的均田农民。因为均田农民也是世代为农,只不过均田农民把自己的剩余劳动变成了租、庸、调上缴,工匠把自己的剩余劳动变成了手工业产品由官府拿去。例如,东晋南朝的官手工业——官户。唐代的官户已可以纳资课代替上番,元代的匠户人身依附有所加强,这实际上与民族压迫有关。唐以降,官府和雇的工匠明显增多了,如唐的明资匠、长上匠,宋的"募工"。官府的佣工还受着各种超经济强制,有各种人身依附,如募工要在手

---

① 《旧唐书》卷四八《食货志下》第6册,"贞元九年正月,初税茶"。中华书局1975年标点版,第2128页。又见胡如雷《中国封建社会形态研究》,生活·读书·新知三联书店1979年版,第268页。
② 《都城纪胜》一《诸行》,《四库提要著录丛书》史部第59册,北京出版社2010年版,第309页。
③ 《反杜林论》,《马克思恩格斯选集》第三卷,人民出版社1972年版,第310页。
④ 《明神宗万历实录》卷三六一,二九年七月条,第59册,台北"中央研究院"1962年版,第6741—6742页。

背上刺字。故不能视为无产阶级的前身,而应是手工业者的一部分。

手工业中还有一类最容易被人忽视的劳动者,即走街串巷,上山下乡,为客户修补、加工的手艺工匠。这类人与农业的联系密切,有些人就是在农闲时或农田不足的情况下出门凭手艺挣钱的。这类劳动者到现代都有。诸如今天修自行车、配钥匙的工匠,他们一般属于进城打工的农民工中的个体劳动者。

### 4. 农民阶级

农民阶级始终是中国封建社会最主要的劳动阶级,它人数最多,是社会财富的主要创造者。农业是封建社会最主要的生产部门。恩格斯指出:"封建主义的基础是农业。"[①]农民中大致有自耕农、佃农、雇农、贫农、富农几个阶层。

战国李悝所谓"一夫挟五口,治田百亩者";西汉晁错所谓"五口之家""其能耕者不过百亩者"便是指自耕农[②]。自耕农也负担对国家的课役赋税,但免去了地租剥削。所以自耕农有较多的生产积极性和劳动生产率。北魏贾思勰所谓"凡人家营田,须量己力,宁可少好,不可多恶"[③]。可能就是根据自耕农的经验总结出来的。中国封建社会有大量的自耕农,而自耕农们在经济上又具有明显的优越性,这是中国封建社会在很长时期,其经济、文化、军事、教育等比西方相应阶段远为进步的主要原因之一。封建统治者也把自耕农看作一个最具有能力提供赋役、税收、兵源、财富的阶层。汉代的"赋民以田"、两晋的占田、北朝和隋唐的均田、明代的移民垦田,都是培植自耕农的措施。均田制下的均田农民,其经济政治地位相当于自耕农。他们上缴的租、庸、调、地税等属国家赋税性质,只不过其耕地不能随便买卖。这是(由)土地国有制所使然。这也延缓了他们的分化、被兼并的过程,对他们有利。

佃农是农民阶级中人身依附性和受超经济强制最强的一个阶层。董仲舒说,战国以来,农民"或耕豪民之田,见税十五"[④]。北宋苏洵记载得更详细:"富民之家地大业广,阡陌连接,募招浮客,分耕其中……田之所入,已得其半,耕者得其半。"[⑤]所以,佃农也是受剥削最重的一个阶层。佃农有租佃私人土地的佃农,还有耕种屯田、营田、职田、官庄等国有土地的国家佃农。曹魏屯田客持私牛者"与官中分",唐代职田租额是每亩"无过六斗,也不毛者亩给二斗"[⑥]。这与私租七斗五升很接近,而比赋税五升五合或一斗一升多

---

① 《论封建制度的瓦解和民族国家的产生》,《马克思恩格斯全集》第21卷,人民出版社1965年版,第450页。
② 《汉书》卷二四《食货志上》第4册,中华书局1975年标点版,第1125、1132页。
③ 《齐民要术》卷〇《杂说》,上海古籍出版社2009年版,第17页。
④ 《汉书》卷二四《食货志上》第4册,第1137页。
⑤ 《嘉祐集》卷五《衡论·田制》,《四库提要著录丛书》集部第340册,第156页。
⑥ 《唐会要》卷九二《内外官职田》下册,上海古籍出版社1991年版,第1980页。

得多。南宋籍没的土地转化为国有地后,"而诸籍没田募民耕者,皆仍私租旧额,每失之重,输纳之际,公私事例迥殊。私租额重而纳轻,承佃犹可;公租额重而纳重,则佃不堪命"①。元代灾荒之年,"时有旱涝,官税私租俱有减免之则例,独职田子粒不论丰歉,多是全征"②。胡如雷先生认为,中国的佃农实际上还是农奴,中国盛行的是佃农式农奴制,西方盛行的是分地式农奴制。列宁指出:"农奴制的基本特征就是农民被束缚在土地上,由此就有农奴制这一名称。"③毛泽东也说过:"这种农民实际上还是农奴。"④但其实中国佃农受的剥削不比西方农奴轻甚至更重,更容易破产、失业、生活无着落、流亡。但政治法律地位要高一些。他们可以改佃,上缴实物地租而毋须到领主自营地去耕作,完纳劳役地租;行政司法上也不受地主管辖,也基本上不能随土地买卖。子女也可以读书受教育,只要能交学费。是故还是把佃农与农奴区分开较好。以奴婢身份务农的人才算是农奴。

雇农是给地主富农扛长工、打短工的农民。他们人数不多,与地主和富农之间没有资本主义式的雇佣关系,而是有封建人身依附关系。地主和富农的剥削所得也主要是自己消费,而非从事商品生产,赚取利润,进行投资,扩大再生产。打短工的雇农,有的同时也是半自耕农和佃农。封建雇农是佃农的变态形式,地主剥削的是变态的地租。中国封建社会始终没有在农村中、在农业中产生资本主义萌芽,没有出现资产阶级化、资本主义化的新富农、租地农场主。

## 四、阶级关系

### (一) 通常时期的阶级关系

中国封建社会的经济关系,包括各阶级内部不同的阶层之间的关系,更包括多个阶级之间的关系,即地主、农民,似乎还可以把商人、手工业者包括进来。而地主与农民是封建社会最基本的两个阶级,他们之间的关系决定、制约、影响了各阶级之间的关系。

毛泽东在其名著《中国革命和中国共产党》中对地主阶级和农民阶级的关系做过长篇论述。他讲:"中国历代的农民就是在这种封建的经济剥削和封建的政治压迫之下,过着贫困穷苦的奴隶式生活……地主阶级对于农民的残酷的经济剥削和政治压迫,迫使农民多次地举行起义,以反抗地主阶级的统治……每一次较大的农民起义和农民战争的结

---

① 《宋史》卷一七三《食货志上·农田》第13册,中华书局1977年版,第4182页。
② 《元典章》卷一五《户部》一《职田·佃户子粒》第2册,中华书局2011年版,第556页。
③ 《论国家》,《列宁全集》第29卷,人民出版社1956年版,第437页。
④ 《中国革命和中国共产党》,《毛泽东选集》,人民出版社1970年版,第587页。

果,都打击了当时的封建统治,因而也就多少推动了社会生产力的发展。"[1]毛泽东的论述是我们研究的基础和出发点。

农民与地主是两大对立的阶级,但并非始终处于对抗、敌视的状态。他们只是在暴君暴政时期(如秦末、隋末)、封建危机严重、统治黑暗时期(如西汉末、东汉末、东晋末的孙恩卢循起义,唐末、北宋末的方腊宋江起义)、民族压迫严重时期(元末、清末)才尖锐地对抗。在其他时期则虽然对立,但还能相互相容,甚至还有相互依存的一面。因为没有地主就没有封建国家和佃农,没有佃农就没有地主和封建国家,不过没有自耕农,仍然有封建国家和地主;没有封建国家和地主,仍然有自耕农(如奴隶社会、资本主义社会和社会主义社会)。

农民阶级的各阶层与地主阶级的关系也不尽相同。农民中两个最大的阶层是自耕农和佃农。自耕农只受代表地主阶级的国家控制,向封建国家缴纳税役。他们的封建负担比较轻,能维持简单再生产,有时还有人能扩大再生产。故自耕农多数时间与地主阶级的封建国家处于相容状态。只是在暴君暴政、封建危机时,民族压迫严重时才与地主阶级尖锐对抗。他们负担的税赋从三十税一到30%不等[2]。

不过,中国封建社会的生产关系特点是土地私有制盛行、土地买卖盛行(北魏至隋唐的均田制时期除外,但南朝仍可买卖)、实物地租盛行,故土地兼并周期性地产生,自耕农周期性地沦落、破产、萎缩。当他们难以生计的时候,便会与其他农民一起掀起农民大起义,起义胜利建立起新王朝后,自耕农经济和阶层又会恢复和发展,在新王朝的前期和中期与地主政权处于相容的状态。这个时期,社会的经济、文化便又螺旋形地上升发展了。但当农民战争失败时,就有可能发生分裂割据,经济文化就停滞不前。如三国和五代十国。从北宋开始,土地和私有制膨胀,自耕农逐渐佃农化,萎缩。顾炎武说,地主"然犹谓之'豪民'(董仲舒),谓之'兼并之徒'。宋以下,则公然号为'田主'矣"[3]。宋代主户客户制度的建立,都说明封建社会发展到下半期,农民与地主的关系在对抗时期也有了变化,起义口号既反对皇帝国家,也打击地主经济。如北宋的王小波、李顺,南宋的钟相、杨幺的"均贫富,等贵贱",元末的"摧富益贫",明末的"均田免粮"。因为宋代起朝廷就公开称"本朝不抑兼并"(宋太祖语)。

佃农与地主的对立,是我国封建社会最主要的阶级对立。依附佃农与地主土地的结合,是占支配地位的封建生产关系,佃农所受的封建剥削最重。一般得把收成的一半以

---

[1] 《中国革命和中国共产党》,《毛泽东选集》,人民出版社1970年版,第587页。
[2] 朱寰等:《亚欧封建经济形态比较研究》,东北师范大学出版社1996年版,第194页。
[3] 《日知录》卷十《苏松二府田赋之重》上册,中华书局2020年版,第543页。

上交为地租,从战国到清代都如此,比西方重。当然地主也得把收取的地租的很小部分作为赋税上缴给国家。唐代陆贽说:"每田一亩,官税五升,而私家收租,殆有亩至一石者,是二十倍于官税也。降及中等租犹半之,是十倍于官税也。"①佃农面临的是具体的某个地主而非地主阶级的国家,故佃农与地主经常处于对立状态,在危机时期则处于尖锐对抗的阶段。在非危机时期的对立状态下,佃农对抗地主的斗争形式之一是改佃。唐代以降出现了许多有租佃期限的契约,宋代明文规定佃农可以"起移""别往",地主不应"抑勒,不放起移。……如是主人非理拦占,许经县论祥"②。这便是农民斗争的一个成果。

从唐代开始,在实行分成租的同时,又出现了定额租。定额租是比分成租较为进步的租佃形式。这是生产力发展的结果,也可以视为佃农斗争的结果。在定额租情况下,佃农的人身依附和受到的超经济强制缓和了(这也佐证了我们前面所说的不宜把佃农视作农奴的观点),地主的腐朽性、寄生性也更进了一步。宋代以后,地主方面又大量出现了"划佃增租""夺佃增租""改佃增租"的动向。马克思学分析道:"爱尔兰的每一代农民都为改善自己和家庭的状况而做了努力和牺牲(张按,指改良土壤等),但他们反而直接为了这个缘故,而在社会阶梯上下降一级。"③于是在定额租制出现后,又出现了改佃与反改佃、增租与反增租的斗争。在一些时期、地区和情况下,佃农经过斗争,赢得了长期租佃权和永佃权。明末的佃农运动就曾提出了"均佃"要求:"欲三分田主之田,而以一分佃人耕田之本。其所耕之田,田主有易姓而佃夫无易人,永为世业。"④这种斗争是有成效的,有时国家也承认:"将当日垦荒之原佃子孙。止令业主收租。果有拖欠,告官押追,不许夺佃!"⑤

佃农有时也自动移往地旷人稀之地进行垦荒,力争转化为自耕农,这也是反抗斗争的形式之一。但佃农转化为自耕农的主要途径是农民起义和农民战争。

这样看来,佃农与地主在多数时期仍处于既对立又相容,甚至依存关系的状态。反封建斗争是非暴力地、合法地进行的。只是到了封建危机和农民革命时期,才与地主尖锐对抗,进行起义斗争。宋以降佃农成了最大的一个农民阶层,他们与地主的关系构成了阶级关系的最主要、最基本的层面,这当然也与人口增长有关。明代人口(含少数民族地区)突破了一亿,很多地区无荒不垦。

国家佃农的经济地位比地主佃农的经济地位还低些,他们面对的是封建国家。但国

---

① 《陆宣公文集》卷十二《均节赋税恤百姓六条》第二册,上海古籍出版社1994年版,第354—355页。
② 《宋会要·食货》一之二四,第5册,中华书局1987年版,第4813页。
③ 《印度问题》,《马克思恩格斯全集》第9卷,人民出版社1961年版,第178页。
④ 乾隆《瑞金县志》卷七《艺文志》,《故宫珍藏丛刊》第117册,海南出版社2002年版,第390—391页。
⑤ 《清高宗实录》卷一七五,乾隆七年九月条,第4册,台北华文书局1964年版,高宗实录,第2064页。

家佃农人数较少,他们与地主阶级的关系多数时也是对立,但又相容,甚至是依存的。如曹魏屯田,屯田客的产品虽被收去将近一半,但在战乱时代,屯田客仍比流亡好。又如明初官田佃农的租税较轻,表面规定是每亩五升三合,但实际上的负担重于纸面上的规定。因为各地征收实额并不一致。如苏州、浙西等地每亩要征到二三石①。军屯田的军屯户则自种自收自给自养。他们不交田税,也不领军饷。所以军屯户的经济地位略高于地主的佃农。

富农阶层既有受大地主、贵族、官僚欺侮的一面,又有剥削欺侮农民的一面。他们对两方面都处于既相容又对立的关系状态。富农人数不多。

雇农人数较少,在平时也与地主处于既相容又对立的状态。

商人中的大商人在政治上可划入地主阵营,中等商人可划入富农阵营,小商人可以划入自耕农阶层,小贩可划入佃农阶层。大、中商人往往又兼地主。

手工业者在政治上可划入自耕农阶层,后期的帮工、学徒可划入佃农阶层,官府中的工匠可划入佃农阶层。

商人与地主与农民两方面都处于对立和相容的状态。

手工业者与地主阶级也处于对立和相容的状态。但无彼此依存的一面。

**(二) 非常时期的阶级关系**

两千多年的中国封建社会,农民起义和农民战争比较频仍,规模又大,斗争亦烈,周期性地爆发。如毛泽东所说,为世界历史上所仅见。在农民战争期间,广大农民、手工工人、小商小贩都与地主阶级尖锐对抗生死搏斗。知识分子的一部分,大中商人的一部分也有参与投机革命的。地主阶级的营垒也发生分化,一方面残酷镇压起义,一方面争夺政权。一些人又利用农民起义作为他们改朝换代的工具,还有少数人也可能投机革命。危机到来时,便头会箕敛,转死沟壑,土地撂荒,天灾人祸,铤而走险,这几种社会现象往往是交织在一起。

在农民起义成功后或改朝换代后,新王朝的统治者一般都要总结经验教训,调整各种政策,对农民阶级和其他劳动者适当让步。经过农民起义和农民战争的大动荡、大分化、大改组、大牺牲,阶级力量得到重组,官僚贵族大地主的势力受到沉重打击,自耕农的阶级队伍得到极大的发展。前面提过,自耕农的生产积极性大,劳动生产率高,自耕农经济有一定的优势。于是,中国的封建经济和文化,整个社会又向前迈进了。

导致农民大起义周期性地爆发,农民与地主周期性地殊死斗争的原因何在。简言之就在于:1.土地私有、土地买卖盛行,不可避免地有土地兼并且慢慢激烈。到了自耕农大

---

① 翦伯赞等:《中国史纲要》下册,人民出版社1995年版,第171页。

量破产,佃农大量失业时,再加上天灾便可能爆发大起义。2.君主制和中央集权过早地形成,过分地发展,导致官僚机构、常备军庞大。这势必加重剥削、激化阶级矛盾。3.皇权过分膨胀,先导致皇宫、皇室、皇族、皇亲国戚、宦官、宫女过分膨胀,后导致剥削加重,激化阶级矛盾。4.城市、商业、商人过早地过头地发展(与专制相适应),也导致农民多受盘剥,激化阶级矛盾。为遥远的国都、州郡城市输送消费资料,也加重了农民的负担,浪费了一些社会财富。5.没有形成封建土地所有制的等级结构,没有形成西方那样的诸侯领主,没有形成教士、贵族、市民三个等级,没有城市自治、地方自治和三级会议。总之,没有对皇权的限制、分割和约束,就容易出现暴君暴政。又因为中国是统一的中央集权大国,这种暴君暴政的危害范围和烈度就特别大,特别深,容易激起大反抗、大起义。6.中国人民始终没有全民信教的情况,是个比较世俗的国家和民族。劳动者受宗教的欺骗和麻醉的程度小,不太把希望寄于天国来世轮回。相对容易挺身而起。而第一次农民大起义(陈胜、吴广)又获得了成功,积淀下一笔精神财富。因而中国农民渐渐具有了敢于反抗斗争的光荣革命传统。

## 五、一点展望

如果没有西方资本主义的入侵,中国封建社会是否会长久地这样周而复始,资本主义只是萌芽而不能长苗,社会阶级始终只有地主、农民、商人、手工业者,阶级关系(地主与农民)是否也长久地那样,多数时期既对立又相容甚至依存,少数时期又尖锐地对抗生死斗争呢?一些学者认为可能会这样,笔者认为则不会。因为从理论上讲,生产力是社会发展的根本动力,而科学技术是第一生产力。人们在生产斗争、阶级斗争、民族斗争、科学实验四大革命实践中,必然会总结经验,有所发现和发明,推动生产力的发展。生产力发展后,生产关系会相应地变化,或者通过阶级斗争,促使它变化,上层建筑会随之变化,中国封建社会也会逐渐过渡到资本主义。再看看具体的历史问题。最能体现出生产力和科技水平的便是军事技术。明前期和中期,中国火器术居于世界先进水平。明后期,西洋火器技术传入,中国也能跟上当时的世界先进技术。明中后期的中国也出现了资本主义萌芽。清军入关与民族征服使中国社会的发展水平长期停滞和大大落后了。而李自成大顺军的失败,清军的胜利带有一定的偶然性。有一种观点认为农民起义必然失败,就阶级关系、生产关系来讲,可能是这样。但就政治、军事、法统、民族来讲,则不是这样。因为历史上的中国农民大起义在政治上、军事上完全成功了两次。一次是推翻了暴秦建立了西汉,第二次是赶走了元蒙建立了明朝。而这两个新王朝都是比较强盛,经济、文化、军事等发展比较快的朝代。如果李自成大顺军能够胜利,中国很可能与西欧的法国同步迈进资本主义。且不说近代的鸦片战争、太平天国、中法战争、甲午战争、戊戌变法,中方或进步方的失败也都有偶然性。否则,中国也可能像俄国和日本那样迈进资本主义。

总之,中国封建社会的农民阶级与地主阶级多数时候处于一种既相容又对立的关系,周期性地进行尖锐对抗和殊死斗争。毛泽东指出:"每一次较大的农民起义和农民战争的结果,都打击了当时的封建统治,因而也就多少推动了社会生产力的发展。……在每一次大规模的农民革命斗争停息以后,虽然社会生产力有些进步,但封建的经济关系和封建的政治制度,基本上依然会继续下来。"①需要做的一点补充便是:①农民大起义失败时,地主阶级会反攻倒算,社会便停滞不前,但这个罪责也得由地主阶级(中的顽固死硬派)负责;②生产力的点滴发展和社会的点滴进步,会逐渐积累,中国封建社会能螺旋式上升,自发地、原生地产生发展资本主义,最终形成资产阶级和无产阶级,改变中国的社会结构和阶级关系——如果没有西方的入侵,勤劳、勇敢、智慧、善良、文明的中国人民也会合上时代的脉搏,古老巨大的中国也会跟上世界的步伐前进,自立于世界民族之林。

(1998年寒假春节期间初稿,2021年3月修订,12月再修订,2022年10月再修订)

[本文为中央高校基本科研经费研究专项学科前沿项目(skzd201407,skqy201215),四川大学"区域历史与边疆学"一流学科群建设项目阶段性成果]

---

① 《中国革命和中国共产党》,《毛泽东选集》,人民出版社1970年版,第588页。

### 史料辑存

# 松荫轩藏曾荣光先生金石题跋

□秦 蓁

**摘要**：香港已故著名书法家曾荣光先生旧藏金石法帖甚多，身后归于松荫轩，其中部分有曾先生手书题跋，涉及碑帖源流、书法艺术、时代掌故。今迻录《汉孔宙碑》《魏姚伯多造像》《北魏张猛龙碑》《云麾将军李秀碑》《宋拓李思训碑》《汉石门颂》《鲁公书颜家庙碑》《杨淮表记》《荧阳郑文公碑》《蝯叟草法残帖》《宋拓怀仁集书圣教序》《宋搨化度寺碑》十二种金石法帖上的曾氏题跋，以为文献故徵。

**关键词**：曾荣光；松荫轩；法书题跋

**作者简介**：秦蓁，上海社会科学院历史研究所助理研究员

曩于香江松荫轩观书，承主人林章松先生许可，得入书库，获见林公尊师庸庄先生所藏金石法帖，间有题跋手书者十数件。按庸庄先生曾荣光，最为人知的职业身份是香港《书谱》双月刊的执行编辑，《书谱》创办于20世纪70年代，在二十多个国家与地区都有发行，弘扬书学，嘉惠书林，允为中国现代书法史的一代坐标。庸庄先生以篆刻名家而任鉴赏评论，朝夕办公，并不以收藏为要务。先生所有之物，设有友朋见赏，随即散去，略不为意，今松荫轩所有者，等于星凤。然精神既存于翰墨，题跋辨证，伫兴之言，即非定论，亦足堪宝。因恳得主人的同意，将这部分文字迻录发表，借此单牍片纸，楮墨流播，略见前辈学问风雅云尔。

### 《汉孔宙碑》

《孔宙》字法似不及《礼器》方劲瘦硬，而波磔飞动，蕴籍齐整，则又显出其独特的风貌。吾喜其典雅秀丽、潇洒飘逸，于汉碑中少见。

吾存有俞越"训"字完好，谓系宋拓，文明印本，《历代法书选》明拓"高"字未损本。此"训"字较近拓"言"部清晰完好，当为清末拓。拓手用墨颇佳，为擦搨拓，专此一记。

乙亥立春,荣光于香江。

钤印:"曾"白文方印,"子庐读碑"白文长方印。

### 《魏姚伯多造像》

姚伯多造像在北魏碑记中堪称佳作,字数有六百二十之多。此碑结体自然,奇巧古拙,拙中见巧,巧中寓拙。在用笔上以方为主,方圆并用。方笔棱铮,雄奇角出,圆笔和缓,略含篆隶。书体为楷书,但掺入很多隶意,如有的字起笔处为蚕头,捺角处有明显的波挑。结体变化很大,有的字大,有的字体小,有斜有正,有的像苍劲持重的老者,有的像稚气可掬的孩童,有一种天真烂漫之意态,为我国书法史上的一枝奇葩。吾得此拓于甲子夏日。

"造像记、墓志多为民间人士所书,故受约束较少,有较大的随意性。人称北魏书法'法无定法',十分贴切,有一种古朴厚重、峻峭活泼的美。"节录陕西博物馆编《长安历代名碑》(一)。

乙亥入冬,荣光于香江。时年七十。

钤印:"曾"朱文方印。

### 《北魏张猛龙碑》

《鲁郡太守张猛龙碑》,正书,碑面十四行,行四十六字,碑阴十二列,字数不等,有额。在山东曲阜。清初拓本第十行"冬温夏清"未泐,则全碑多出四十九字。此为后拓,四字已泐,但楮墨揭手尚佳。碑字在六朝书体中最富变化,方长平侧,极具姿态,线条起收,都异常健实,当为隶楷过渡期间的表表者。

一九七五年,荣光于香江。

钤印:"汉谿书屋"白文方印。

### 《云麾将军李秀碑》

这是一本少有的碑帖,为吾收帖以来所独见。原因有二:一、它不过是民国期间玻璃版影印本,定价当不出三个大洋。二、帖的本身却是酸枝框、织锦面,而内页又是剪贴装裱过。按这种装潢情况看,一般系出于原拓本的身价才会出现,照目下时值计,恐非千元不办。

是什么原因做成的呢? 一时难以捉摸。

冒充原拓是不可能的。《云麾》属孤本行列,更不是文明版的裱本。丙子暮春过书肆,以帖价倍值得之。

九七四月,荣光。

钤印:"汉豁书屋"白文方印。

### 《宋拓李思训碑》

此《李思训碑》,明拓本也,去岁得于市上。硃字审为陈其钧所书,盖后人不保,以致流出者。北海书以此为最逸,然非旧本不能见也。

民国二拾年三月。苹生。

钤印:"苹生"朱文方印。

《云麾将军李思训碑》,行书三十行,行七十字。在陕西蒲城。旧拓第六行"博览"下"群书精虑众艺"等字未损。此碑因下截漫漶,自第三十二字以下多不拓,元明已然。第二十四行"夫人"下,"窦氏"二字未损者亦旧拓。若首行"并序"二字未剜作"并文",为北宋拓本,不易遇也。近稍旧拓第九行"盖小小者"之上"小"字,与十二行"宰臣不闻"之"不"字未损,亦乾嘉年间物。此本审为明揭,惜字多脱漏。朱字确为陈其昆所书,见问卿藏《黄庭经》跋。

一九七八年夏日,荣光识。

钤印:"荣光"白文方印,"鉴式氏"朱文椭圆印。

### 《汉石门颂》

《石门颂》立于东汉建和二年(公元一四八年)。碑文二十二行,行三十字不等,末署书者姓名,刻在陕西石门崖壁。内容是汉中太守杨孟文开凿石门通道,表示嘉赏而勒石颂扬。

碑刻于崖壁,结字大小不一,潇落自然。六十年代,余先得艺苑珂罗版于康记,喜其用笔纵放,劲挺多姿。时拓本尚易得,友辈常恳余代购者凡三。

去周得见此册,翻阅一过,见"雍"字末笔尚存,胜艺苑本,虽不及近年"上画"明拓本,然亦乾隆前所为。此本惜缺碑额,但全无填墨,就此而言,实亦难得之物。

壬戌初夏,荣光记于听鹊山房。

钤印:"曾"白文方印。

### 《鲁公书颜家庙碑》

余好藏帖,惟以珂罗版居多。二十年前得《勤礼》碑,分装二册,檀香木面,系初拓本,颇觉矜贵。近于书肆见此册,存面一本,字画清晰,墨色沉厚,当为旧拓。年来拓本罕见,动辄数千,此索价不贵,遂购归。

据《增广校碑随笔·颜家庙碑》条内云,清初拓本廿二行"工籀篆草隶书"之"书"字完好,检此册三十三页,"书"字完好,当为清初所拓。

清初距今三百三十多年,虽少有蛀破,亦难得之物。

乙亥,荣光。

钤印:"汉谿书屋"白文方印。

## 《杨淮表记》

《杨淮表记》刻于东汉熹平二年,系黄门卞玉过石门,感杨孟文功德而作表记。

此书古雅,不拘绳法,大小畸斜,变化不一,形成一体,刻在摩崖上。又此表系乌烟拓,整幅构成斑驳的黑白线条的纹采,为现代艺术家感到诧异的惊喜。于此一记。

荣光于香江。

钤印:"曾荣光印"白文方印。

## 《荥阳郑文公碑》

郑道昭字僖伯,有时自号中岳先生,荥阳开封人。他在北魏孝文帝时,官至国子祭酒,后为兖州、光州、青州刺史,政声闻于四方,得人民敬慕。

他好作诗赋,尤爱作书。历来对书评,总有毁誉参半,但对此碑向来只有称誉。康有为认为"体高气逸,密致而通理,如仙人啸树,海客泛槎,使人想象难尽"。但当时郑道昭对自己书法却认为是"不肖子"的。

原来他认为书法应该富有韵致,形貌清纯。他对羲之佩服得五体投地,当他为光州刺史上任时,曾获羲之尺牍,珍同拱璧,然而由于他出仕北魏拓跋族,最后连书法也走上寒俭粗放的道路。此永平四年秋道昭第二次书,世称"下碑"。他对"下碑"有八成满意,但四年后踏入老境,又感到不满,认为还是"不肖子"。

七三年吾先得二行裱本廿二册,后散失,然于此拓念念不忘也。去年后又得观此拓,亦墨缘也。

甲子初夏于汉谿书室。

钤印:"曾荣光印"白文方印。

## 《蝯叟草法残帖》

蝯叟草体残帖,自庚申存吾书斋多年,得于亚安处。

蝯叟执笔特异,平日之见,多行楷之类,此则异乎其常也。尾跋有倒置。

壬申,汉溪书屋。

## 《宋拓怀仁集书圣教序》

吾蓄碑帖（影印本）三十多年，先后得此《序》计有七八种。五十年代先得此种钉本，七十年代又得裱本凡三，惟其有缺页，蠹虫所坏，又多系七八版者。此再版本，为莫氏所藏，可谓真精新，距今五十六年，巧与余同年，于今亦难得之物。

庚申秋日，荣光。

钤印："曾"白文方印。

## 《宋搨化度寺碑》

去月往亚安处见此册，系松下清斋本，后为临川李氏所旧藏。字逼肖四欧堂本，尾跋除孟頫一跋外，率与郁氏本同，心感诧异，因有弄清谁为张冠而李戴，以五十元购归。李氏所藏前有石菴一跋，李氏题三跋，民国十八年中法银公司发行（甚罕见）。翁氏致谨庭一札，内云"仅二百九十二字"，是切合帖文字数，而郁氏本则变作"仅九百二十字"。按《化度》全碑，字不外一千零二，既存九百之多，何来"仅"存之意。两相比较，郁本是窜改的，"仅"字构成破绽，而不攻自破。郁本字体呆涩，失去欧书字长而笔圆之险削面貌，想系翻刻无疑，而编者前言之说是不确。书画装裱自由度极大，可任意搬动窜改，前人之述颇多，此为实例，亦难得之生动教材也。

郁本见文物刊印《历代碑帖法书选》普及版，价四角五分。

丙子夏日，荣光。

# 常州族谱所见张惠言佚文三篇考释[①]

□张宏波

**摘要**：清代常州著名学者张惠言在经学、文学方面成就卓异，对乾嘉学苑、文坛影响甚著，惜传世之文不多。笔者从常州三种族谱内辑出张惠言佚文三篇，略作考释，于张惠言深入研究或有补益。

**关键词**：张惠言；乾嘉学人；常州族谱

**作者简介**：张宏波，文学博士，集美大学诚毅学院副教授

清代常州著名学者张惠言(1761—1802)，字皋文、皋闻，号茗柯。乾隆五十一年举人，嘉庆四年进士，官翰林院编修，经学、文学成就甚著，于乾嘉学苑、文坛，皆有声名。其经学专精，尤擅《易》《礼》，所著《周易虞氏义》《仪礼图》，广被人口，嘉惠学林。其文开山阳湖文派，其词奠基常州词派，所著《茗柯文》《茗柯词》自刊出，为历代评家、选家所重，流布甚广。上海古籍出版社2015年出版《茗柯文编》，是在张惠言自订《茗柯文》（四编）基础上增补"补编""外编"而成，是现今张惠言研究的基础文本。张惠言佚文的增补，仅有陈开林《清代名家佚文辑考——以周亮工、陈维崧、戴名世、程廷祚、袁枚、赵翼、张惠言为中心》一文，收张惠言为陈寿祺《左海文集》所撰《题辞》佚文1篇，载《重庆第二师范学院学报》2017年第2期。最近，笔者查检常州族谱，得张惠言佚文三篇，按撰文时间，迻录申说如下，就教于学界方家同道。

一

### 增修世谱序

嘉庆六年二月，族兄士贤邮书都门，曰："祠所以敬宗，谱所以收族。我先贤祠之建于殷薛里者，春秋官祭，士贤大宗也，实奉其祀。先世以来，屡修宗谱，距今又数十

---

[①] 本文所录佚文仅限常州族谱所见，张惠言其他佚文将另撰文。

年。吾惧其久而坠轶也,不揣梼昧,踵修其业,幸而有成。不他人请,独请吾子一言弁其首,以族之通知史学者,莫如子;覃精谱学者,亦莫如子也。"

余阅其所为谱,辞不崇华,事惟据实。昔永叔撰谱,亡其名者存其世,兹则完备而无阙略之憾也;老泉记族谱,亭不孝者面热而内惭,兹则嘉善而无非种之锄也。明祭事,所以纪世泽也;凛祖训,所以遵先德也。有功于族,有闻于时者,始列传,否则列其行次而已,重才猷也。妇而柏舟自矢与女而孀居守志者,亦为传,否则书其母家与所适之氏里而已,崇贞节也。其体严,其例覈,庶乎得良史之法而有功于宗族者矣,是不可以不叙。

叙曰:谱牒之学,源于世本,衍于魏晋,盛于齐梁。古来私家之牒皆上之官,齐梁之间不过百家。唐高宗命高俭、岑文木等撰《氏族志》,至元和时,林宝因之以为《姓纂》,韦述、萧颖士等撰《宰相甲族》,欧、宋即用之以修《唐书》。其系必真,其事必实。乃近今之为谱者,或虚张勋伐而考诸信史竟无其名,或杜撰头衔而稽诸职志竟无其官,或攀附文人而质诸全集竟无其制。踵讹袭谬,恬不知怪,非所以敬宗而收族也。谱何以善?以世次可承者为始,否则略之。

按世系,殷薛之先,范阳人,至文献公乃大显,及宋魏国公又大显。长子宣公讳栻,尝讲学于殷薛之城南书院,即今建祠处。次子学士公讳杓,曾孙制置使讳烈良与从子朝奉郎讳铛,举宗勤王,一门殉难。惟有子讳庸者,客居广陵得免。初,朝奉郎知宋祚将危,命其子讳禄者,抱祭器、世谱,避地城南,至是自广陵就居焉。此殷薛张氏两大支之所由来也。终元之世,隐处不仕。入明,乃列胶庠,有显者,至于今勿替,子孙城乡散处,各蕃衍盈千。老泉不云乎:"吾所相视如涂人者,其初兄弟也。兄弟其初,一人之身也。夫以一人之身,分而为涂人,而欲以分为涂人者,复合而为一人,非统之以祭祀,合之以谱牒,其何道之从?是以宗之有庙,族之有谱,善为家者所必先也。"

我张氏于唐则著相业,于宋则传道学。为子孙者,数典而忘其祖,可乎?士贤上承先志,合而谱之。于有余年之文献,悉包举而无遗,可谓贤子孙矣。惠言夙有志于谱学,乃以备员史馆,不克一亲校雠之事,吾宗人其谅我哉!读是谱者,各深水源木本之思,共励孝弟忠信之行,则是谱之作,垂诸无穷。熙甫归氏曰:"非徒谱也,求所以为谱者也。"此则余之所厚望也夫。

此文载民国毗陵《张氏宗谱》卷一[①],乃张惠言应其族兄请,为《张氏宗谱》所作。据文

---

① 张廷耀等修:《张氏宗谱》,1947年世恩堂木活字本,常州家谱馆藏。

中"嘉庆六年二月,族兄士贤邮书都门",可知此文当作于其后,张惠言病殁于嘉庆七年六月,故此文大致作于嘉庆六年二月至嘉庆七年六月之间。此时,张惠言由庶吉士散馆,授编修,居京师。

考诸《张氏宗谱》,张氏先祖张栻,宋右文殿学士,所称南轩先生也,曾"讲学于殷薛之城南书院"。后张氏因世乱,避地常州城南殷薛里,遂居于此,后由殷薛里又迁德安门外。张惠言《先府君行实》言,张端之前,"谱牒废,世不可纪",以张端为南门德安里始祖,是为"大南门张氏"。一世祖张端,二世至八世祖,依次为继宗、钦、洲、宏道、文驹、以鼎、铭俖。高祖采,祖金第,①父蟾宾。②大南门张氏虽非高门望族,然世代业儒,不坠清名。

张惠言年寿不永,生平无大波澜,但品性清高自持,纯挚憨戆,学术成就卓异,颇具乾嘉常州文士人品、学行之典型性。但因其嘉庆四年中进士,六年授编修,七年即殁,因此官方档案资料中极少见其人生平、事迹。故而张惠言亲戚友朋,如张琦、董士锡、庄宇逵、恽敬、王灼、鲍桂星诸人族谱、别集、手札等文献,成为张惠言生平研究资料的重要来源。总体而言,学界对张惠言生平家世的研究明显不足,一直处于薄弱状态,这与张惠言在清代文学史、学术史的地位殊不相称。民国《张氏宗谱》无疑是张惠言生平家世研究最重要的文献资料,由此入手,可对张惠言生平家世进行细密详尽的考察与订补,从而为其文学与学术研究提供更多的佐证与支撑,进而推进其人其学的总体研究。

## 二

### 庄芷坪先生墓表

乾隆五十七年正月十三日,庄芷坪先生卒,年七十。即于是年九月葬缪贤坝之新阡,以圹中积水,乃卜吉于嘉庆二年十月,与配吴太安人同祔葬于芦墅先茔。于是先生之子宇逵驰书其友张惠言曰:"吾子辱与交,请表先人之墓。"惠言知先生质行久矣,曷敢辞。

先生中岁患喑疾,垂三十年,濒危者数矣,懂乃得安,恒杜门简人事。而其宗祠

---

① 民国《张氏宗谱》卷三十三"大南门世表三十四世"载:"金第,采子,字政诚,天津郡庠生,以孙惠言贵,覃恩驰赠文林郎……子三,思楷、蟾宾、瑞斗,经书皆孺人口授。女长适观庄赵希圣子鹏程,次适五牧邵榛。"
② 民国《张氏宗谱》卷三十三"大南门世表三十五世"载:"蟾宾,金第次子,字步青,一字云墀,邑廪生。嘉庆五年覃恩封公如子惠言职……子二,惠言,次琦。女适广东昌化县知县董开泰子达章"。

旧有田产,日以落,群议主者,难其人。先生奋然曰:"吾老矣,幸而不死,请以余生治此,他日庶可以见先人乎!"乃取出入籍,日夜钩考之必亲,仿北渠吴氏义庄约定为章规榜祠中。北渠吴氏者,自明时复庵先生中行置祠产,号为义庄,子孙至今守之,郡人比之吴范氏者也。先生既与族人约,乃厘宿弊经画之,至忘寒暑饮食,家人固请少息,不听。如是者岁余,条理属具,而先生以劳苦致疾,竟卒。

先生数岁而丧母,事考石门公四十余年,未尝远左右。石门公致官家居,先生之兄曰纶渭,中进士,知武康县,尝迎亲就官舍。然石门公尤乐先生之养,居逾年即归,维武康君亦乐先生之能养其亲也。先生以国子生应举于乡,再试再诎。或劝就北省试,以石门公故,不往。其后疾作,遂绝意仕进。尝患时文流弊,定先正大家文为四集,以课其子宇逵,曰:"熟此,庶不堕歧趋也。"手录诗文几尺许,丹黄不倦。尝补《朱子纲目》中有纲无目者,仅成二卷,未脱稿而殁。石门公之卒也,以慎于营兆,久不克葬。先生常自咎责,释服后犹执心丧,不听音乐。及毕封树,乃曰:"吾今背始贴席也。"

先生性狷介,无弃言,无责诺。闻人是非,若出在己。又盛气与人言,偶及不平事,立发愤,大恚变色,气上逆,久之乃已。读史至贤奸倒置,往往盛怒投书起,左右皆卒愕,其得噎疾以此。及理祠事,事或不当先生意,先生盛气忼慨,益锐身以为己责,故心力尤瘁,竟不支云。

先生讳湘衡,字耘石,号芷坪。祖讳令舆,翰林院编修。考讳柏承,以孝廉官湖南石门县知县。母董太宜人。庄氏世为武进显族,自先生祖父,以进士起家者,同时十余人,至先生乃抑屈。宇逵有俊才,复踬有司,先生谓之曰:"自吾祖入翰林,以官籍解于省者六人,昔之易,今之难也。吾闻之,'再实之木,其根必伤',汝好培之!"其用意如此。配吴太安人,泾县教谕振声之女,即复庵先生五世女孙也,有贤行,为妇也谨,为母也庄,前先生七年卒,卒之日,中外哭失声。子一人,即宇逵,增广生,嘉庆丙辰保举孝廉方正,赐六品章服。女一人,婿曰董云锦,太学生,以军功得六品官,今发往四川候补。孙一,启泰。

呜呼!先生不幸以疾废于世,不得有所施设,及其事亲成身,可以有立于后世矣。乃系之以铭曰:"生也亲之衮,死也亲之勤。孰德之昌,而屯其身。其华不霢,以丰其根。"赐进士出身,翰林院编修,愚侄张惠言拜撰。

此文载民国《毗陵庄氏增修族谱》卷十三[①],乃张惠言应庄宇逵请,为其父庄湘衡所

---

① 庄清华等修:《毗陵庄氏增修族谱》,1936年铅印本,国家图书馆藏。

作。从文末落款"赐进士出身、翰林院编修"可知是文当作于张惠言授编修,也即嘉庆六年四月之后。①据《张氏宗谱》卷三十三"大南门世表三十六世"载,"(张惠言)嘉庆七年六月十二□时卒于京师"。故此文当作于嘉庆六年四月至嘉庆七年六月间。

庄氏作为常州当地名门望族,科第繁盛,芝兰玉树。张惠言与庄氏子弟庄述祖、庄有可、庄曾仪、庄绶甲及庄氏外孙宋翔凤、刘逢禄诸人相识相交,对其经学研究及学术发展皆有影响。其中与张惠言往来最密者,当属庄宇逵。两人识于微时,交谊深厚。庄宇逵(1755—1812),字达甫,号印山。嘉庆元年,诏举孝廉方正。其《春觉轩诗草》,存题赠张惠言诗十四首,多表现对张惠言的赞赏与期许,如《简张大皋文》诗:"鸾凤不数见,遂言世所希。岂期烟霄间,日夕相娱嬉。回翔极千仞,复与燕雀违。不有离朱明,安识五采翚。决云下鹏雏,如云之下垂。始知皇崖天,中有高鸟飞。鹏雏尚不见,鸾凤谁能窥!"②庄宇逵《春觉轩诗草》,是目前所见张惠言亲故友朋别集中,所涉与其交游最多者。而张惠言《南华九老会倡和诗谱序》《庄达甫无名人诗序》《庄达甫摄山采药图序》③,皆为其所作,足可见两人交谊甚笃,往来颇密。

同书卷二十一另有《敦坡庄君传》一文,是张惠言应庄轸请而作。经笔者查核,即《茗柯文编》二编《济南知府庄君传》。庄轸,字叔枚,常州阳湖人。为文奔放恣肆,有司以为狂,屡困场屋,未有科名。事具陆继辂《崇百药斋文集》卷十七《庄叔枚墓志铭》。④嘉庆五年,庄轸在京师,与董士锡皆从学张惠言,得请张惠言为其父作传。此外,同样见诸常州族谱且被《茗柯文编》收录者,另有《皇清敕封文林郎浙江富阳县知县恽君墓志铭》⑤一篇,载恽祖祁等纂修《恽氏家乘》卷十四,乃张惠言应恽敬请为其父恽轮所作,即《茗柯文编》二编《封文林郎恽君墓志铭》。在此亦不录文字,略作考释。揆诸张惠言生平,文中所言"今年春以卜葬吾母",即《先妣事略》所云:"先妣以乾隆五十九年十月十八日卒,年五十有九。以嘉庆二年正月十二日,权葬于小东门桥之祖茔,俟卜地而窆焉"之事。与文中"(恽轮)以嘉庆元年十一月辛酉卒,年六十有三。其明年十一月戊辰,葬于祖考兆南左所居之北,西三里"正相吻合,该文作于嘉庆二年,当无疑义。

恽氏,常州世家之一。恽轮"祖考皆不仕",但恽轮以经传授乡里,教育其子,不坠家声,长子恽敬⑥更是以文名天下。张惠言与恽敬,于乾隆五十二年春订交于京师。自订交

---

① 《嘉庆朝上谕档》,中国第一历史档案馆编,广西师范大学出版社2001年版,第154、156页。
② 庄宇逵:《春觉轩诗草》,嘉庆二十年刻本。
③ 张惠言撰,黄立新校点:《茗柯文编》,上海古籍出版社2015年版,第64—66、66—67、119—121页。
④ 陆继辂:《崇百药斋文集》,《清代诗文集汇编》第506册,上海古籍出版社2010年版,第207—208页。
⑤ 恽祖祁等纂:《恽氏家乘》,1917年光裕堂刻本,国家图书馆藏。
⑥ 恽敬(1757—1817),字子居、简堂。江苏常州人。乾隆四十八年举人,历任浙江富阳知县,江西新喻知县、吴城同知,有《大云山房文稿》《子居决事》。事具吴德旋《初月楼文钞》卷八《恽子居先生行状》。

始,惺惺相惜,友谊日笃,情谊日深。二人既有同乡之谊,又于古文创作上,同声相应,同气相求,故与李兆洛、陆继辂等人,区别于桐城派,自出机杼,别开门径,对乾嘉及其后的古文创作产生影响,张之洞名之"阳湖派"。张惠言《送恽子居序》有云:"凡余之友,未有如子居之深相知者。诗曰:'无言不雠',子居之益余多矣。"恽敬亦最爱惠言,赏叹赞颂"皋文最渊雅""皋文寡欲多思"。恽敬所撰《张皋文墓志铭》①是考证张惠言生平的重要文献。张惠言为母请铭于恽敬,恽敬为父请铭于张惠言,不仅是对彼此文章的肯定推重,更是两人深情厚谊的证明。

## 三

### 陋斋公传

公讳洽,字叔远,号陋斋,贞戍公之三子也。幼敏慧,强学力行,无间寒暑。弱冠时,即明君臣大义。洪武中,以善书荐授吏科给事中,忧去。建文中,起复文选司郎中。靖难后,升右侍郎,转大理寺卿。讨交趾,出参军,兼给饷。交趾平,核将士功罪,建授土官,经理兵食,分守隘塞,剖决如流,皆中款会。升礼部左侍郎,都察院左都御史。是时,黄尚书兼掌布、按两使事,宽大专意抚辑,而公振拔才能,教以礼义,交人悦服。升吏部尚书,都察院右都御史参赞。

未几,内官马骐苛征暴敛,交贼复叛。攻交州城败,狡设伏以诱。公以不可出告主帅,不听。公奋身力战,遂遇害。事闻,上曰:"大臣以忠殉国,一代几人?"特赠太子少保,兵部尚书,都察院左都御史,赐谥节悯公,荫其子讳枢为刑科给事中。廷鞫王通失律罪,论死,奋券籍没。

公与兄济、浚同胞。长兄济公被召与姚广孝、胡俨等同修《永乐大典》,而济实总裁之。父贞戍公性孝友,品行端方,笃学南畿,训公精忠护国,以安民心。公受父训,守道守法。乙亥,父贞戍五开以殁,公去官至家,时五开蛮寇窃发,公匍匐往归父丧,哀毁过甚。盖公精忠掀揭,以是气作之于前;藩臬公观光扬烈,以是气述之于中;而光禄君兴废举阴,以是气绳之于后。堂堂正气,浩浩长存,而蠢蠢马鬣,千万祀可垂矣,猗欤盛哉!

嘉庆七年,岁次壬戌孟春之吉,赐进士第,翰林院编修,钦命盛京篆宝,实录馆纂修兼武英殿协修张惠言拜撰。

---

① 恽敬撰,万陆、谢姗姗、林振岳标校:《恽敬集》,上海古籍出版社2013年版,第229—231页。

此文载陈润宗等纂修光绪《毗陵陈氏续修宗谱》卷七。[①]文末署:"嘉庆七年,岁次壬戌孟春之吉",成文时间为嘉庆七年正月。

毗陵陈氏,开族于汉,常州世家望族之一,代有闻人,名垂国史,彰彰可考。张惠言文中所言"陈洽",《明史》有传,为乡贤楷模。《毗陵陈氏续修宗谱》卷一之各人序言,亦多有提及:"明大司马谥节悯讳洽,以忠节靖国"(彭启丰《毗陵陈氏重修宗谱序》);"有明永乐、宣德间,叔远公讳洽,三征交趾,屡立奇功"(陈永龄《续修颍川陈氏宗谱序》)。常州一地,历来重道崇节。"晋陵亦江以南也,荐绅先生以及布衣韦带之士,独以名节自卫,以道义相追琢,彬彬质有其文,为东南邹鲁。"[②]而道莫重于纲常,节莫大于忠义,常州人对忠义,表现出非同一般的推崇与珍视。忠义之士,代不乏人。"毗陵,古常郡也。而城以忠义名,天下所无也,而吾常有焉。""盖常有泰伯、季子之遗风,自古高节所兴,由克逊以立风俗,君子尚义,庸庶厚庞。汉魏而降,衣冠南渡,礼仪之俗寝盛。逮至赵宋,又以忠厚立国,当时臣民咸有忠君爱国之心,而常之人才风俗愈盛,独异它郡。"故当时常州名士赵翼、管干贞、庄通敏、洪亮吉、孙星衍、张惠言及当时常州地方官员金云槐、费淳等,各展其能,为陈氏宗谱作序撰文,良有以也。

张惠言矜于文字,对自己作品汰择极严,从《茗柯文》《茗柯词》可见一斑。正如其弟子陈善所言:"先生之定前编时,方深造于《易》《礼》之学,将欲钩深致远,以立言不朽,故其所撰著仅有存者。"对于张惠言自订《茗柯文》四编未收录者,陈善认为:"先生之文,虽有深有浅,有原有委,无往非道之所散见也,可以其绪余而弃置哉!"此三篇佚文,或仅属应酬文字,而非能传世之学术文章,但仍具有较高的文献价值。值得注意的是,同类文字,如《敦坡庄君传》(即《济南知府庄君传》)《皇清敕封文林郎浙江富阳县知县恽君墓志铭》(即《封文林郎恽君墓志铭》)两篇收录《茗柯文编》,此三篇却未收,盖因此三篇皆作于嘉庆六、七年间,未及收录,张惠言旋即病殁。

常州作为张惠言生长之地,其地域文化、家族家风、学问文章等方面,势必对张惠言的性情品行、人际交游、学术道路,产生不可忽视的影响。因此,借由常州族谱辑出三篇佚文,可探察张惠言与常州庄氏、恽氏、陈氏等家族之间的关系,更可为张惠言古文创作及生平交游、常州文人与地域研究,提供新的文献与线索。

[本文系教育部人文社科一般项目"《张惠言集》整理与研究"(21YJC751031)阶段性成果]

---

① 陈润宗等纂:《毗陵陈氏续修宗谱》,1904年映山堂刻本,上海图书馆藏。
② 欧阳东风:《晋陵先贤传》,载杨印民、石剑点校:《常州人物传记四种》,凤凰出版社2015年版,第95页。

# 南朝典籍校点商兑

□朱光立

**摘要**：本文通过考察刘宋时期《异苑》"和盖从潮漂沈"的"和"字属性，及萧梁时代《宋书》本纪、列传的部分现代校读，以小见大，从而凸显出标点符号的处理与运用，在古籍整理、研究工作中的重要作用。

**关键词**：《异苑》；《宋书》；古籍整理

**作者简介**：朱光立，中国人民解放军国防大学政治学院军政训练系副教授

一

2002年第2期的《中国语文》上刊登了钟兆华先生的《汉语牵涉介词试论》一文[①]，这是一篇研究虚词历史的文章，对牵涉介词"连""和""并""带""兼""合"等的来源与发展作了一些很有意义的探讨，读后给人不少的启发。然而对于该文的材料，汪维辉先生则提出了自己的看法——"略嫌单薄，尤其是在溯源方面；有个别例句的年代及理解尚可商榷"。于是汪先生就其中较有争议的"和"字，发表了独到的见解，撰写了《"和盖"之"和"非介词》的论文[②]。

就整体而言，两位先生的文章都主要的涉及了"确认例证"这个汉语史研究中的重要问题。钟先生认为："从现在掌握的资料看，'和'用作介词，用以指示连带涉及的对象，其较早的用例已见于六朝时期。"汪先生同意这一看法，并认为是"提前了这一用法的始见年代"。对于所引用的两条书证，双方都认可了《齐民要术》里的例子，矛盾的焦点集中在《异苑》里的那个看似简单的"和"字。以下就是两位先生所引用的《异苑》（卷七）[③]条的原文：

---

① 钟兆华：《汉语牵涉介词试论》，《中国语文》2002年第2期，第137—141页。
② 汪维辉：《古汉语研究》2007年第1期，第76—77页。
③ 刘敬叔著，范宁校点：《异苑》，中华书局1996年版，第77页。

海陵如皋县东城村边,海岸崩坏,见一古墓,有方头漆棺,以朱题上云:"七百年堕水。"元嘉二十载三月坠于悬瀍。和盖从潮漂沉,辄流还依本处。村人朱护等异而启之,见一老姥,年可七十许,皤头著,鬓发皓白,不如生人,钗髻衣服,灿然若新。送葬器物,枕履悉存。护乃赉酒脯施于柩侧。尔夜护妇梦见姥云:"向获名贶,感至无已。但我墙屋毁发,形骸飘露。今以值一千,乞为治护也。"置钱便去,明觉果得。即用改殓,移于高阜。

　　钟先生分析说:"其中'和盖从潮漂沉'是我们要识读的关键文字。盖,应指棺盖。'漂沉'行为的施事对象当是'方头漆棺'。'和盖'与'从潮'都是'漂沉'的方式。'和盖漂沉',就是连棺盖漂沉。因此,'和'在这里是介词,'盖'是它的宾语。'和'引介宾语'盖'与'漂沉'发生关系,使之也连带具有'漂沉'的行为状态。'和'也是牵涉介词。"

　　而汪先生却认为"和"并非介词,而是名词,指"棺材两头的木板",即"棺和"。他先从源头入手,引用了许多"和"作"棺当"讲的例子;进而具体论述,"正是因为棺材的前后挡板和盖子'从潮漂沉',所以棺主人才有'墙屋毁发(废),形骸飘露'的话,村人朱护等也才需要'改殓'。"并且认为"如果把'和'看作牵涉介词,那么前无所承突兀地来一句'连盖从潮漂沉',就显得文意不贯"。此外,他还进一步引述了《汉语方言大词典》和《徐州方言词典》中的相关条目作为佐证,可谓论证充分。

　　但是,阅读原文后不难发现,所谓的"墙屋毁发(废),形骸飘露",并非像汪先生所说的是"棺材的前后挡板和盖子'从潮漂沉'"的缘故,而是因为"村人朱护等异而启之",才破坏了棺材,需要"改殓";如果说"从潮漂沉"已经造成了棺材的损坏,那么就没有什么可以令村人感到奇异的地方了。而从上下文来分析,这件事"奇"就"奇"在棺材的完好无损,即棺盖和棺身没有因为大水而分离。这一点,两位先生都认可,只是在意思的理解上有一些差异。

　　作为一部志怪小说集,《异苑》记述了自先秦迄刘宋的奇闻逸事,其中不乏源远流长的民间传说。本来民间传说,尤其是神怪故事,都富于想象力和幻想性;可是在想象、幻想中却难免寄寓着现实的意味,有合理的成分。前文"和盖"所述的与棺材有关故事,在全书中还有其他几处,现悉数列举如下:

　　秦时丹阳县湖侧有梅姑庙,姑生时有道术,能着履行水上,后负道法,胥怒杀之,投尸于水,乃随流波漂至今庙处铃下。巫人当令殡殓不须坟瘗,实时有方头漆棺在祠堂下。晦朔之日,时见水雾中,嗳然有着履形。秒左右不得取鱼射猎,辄有迷径没溺之患。巫云：姑既伤死，所以恶见残杀也。

——卷五①

武陵宗超之奉经好道，宋元嘉中亡，将葬，犹未阖棺，其从兄简之来会葬，启盖视之，但见双履在棺中云。

——卷五②

晋隆安中，颜从尝起新屋，夜梦人语云："君何坏吾冢。"明日床前亟掘之，遂见一棺。从便为设祭，云："今当移好处，别作小冢。"明朝一人诣门求通，姓朱名护，列坐乃言："我居四十年，昨蒙厚贶，相感何如，今是吉日，便可出棺矣。仆巾箱中有金镜，愿以相助。"遂于棺头巾箱中，取金镜三枚赠从，忽然不见。

——卷七③

商仲堪在丹徒，梦一人曰："君有济物之心，岂能移我在高燥处，则恩及枯骨矣。"明日，果有一棺逐水流下，仲堪取而葬之于高冈，酹以酒食。其夕梦见其人来拜谢。一云仲堪游于江滨，见流棺，接而葬焉。旬日间门前之沟忽起为岸，其夕有人通仲堪，自称徐伯玄。云："感君之惠，无以报也。"仲堪因问门前之岸，是何祥乎？对曰："水中有岸，其名为洲，君将为州。"言终而没。

——卷七④

以上这些故事，特别是与前文"和盖"同卷的那两个，在情节上与之相类似，都是讲述移棺再葬的奇异事情。尤其是颜从、朱护两人的故事，其中"遂于棺头巾箱中"一句，能够为我们较为准确的理解"和"字提供佐证。

关于"和"作"棺材两头的木板"解，《汉语大字典》第一卷列在了第十六个义项⑤，《汉语大词典》第三卷列在了第二十个义项⑥，并且都举出了《吕氏春秋·开春》和南朝宋谢惠连《祭古冢文》等例子加以说明。此外，《汉语大词典》在第二卷（第126页）和第二卷（第264页）还分别列出了与之相关的"和头""前和"两词。⑦就两书所举的例句而论，都没有

---

① ② 刘敬叔著，范宁校点：《异苑》，中华书局1996年版，第57页。
③ ④ 刘敬叔著，范宁校点：《异苑》，中华书局1996年版，第77页。
⑤ 《汉语大字典》，四川辞书出版社1993年版，第602页。
⑥ 《汉语大词典》，汉语大词典出版社1987年版，第264页。
⑦ 《汉语大词典》，汉语大词典出版社1987年版，第126、264页。

"和"字单独表示"棺头"的用法。更何况如上所述,《异苑》的作者刘敬叔在说明"棺材两头"这个义项时,是直接使用了"棺头"一词的。

那么"和"字到底应该如何解释呢?依笔者所见,首先必须从版本角度考虑:现存《异苑》一书共十卷,《唐宋丛书》《五朝小说》《密册汇函》《津逮秘书》《学津讨原》等丛书均有收录。虽然各本在文字上不尽相同,但是"和盖从潮漂沉"这一句却是一致的,因此文字本身并没有什么分歧。可是就文意而言,如果按照两位先生的标点,那么正如汪先生所说的,"和盖从潮漂沉"的意思确实显得有些突兀了。笔者翻阅了 1996 年中华书局版的《古小说丛刊》,其中由范宁先生校点的《异苑》在这里则处理为——"海陵如皋县东城村边,海岸崩坏,见一古墓,有方头漆棺,以朱题上云:'七百年堕水,元嘉二十载三月坠于悬矙。和盖从潮漂沉,辄汦流还依本处。'村人朱护等异而启之……"①似乎更为合理。这样一来,在文意的理解上,令村人感到奇异的是保存完好的棺材以及上面的文字;在语法的分析上,"和"字的前面显然是省略了主语"方头漆棺"。

## 二

南朝梁沈约所编撰之《宋书》,在长期流传过程中脱漏不少。中华书局出版《宋书》时,请王仲荦先生进行了全面校点。据其书前出版说明介绍,王先生在校点过程中,不仅充分利用所见之不同版本互校,还参校了大量的史书、类书、政书等,并吸收了不少前人校勘的成果。应该说,它尽可能地恢复了《宋书》的原貌,是目前该书最好的一个版本。特别是王先生还对全书进行了点读,从而为我们阅读提供了极大的便利。

尽管如此,少数地方有些点读仍值得商榷(引文中的着重号为笔者所加):

(一) 卷七《前废帝纪》②

> 帝幼而狷急……初践阼,受玺绂,悖然无哀容。始犹难诸大臣及<u>戴法兴</u>等,既杀<u>法兴</u>,诸大臣莫不震慑。于是又诛群公,<u>元凯</u>以下,皆被殴捶牵曳。内外危惧,殿省骚然。

凡人名、年号、地名、官职等,校点本都用专名号标出,便于识别。然其中有些不属专

---

① 刘敬叔撰,范宁校点《异苑》,中华书局 1996 年版,第 77 页。
② 《宋书》卷7《前废帝纪》,中华书局 1974 年版,第 147 页。

· 220 ·

名的误作专名,使用了专名号,如此处的"元凯"。笔者翻检《宋书》,"元凯"凡三见,均非专人之姓名或字号。另两处分别为:

> 昔在浑成时,两仪尚未分。……圣明临朝,元凯作辅,普天同乐胥。浩浩元气,遐哉太清。
>
> ——卷二〇《乐志·羽铎舞歌》①

> 赫赫大晋,于穆文皇。荡荡巍巍,道迈陶唐。……内举元凯,朝政以纲。外简虎臣,时惟鹰扬。
>
> ——卷二二《乐志·晋鼙舞歌·大晋篇》②

实际上,"元凯"亦作"元恺""恺元",是"八元八恺"的省称。泛指贤臣、才士,并非专名。《左传·文公十八年》:"昔高阳氏有才子八人,苍舒、隤敳、梼戭、大临、尨降、庭坚、仲容、叔达,齐、圣、广、渊、明、允、笃、诚,天下之民谓之八恺。高辛氏有才子八人,伯奋、仲堪、叔献、季仲、伯虎、仲熊、叔豹、季狸,忠、肃、共、懿、宣、慈、惠、和,天下之民谓之八元。此十六族也,世济其美,不陨其名。"杜预注:"恺,和也。""元,善也。"孔颖达疏:"恺,和也,言其和于物也。""元,善也,言其善于事也。"③又《三国志·蜀志·郤正传》:"济济伟彦,元凯之伦也,有过必知,颜子之仁也,侃侃庶政,冉、季之治也,鹰扬鸷腾,伊、望之事也。"④《魏书·高谦之传》:"陛下一日万机,事难周览,元、凯结舌,莫肯明言。"⑤据此可知,校点本将"元凯"作为专名,误,三处专名号均应删去。

(二) 卷五六《孔琳之传》⑥

> 臣以今月七日,预皇太子正会。会毕车去,并猥臣停门待阙。有何人乘马,当臣车前,收捕驱遣命去。何人骂詈收捕,咨审欲录。每有公事,臣常虑有纷纭,语令勿问,而何人独骂不止,臣乃使录。何人不肯下马,连叫大唤,有两威仪走来,击臣收捕。尚书令省事倪宗又牵威仪手力,击臣下人。宗云:"中丞何得行凶,敢录令公人。凡是中丞收捕,威仪悉皆缚取。"臣敕下人一不得斗,凶势辀张,有顷乃散。又有群人

---

① 《宋书》卷20《乐志》,中华书局1974年版,第573页。
② 《宋书》卷22《乐志》,中华书局1974年版,第631页。
③ 杨伯峻:《春秋左传注》,中华书局1990年版,第636—638页。
④ 《三国志》卷42《郤正传》,中华书局1959年标点本,第1037页。
⑤ 《魏书》卷77《高谦之传》,中华书局1974年标点本,第1710页。
⑥ 《宋书》卷56《孔琳之传》,中华书局1974年标点本,第1563、1564页。

就臣车侧,录收捕樊马子,互行筑马子顿伏,不能还台。

"会毕车去,并猥臣停门待阙。"断句有误。"猥"有"堆积"的意思,《汉书·董仲舒传》:"科别其条,勿猥勿并。"颜师古注:"猥,积也。并,合也。"这句话是说正会结束后,各官员的车辆于离去时都拥堵在了门口,孔琳之将自己的车马停在一边以等待空隙。因此,该句当标为"会毕,车去并猥,臣停门待阙"。

"何人骂詈收捕,咨审欲录。"校点本将"收捕"属上读,恐误。此段"收捕"凡五见,系指称衙门里的差役。①"咨审欲录"的主语是"收捕",所以"收捕"当属下读——"何人骂詈,收捕咨审欲录。"

"臣敕下人一不得斗,凶势铴张,有顷乃散。"校点本处理为一句,恐误。"铴张"是"强横、嚣张"的意思。《后汉书·皇后纪下·孝仁董皇后》:"后忿恚詈言曰:'汝今铴张,怙汝兄耶?当敕票骑断何进头来。'"李贤注:"铴张犹强梁耶。"这里是孔琳之用来形容倪宗一伙粗暴行径的贬义词,与上文其敕令内容无涉。因此,该句当标作"臣敕下人一不得斗。凶势铴张,有顷乃散"。

---

① 光立按:《汉语大词典》仅列出动词"拘捕"的意项,溯源至《史记·淮南衡山列传》:"尽收捕王母兄弟美人,系之河内。"据此,当补充名词的用法。

图书在版编目(CIP)数据

传统中国研究集刊. 第二十七、二十八合辑 / 上海社会科学院《传统中国研究集刊》编辑委员会编 .— 上海：上海社会科学院出版社，2022
 ISBN 978-7-5520-4029-6

Ⅰ.①传… Ⅱ.①上… Ⅲ.①中华文化—文集 Ⅳ.①K203-53

中国版本图书馆 CIP 数据核字(2022)第 248454 号

---

传统中国研究集刊　第二十七、二十八合辑

上海社会科学院《传统中国研究集刊》编辑委员会　编
责任编辑：章斯睿
封面设计：黄婧昉
出版发行：上海社会科学院出版社
　　　　　上海顺昌路 622 号　邮编 200025
　　　　　电话总机 021-63315947　销售热线 021-53063735
　　　　　http://www.sassp.cn　E-mail:sassp@sassp.cn
照　排：南京理工出版信息技术有限公司
印　刷：浙江天地海印刷有限公司
开　本：787 毫米×1092 毫米　1/16
印　张：14.25
字　数：268 千
版　次：2022 年 12 月第 1 版　2022 年 12 月第 1 次印刷

ISBN 978-7-5520-4029-6/K·676　　　　　　　　定价：88.00 元

版权所有　翻印必究